Häkeln
für Kinder

Bechtermünz

Titel der Originalausgabe
Crochet for Babies and Toddlers
Zuerst veröffentlicht 2002 in Großbritannien von New Holland Publishers (UK) Ltd.,
Garfield House, 86-88 Edgware Road, London W2 2EA

Deutsche Erstausgabe

Redaktion der deutschen Ausgabe: Helene Weinold-Leipold, Aystetten
Design und Layout: Frances de Rees
Fotografie: John Freeman
Fachberatung: Sue Whiting
Illustrationen: Moira McTague
Technische Illustrationen: Carrie Hill
Häkelschriften und Zählmuster: Steve Dew
Koordination und Bearbeitung der deutschen Ausgabe: Maasburg GmbH, München
Übertragung ins Deutsche: Birgit Lamerz-Beckschäfer und Helene Weinold-Leipold
Umschlaggestaltung: Andreas Rödig, Gestaltungsbüro Lehmacher, Friedberg (Bayern)
Gesamtherstellung: Times Offset Printers, Malaysia
Printed in Malaysia

ISBN 3-8289-2401-8

Ein besonderes Dankeschön an Sue Whiting!

ABKÜRZUNGEN

abgem.	abgemascht(e)
abm.	abmaschen
abn.	abnehmen
Abn.-R.	Abnahme-Reihe
anschl.	anschlagen
arb.	arbeiten
Beg.	Beginn
DStb	Doppelstäbchen
Fb	Farbe
fM	feste Masche(n)
folg.	folgende(n)
fortlfd.	fortlaufend
gleichm.	gleichmäßig
Hin-R	Hinreihe(n)
hStb	halbe(s) Stäbchen
insges.	insgesamt
Km	Kettmasche(n)
Krebs-M	Krebsmasche(n)
li.	links/linke(n)
Lm	Luftmasche
M	Masche(n)
MS	Mustersatz/-sätze
R	Reihe
R-Beg.	Reihenbeginn
Rd	Runde
Rd-Beg.	Rundenbeginn
Rd-Ende	Rundenende
re.	rechts/rechte(n)
R-Ende	Reihenende
restl.	restliche(n)
Rück-R	Rückreihe(n)
Rücks.	Rückseite
Stb	Stäbchen
U	Umschlag
üb-spr.	überspringen
vord.	vordere(n)
Vorders.	Vorderseite
wdh.	wiederholen
ZR	Zwischenraum
zus.	zusammen

2 fM zus. abm.
2 feste Maschen zusammen abmaschen = (Nadel in die nächste M einstechen, 1 U, Faden durch eine Schlinge ziehen) 2 x, 1 U, Faden durch alle Schlingen auf der Nadel ziehen.

3 fM zus. abm.
3 feste Maschen zusammen abmaschen = wie 2 fM zus. abm., jedoch die Angaben in Klammern insgesamt 3 x arbeiten.

2 hStb zus. abm.
2 halbe Stäbchen zusammen abmaschen = (1 U, Nadel in die nächste M einstechen, Faden durch eine Schlinge ziehen) 2 x, 1 U, Faden durch alle Schlingen auf der Nadel ziehen.

3 hStb zus. abm.
3 halbe Stäbchen zusammen abmaschen = wie 2 hStb zus. abm., jedoch die Angaben in Klammern insgesamt 3 x arbeiten.

2 Stb zus. abm.
2 Stäbchen zusammen abmaschen = (1 U, Nadel in die nächste Masche einstechen, 1 U, Faden durch eine Schlinge ziehen, 1 U, Faden durch 2 Schlingen ziehen) 2 x, 1 U, Faden durch alle Schlingen auf der Nadel ziehen.

3 Stb zus. abm.
3 Stäbchen zusammen abmaschen = wie 2 Stb zus. abm., jedoch die Angaben in Klammern insgesamt 3 x arbeiten.

INHALT

EINFÜHRUNG

Mit ein bis zwei Knäueln Garn und einer einfachen Häkelnadel können Sie schon die schönsten Modelle in jeder Form und Größe gestalten. Die paar Grundmaschen sind schnell gelernt und lassen sich zu fantastischen Mustern und Motiven kombinieren. Traditionell verwendet man für Häkelarbeiten sehr feine Nadeln und dünnes Baumwoll- oder Leinengarn, um komplizierte Muster zu schaffen, die an Kragen, Manschetten oder Deckchen handgeklöppelte Spitzen imitieren sollen. Bei der tunesischen Häkelei, einer verwandten Technik, werden dickere Wollgarne zu dichten, warmen Stoffen für Decken und Mäntel verarbeitet. Diese Traditionen werden nach wie vor gepflegt, doch heutzutage profitiert das Häkeln auch von der riesigen Auswahl an Strickgarnen in zahllosen Farben und Strukturen. Daraus entstehen pflegeleichte Kleidungsstücke, die sich angenehm tragen, aber auch Decken, Spielsachen und vieles mehr.

Die Anregungen in diesem Buch umfassen einfache Kleidungsstücke, die auch Anfängern rasch von der Hand gehen – beispielsweise die zwei Kinderpullis mit Applikationen (S. 28 ff.) und der gestreifte Pullover (S. 34 ff.) –, aber auch anspruchsvollere Modelle wie die Taufdecke (S. 88 ff.) und den zweifarbigen Pullover (S. 78 ff.). Die ausführlichen Anleitungen zu jedem Modell werden durch Schnitte und Häkelschriften ergänzt. Bei den Größen stehen stets auch die Fertigmaße für das jeweilige Kleidungsstück, sodass Sie die passende Größe für Ihr Kind auswählen können. Arbeiten Sie das Modell im Zweifelsfall lieber eine Nummer größer.

Die wichtigsten Häkelmaschen, die Sie für die Ideen im Buch beherrschen müssen, werden ebenso wie die Fertigstellung der Teile leicht verständlich erklärt. Außerdem lernen Sie einige spezielle Techniken kennen: die Intarsientechnik (Eisbärenjacke, S. 56 ff.; Schlafsack, S. 44 ff.), das Webhäkeln (Jacke und Mütze mit Karomuster, S. 72 ff.) und die Filethäkelei (Häschengardine, S. 98 ff.). Mit Applikationen wie Blüten, Sterne und Schneeflocken können Sie jedes beliebige Kleidungsstück schmücken. Sie könnten beispielsweise dem Festtagsjäckchen (S. 48 ff.) mit ein paar Blüten vom Trägerkleidchen (S. 68 ff.) eine persönliche Note verleihen oder ein Hasenmotiv vom Kissen (S. 106 ff.) auf die Latzhose (S. 60 ff.) nähen.

Egal ob Sie eine alltagstaugliche Garnitur für ein Neugeborenes oder ein Geschenk zu einem besonderen Anlass wie Taufe oder Geburtstag suchen – hier finden Sie eine große Auswahl an Vorschlägen. Ich wünsche Ihnen viel Spaß beim Häkeln der Modelle und allen, die Sie damit beschenken, Freude beim täglichen Gebrauch.

Garne austauschen

Wenn Sie das Originalgarn nicht erhalten, versuchen Sie ein Alternativgarn mit derselben Lauflänge und Materialzusammensetzung zu finden (Vorschläge finden Sie auf Seite 112). Prüfen Sie die Maschenprobe mit einem neuen Garn besonders sorgfältig, wenn Sie ein Kleidungsstück häkeln. Bei Spielsachen und anderen Accessoires spielt die Größe keine so entscheidende Rolle. Bei größeren Projekten empfiehlt es sich, zunächst nur einen Knäuel des Alternativgarns zu kaufen: Versuchen Sie damit, die richtige Maschenprobe zu erzielen, und besorgen Sie erst dann die gesamte Garnmenge. Wenn Sie ein anderes Garn als vorgeschlagen verwenden, kann die benötigte Menge von den Angaben in der Anleitung abweichen.

TECHNIK

Garne

Die meisten Modelle in diesem Buch werden aus Garnen gearbeitet, die für Baby- und Kinderkleidung besonders geeignet sind: maschinenwaschbar, weich und sanft zu empfindlicher Haut. Darüber hinaus werden Naturfasern wie Baumwolle und Seide mit glattem, weichem Griff verwendet. Die Qualitäten und Lauflängen der Originalgarne sowie mögliche Alternativen sind auf Seite 112 aufgeführt.

Häkelnadeln

Häkelnadeln gibt es in vielen Stärken, die in Millimetern angegeben werden. Dünnere Nadeln bestehen meistens aus Aluminium oder anderen Metallen, dickere aus Kunststoff, Holz oder Bambus. Auf jeden Fall müssen Häkelnadeln glatt sein und dürfen weder Knicke noch Kratzer haben. Tauschen Sie daher alte und beschädigte Nadeln von Zeit zu Zeit gegen neue aus.

Häkelnadeln werden in verschiedenen Stärken hergestellt. Sie bestehen normalerweise aus Metall, Kunststoff oder Horn.

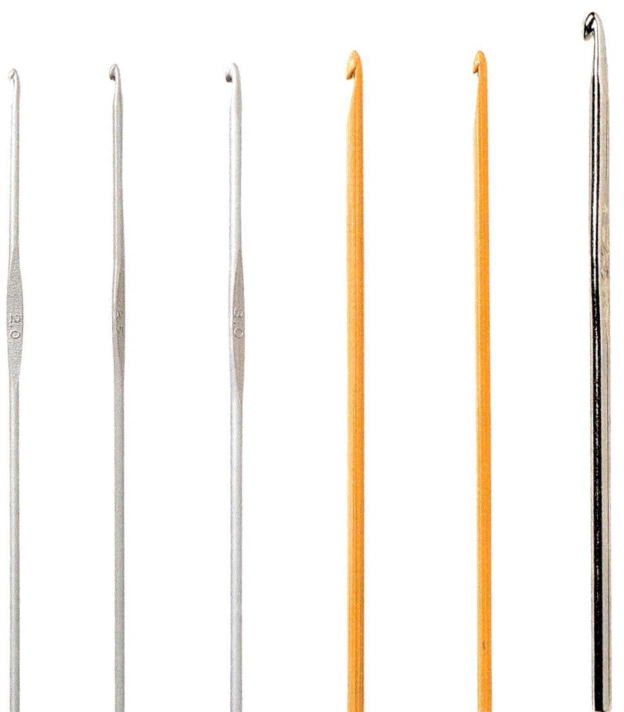

ERSTE SCHRITTE

Häkelnadel und Faden halten

Zu Übungszwecken verwenden Sie ein dickeres Garn und eine passende Häkelnadel (z.B. Nr. 4). Wenn Sie Linkshänderin sind, können Sie das Buch vor einen Spiegel stellen, sodass Sie die Abbildungen seitenverkehrt sehen.

Sie können die Häkelnadel auf eine der beiden abgebildeten Arten halten, je nachdem, welche Ihnen bequemer ist: wie einen Bleistift (Abb. 1) oder wie ein Messer (Abb. 2). Der Garnknäuel liegt links.

Luftmasche (Lm)

1 Arbeiten Sie 10 cm vom Fadenende entfernt einen Laufknoten: Legen Sie den Faden zur Schlaufe, und ziehen Sie mit der Häkelnadel eine weitere Schlaufe hindurch (Abb. 3). Ziehen Sie den Knoten vorsichtig zusammen, und schieben Sie ihn in Richtung Haken (Abb. 4).

2 Die linke Hand hält die Arbeit und führt den Faden. Es gibt verschiedene Methoden, den Faden zwischen den Fingern zu halten, doch mit der hier vorgestellten haben Sie den Faden gut unter Kontrolle: Legen Sie den Faden rund um den kleinen Finger, damit er nicht verrutschen kann; dann führen Sie ihn unter der Hand durch über den Zeigefinger, der die Lage des Fadens zur Häkelnadel bestimmt (Abb. 5).

3 Halten Sie den Laufknoten zwischen Daumen und Mittelfinger der linken Hand. Mit der Häkelnadel fassen Sie den Faden nahe dem linken Zeigefinger und ziehen eine Schlaufe durch den Laufknoten, sodass eine neue Masche – eine Luftmasche – auf der Nadel entsteht (Abb. 6). Faden nicht zu stark anziehen!

4 Halten Sie die Arbeit immer nahe der Häkelnadel, und wiederholen Sie Schritt 3, bis die Luftmaschenkette die gewünschte Länge hat (Abb. 7). Alle Luftmaschen sollten gleich groß und nicht zu stark zusammengezogen sein.

5 Um die Luftmaschenkette zu beenden, schneiden Sie den Faden etwa 10 cm von der Nadel entfernt ab und ziehen das Ende durch die letzte Masche auf der Häkelnadel.

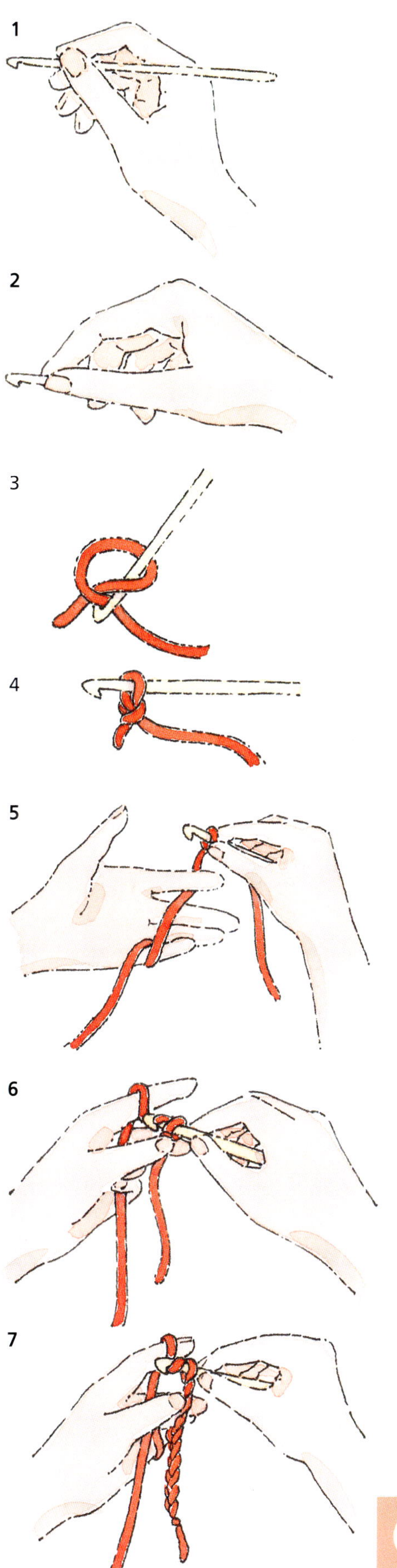

GRUNDMASCHEN

Wenn in Reihen gearbeitet wird, beginnen Sie mit einer Kette aus einer bestimmten Anzahl von Luftmaschen. Zählen Sie dabei den Laufknoten und die Masche auf der Häkelnadel nicht mit. Beim Häkeln in eine Luftmaschenkette können Sie die Häkelnadel entweder unter dem obersten einzelnen Faden oder Glied jeder Masche einstechen oder unter den beiden oberen Maschengliedern (was manchmal leichter zu erkennen ist). Entscheiden Sie sich für eine Methode und bleiben Sie dabei. Am Ende der Reihe wenden Sie die Arbeit im Uhrzeigersinn, damit sich die Randmaschen nicht verdrehen.

Feste Masche (fM)

1. Reihe: Stechen Sie in die 2. Lm von der Häkelnadel aus ein. Legen Sie den Faden um die Häkelnadel (Abb. 1) und ziehen Sie eine Garnschlinge durch diese Lm (= 2 Schlingen auf der Häkelnadel). Anschließend legen Sie den Faden noch einmal um die Häkelnadel (Abb. 2) und ziehen ihn durch die beiden Schlingen auf der Nadel. Das Ergebnis ist eine feste Masche (Abb. 3). Häkeln Sie bis zum Ende der Reihe eine fM in jede Lm (nicht jedoch in den Laufknoten). Arbeit wenden.
2. Reihe: 1 Lm, Häkelnadel unter den beiden obersten Gliedern der 1. fM einstechen (Abb. 4) und 1 fM arbeiten. Anschließend häkeln Sie bis zum Ende der Reihe 1 fM in jede fM der Vorreihe. Arbeit wenden und die 2. Reihe wiederholen. Die Maschenzahl muss in jeder Reihe gleich bleiben. Die Lm am Reihenbeginn heißt Wende-Lm. Unterschiedliche Maschenarten erfordern jeweils eine andere Anzahl an Wende-Lm (s. unten). Wenn Sie fM in Reihen arbeiten, beginnen Sie jeweils mit der letzten fM der Vorreihe und häkeln nicht in die Wende-Lm am Reihenende. Zählen Sie die Wende-Lm auch nicht zu den Maschen hinzu.

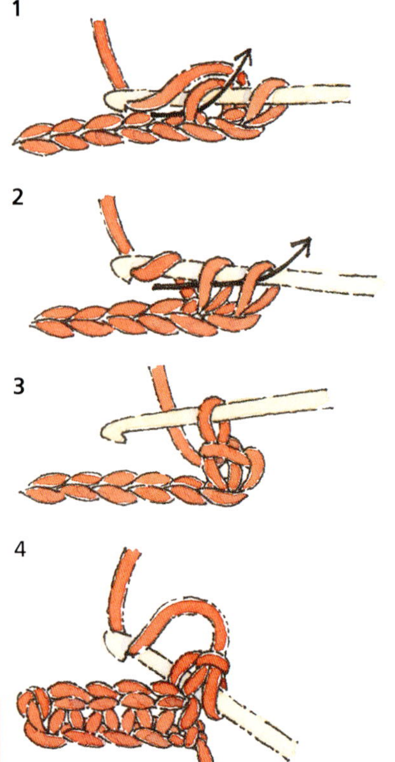
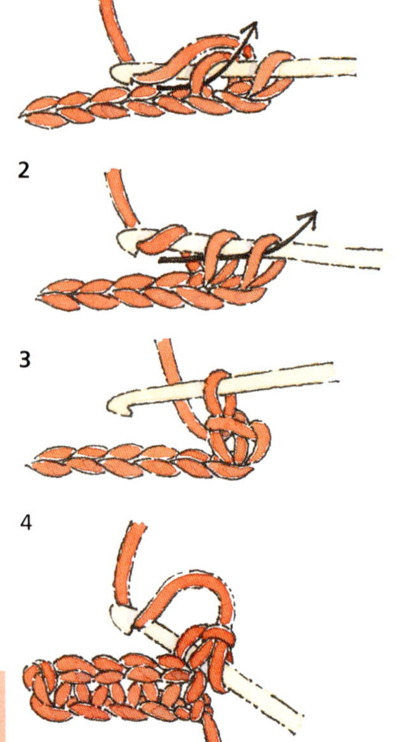
1
2
3
4

Halbes Stäbchen (hStb)

1. Reihe: Schlingen Sie den Faden um die Häkelnadel, und stechen Sie die Nadel in die drittletzte Lm ein (Abb. 5). Ziehen Sie den Faden nur durch diese Lm (= 3 Schlingen auf der Nadel). Dann schlagen Sie den Faden noch einmal um die Nadel (Abb. 6) und maschen alle 3 Schlingen auf der Nadel zusammen ab (Abb. 7). Ergebnis: 1 halbes Stäbchen. Arbeiten Sie bis zum Ende der Reihe 1 hStb in jede Lm. Arbeit wenden.

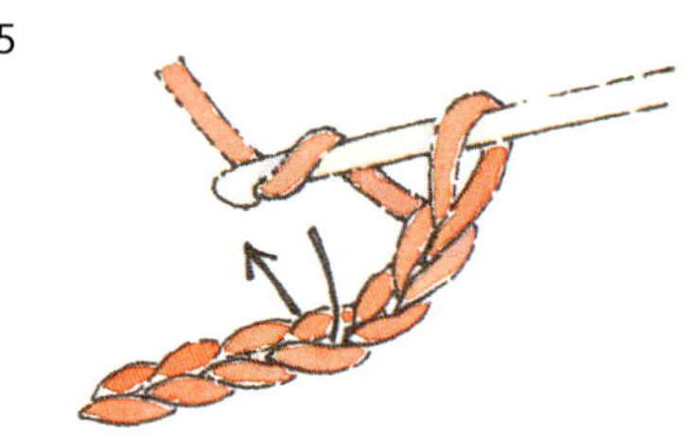
5

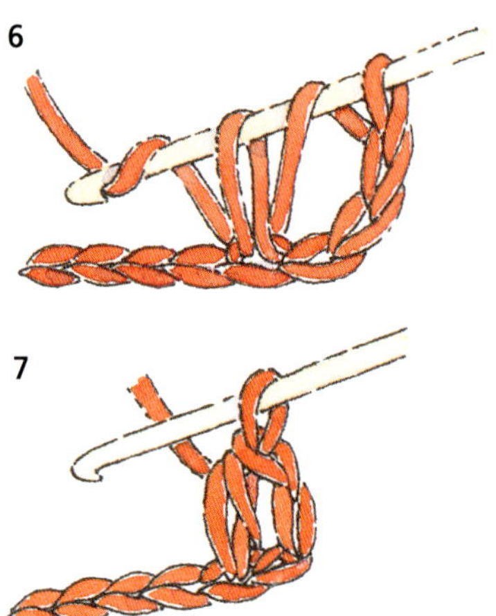
6
7

2. Reihe: 2 Lm, Häkelnadel unter den beiden obersten Maschengliedern des 1. hStb einstechen und 1 hStb arbeiten. Häkeln Sie bis zum Reihenende 1 hStb in jedes hStb der Vorreihe. Wenden und 2. Reihe wiederholen.

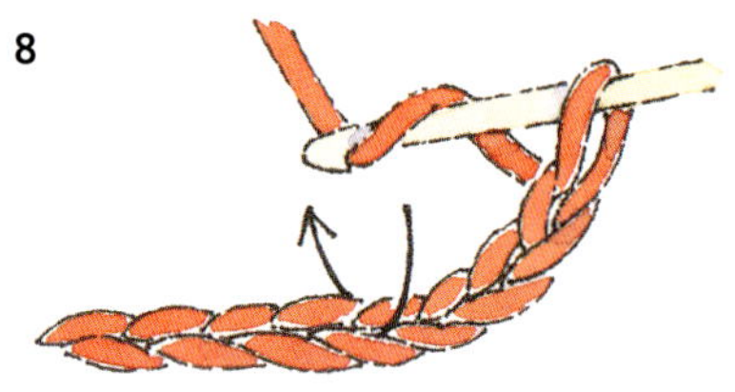
8

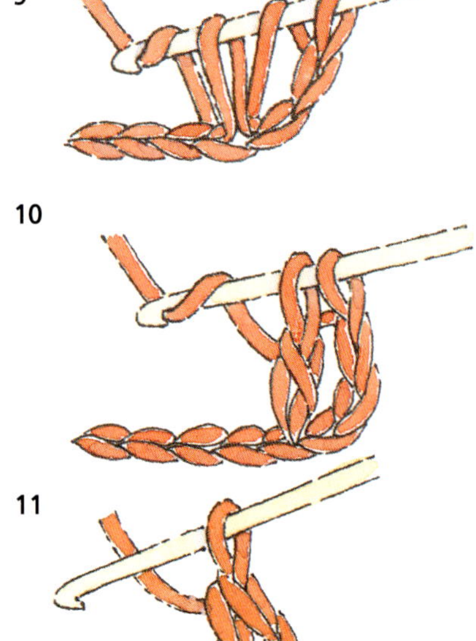
9
10

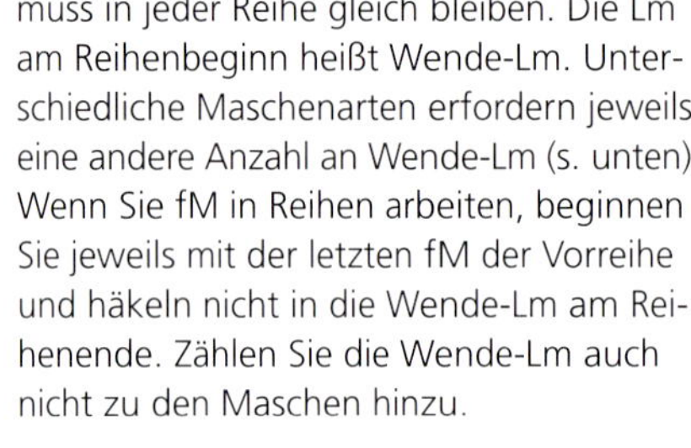
11

Stäbchen (Stb)

1. Reihe: Schlingen Sie den Faden um die Häkelnadel, und stechen Sie die Nadel in die viertletzte Lm ein (Abb. 8). Ziehen Sie den Faden nur durch diese Lm (= 3 Schlingen auf der Nadel), und schlagen Sie den Faden noch einmal um die Nadel (Abb. 9). Ziehen Sie den Faden nun durch die ersten 2 Schlingen auf der Häkelnadel. Dann schlingen Sie den Faden wieder um die Nadel (Abb. 10) und ziehen ihn durch die verbleibenden beiden Schlingen auf der Nadel (Abb. 11). Ergebnis: 1 Stäbchen. Arbeiten Sie bis zum Ende der Reihe 1 Stb in jede Lm. Wenden.
2. Reihe: 3 Lm; übergehen Sie das 1. Stb der Vorreihe, und stechen Sie die Nadel unter den beiden obersten Maschengliedern des nächsten Stb ein. Arbeiten Sie 1 Stb in jedes Stb der Vorreihe, und enden Sie mit 1 Stb in die 3. der 3 Lm am Beginn der Vorreihe. Wenden und 2. Reihe wiederholen. Bisweilen können Sie Stb-Reihen mit 2 statt mit 3 Wende-Lm arbeiten, um eine saubere Kante zu erzielen. Richten Sie sich nach den Anweisungen beim jeweiligen Modell. Die 2 oder 3 Wende-Lm am Beginn der Reihe werden üblicherweise als 1. Masche der Reihe gezählt.
Häkeln Sie das 1. Stb einer Reihe stets in das 2. Stb der Vorreihe und das letzte Stb einer Reihe in die oberste Wende-Lm am Beginn der Vorreihe.

ANDERE GEBRÄUCHLICHE MASCHENARTEN

Doppelstäbchen (DStb)

Schlingen Sie den Faden zweimal um die Nadel, und stechen Sie die Nadel ein. Schlagen Sie den Faden wieder um die Nadel, und ziehen Sie ihn nur durch die Arbeit (= 4 Schlingen auf der Nadel). Faden um die Nadel schlagen und durch die ersten 2 Schlingen auf der Nadel ziehen. Faden wieder um die Nadel schlagen und durch 2 Schlingen ziehen. Faden noch einmal um die Nadel schlagen und durch die letzten 2 Schlingen ziehen.

Kettmasche (Km)

Häkelnadel einstechen, Faden um die Nadel schlagen und durch die Arbeit und die Schlinge auf der Nadel gleichzeitig ziehen. Dies ist eine sehr kleine Masche, mit der man zum Beispiel einen Lm-Ring oder eine Häkelrunde schließt.

Weitere Maschenarten werden beim jeweiligen Modell erklärt.

Beendigung der Häkelarbeit

Am Ende eines Häkelteils arbeiten Sie 1 Lm, schneiden den Faden mindestens 10 cm von der Arbeit entfernt ab und ziehen ihn durch die letzte Lm. Wenn Sie den Faden länger lassen, können Sie ihn zum Zusammennähen der Einzelteile verwenden.

Beim Häkeln in Runden beenden Sie die Arbeit wie angegeben mit einer Km, schneiden den Faden mindestens 10 cm von der Arbeit entfernt ab und ziehen das Fadenende durch die Arbeit. Dann stechen Sie die Häkelnadel an derselben Stelle noch einmal von hinten nach vorne durch die Arbeit und ziehen den Faden zur linken Seite durch.

Maschenprobe

Vergessen Sie nie die Maschenprobe, bevor Sie anfangen, ein Modell zu häkeln. Sie hängt nicht nur vom Garn und von der Häkelnadel ab, sondern auch von der jeweiligen Häklerin. Die Maschen- und Reihenzahlen in den Anleitungen zu den einzelnen Modellen sind sorgfältig entsprechend der angegebenen Maschenprobe errechnet. Eine einzige Masche Unterschied auf 10 cm führt zu einer Abweichung von mehreren Zentimetern beim ganzen Modell. Bei jeder Anleitung in diesem Buch ist eine Maschenprobe für die hauptsächlich verwendete Maschenart angegeben. Arbeiten Sie mit dem Originalgarn und der vorgeschlagenen Nadelstärke ein Probequadrat von mindestens 15 x 15 cm. Dämpfen Sie dieses Quadrat entsprechend der Pflegeanweisung auf der Garnbanderole. Wenn Sie mit Acrylgarn häkeln, empfiehlt es sich, das Probequadrat über Nacht liegen zu lassen und dann erst auszuzählen, denn die Maße können sich während der Ruhezeit verändern.

Legen Sie Ihr Probequadrat auf eine ebene Fläche, und stecken Sie ein Stück von den Kanten entfernt zwei Stecknadeln im Abstand von 10 cm in dieselbe Reihe (Abb. 1). Zählen Sie die Maschen zwischen den Nadeln. Dann stecken Sie zwei Nadeln senkrecht übereinander im Abstand von 10 cm in die Häkelarbeit und zählen die Reihen dazwischen (Abb. 2). Wenn Ihr Probequadrat mehr Maschen oder Reihen aufweist, als in der Maschenprobe angegeben, häkeln Sie zu fest und sollten ein weiteres Probequadrat mit einer stärkeren Häkelnadel arbeiten.

1

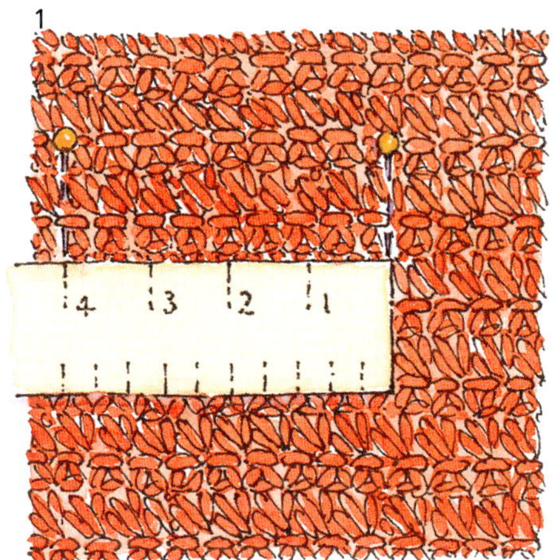

2

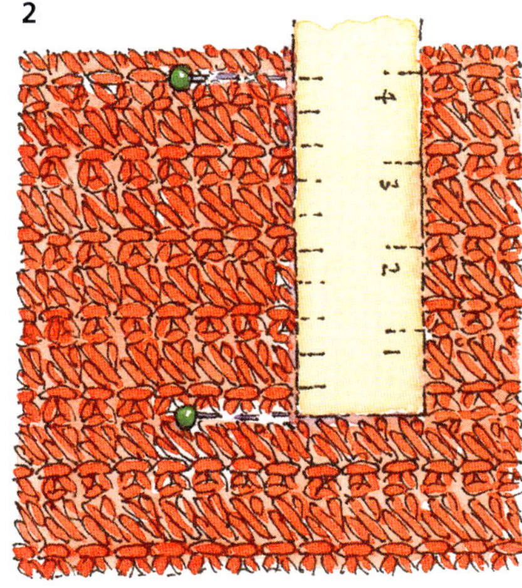

TIPPS

- Bei manchen Garnknäueln lässt sich der Faden aus der Mitte herausziehen, sodass der Knäuel während der Arbeit nicht umherrollt. Garn, das auf einen Kartonkern oder Ähnliches aufgespult ist, können Sie aus einer kleinen Plastiktüte herausziehen, deren Öffnung Sie locker mit einem Gummiband verschließen. So bleibt das Garn sauber.
- Setzen Sie einen neuen Knäuel stets am Beginn einer Reihe an, niemals in der Mitte. Hier ein Tipp, wie Sie vermeiden, eine fast vollständige Reihe wieder auftrennen zu müssen: Wenn Sie glauben, das Garn könne gerade noch für zwei Reihen reichen, knüpfen Sie in der Mitte dieses Reststücks einen lockeren Laufknoten und häkeln die nächste Reihe. Wenn Sie während dieser Reihe den Knoten lösen müssen, reicht das Garn nicht mehr für eine weitere Reihe.
- Zählen Sie Maschen, Reihen und Runden sorgfältig. Es gibt Markierungsringe aus Kunststoff in verschiedenen Größen und Farben (Abb. 3). Sie können aber auch Schlaufen aus kontrastfarbenem Garn einknüpfen. Wenn Sie eine bestimmte Folge von Reihen mehrmals wiederholen müssen – etwa bei den Zunahmen für einen Ärmel –, empfiehlt es sich, auf einem Zettel jede bereits gehäkelte Reihe abzuhaken.
- Wenn Sie zwei gleiche Teile arbeiten müssen, beispielsweise zwei Ärmel in einer bestimmten Länge, notieren Sie sich die Reihenzahl beim ersten Teil und häkeln das zweite genauso.
- Um die Höhe der Arbeit während des Häkelns zu messen, breiten Sie das Teil auf einer ebenen Fläche aus und messen in der Mitte, nicht an den Rändern.
- Beim Häkeln mit dunklen Farben kann es – besonders bei Kunstlicht – schwierig sein, die Maschen zu erkennen. Besser geht's mit einer Tageslichtbirne in einer Schreibtischlampe und einem weißen Tuch auf den Knien.

Weist Ihr Quadrat dagegen weniger Maschen oder Reihen als angegeben auf, häkeln Sie zu locker. Arbeiten Sie eine weitere Probe mit einer dünneren Häkelnadel.

FERTIGSTELLUNG

Verwenden Sie zum Zusammennähen stets eine stumpfe Nadel (Wollnadel), um zu vermeiden, dass der Faden sich spaltet. Generell sollten Sie Ihr Modell mit dem Garn zusammennähen, mit dem Sie auch gehäkelt haben; dann brauchen Sie keine Probleme beim Waschen zu befürchten. Dickere Garne können Sie eventuell in zwei dünnere Fäden aufteilen. Sie können aber auch ein dünneres passendes Garn derselben Materialzusammensetzung wählen. Gerade bei Babykleidung sollten die Nähte möglichst wenig auftragen. Die folgende Methode liefert eine saubere Naht, die sich flach dämpfen lässt.

Flache Vorstichnaht

Halten Sie die beiden Teile rechts auf rechts zusammen. Die Spitze des linken Zeigefingers steckt zwischen den beiden Teilen (siehe Abb.). Sie stechen die Nadel von vorne durch beide Teile knapp unter dem äußersten Maschenpaar ein und ziehen sie zur Rückseite durch. Dann stechen Sie knapp unterhalb des nächsten Maschenpaars von der Rückseite her durch beide Teile und ziehen die Nadel wieder zur Vorderseite durch (Abb. 1). Arbeiten Sie jeden Stich möglichst klein: Bei Teilen aus festen Maschen genügt

1

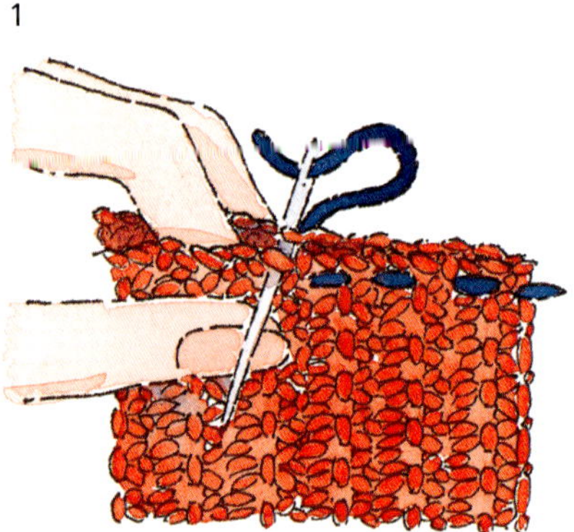

ein Stich pro Reihe, bei Stäbchen sollten es zwei bis drei Stiche pro Reihe sein. Achten Sie darauf, dass die Enden der Reihen genau übereinstimmen. Ziehen Sie den Faden ziemlich fest an, und dämpfen Sie die Nahtzugaben entsprechend den Pflegehinweisen auf der Garnbanderole auseinander.

Fäden vernähen

Vernähen Sie die Fäden mit einer stumpfen Nadel wenigstens 5 cm lang entweder auf der Rückseite einer Maschenreihe oder auf der linken Seite einer Naht, und schneiden Sie den Rest ab.

Beim Anhäkeln einer Blende ist es oft möglich, Fadenenden über mindestens 5 cm hinweg mit einzuhäkeln. Wenn die Blende fertig ist, straffen Sie die Fadenenden und schneiden überhängende Fäden ab.

Knöpfe und andere Verschlüsse

Am besten kaufen Sie die Knöpfe erst, wenn das jeweilige Kleidungsstück fertig ist, damit sie genau zur Größe der Knopflöcher passen. Breiten Sie das Kleidungsstück aus, und legen Sie Knopflochblende und Knopfleiste so übereinander, dass Kanten und Muster genau übereinstimmen. Markieren Sie mit Stecknadeln den Mittelpunkt der Knopflöcher auf der Knopfleiste. Dann nähen Sie mit dem Häkelgarn oder farblich passendem Nähfaden die Knöpfe an den markierten Stellen auf die senkrechte Mitte der Knopfleiste.

Druckknöpfe aus Kunststoff eignen sich für Babysachen besser als solche aus Metall.

Bügeln

Empfehlungen für das Waschen und Bügeln stehen normalerweise auf den Garnbanderolen. Heben Sie immer eine Banderole als Erinnerungsstütze auf. Generell gilt: **Naturfasern** (Wolle, Baumwolle, Seide) können unter einem feuchten Tuch mit warmem Bügeleisen gedämpft werden. Bügeln Sie nicht über plastische Muster. **Kunstfasern** können unter einem trockenen Tuch mit lauwarmem oder kaltem Bügeleisen gebügelt werden. Manche vertragen das Bügeln allerdings überhaupt nicht. Im Zweifelsfall verwenden Sie Ihr Probequadrat als Testobjekt.

STICKEREIEN

Manche Modelle in diesem Buch werden mit einfachen Stickereien zusätzlich geschmückt. Arbeiten Sie mit einer stumpfen Nadel, und sticken Sie locker.

2

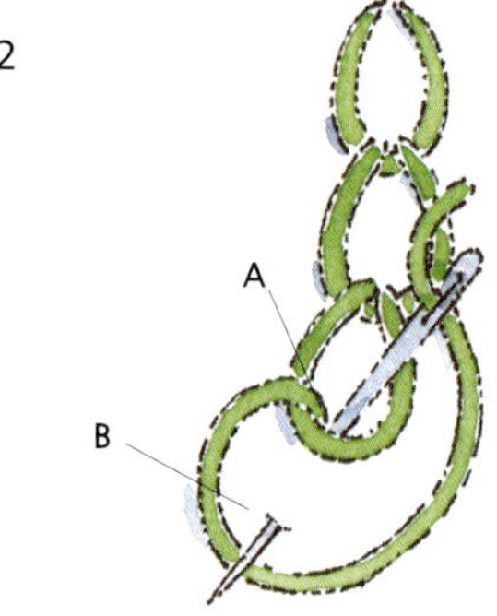

Kettstich (Abb. 2)

Stechen Sie bei A aus, und halten Sie den Faden mit dem linken Daumen nach unten. Stechen Sie in die Ausstichstelle ein und weiter vorn bei B wieder aus. Ziehen Sie den Faden durch. Dabei bleibt die Schlinge unter der Nadelspitze. Den letzten Stich sichern Sie mit einem kleinen Vorstich.

3

Margeritenstich (Abb. 3)

Dieser Stich ist im Grunde ein einzelner Kettstich, bei dem die Schlinge mit einem kurzen Vorstich befestigt wird.

4

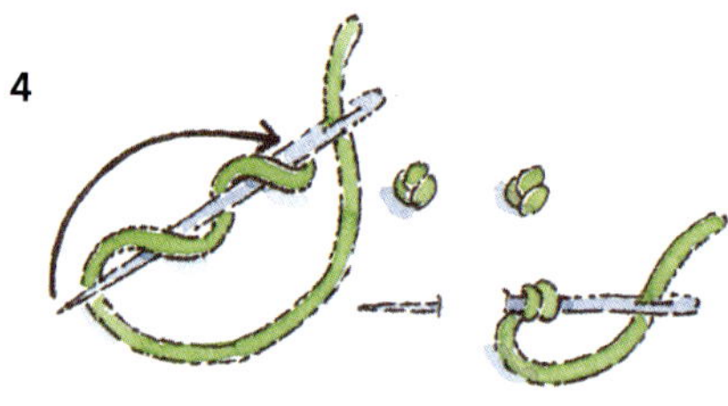

Knötchenstich (Abb. 4)

Stechen Sie die Nadel aus. Dann wickeln Sie den Faden zweimal um die Nadel, halten ihn mit dem linken Daumen nach unten und stechen knapp neben der Ausstichstelle wieder ein. Faden durchziehen.

5

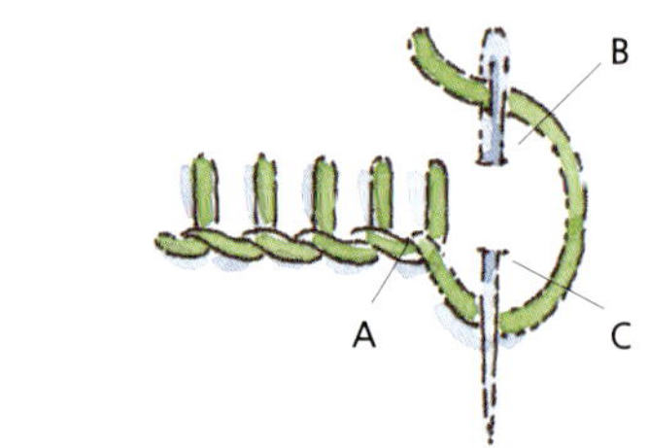

Schlingstich (Abb. 5)

Stechen Sie bei A aus. * Halten Sie den Faden mit dem linken Daumen nach unten. Nun stechen Sie bei B ein und bei C wieder aus, wobei die Fadenschlinge unter der Nadel liegt. Ziehen Sie die Nadel durch, und wiederholen Sie den Vorgang ab *.

Stickerei auf dem Erdbeer-Pullover

IN RUNDEN HÄKELN

Manchmal wird nicht in hin- und hergehenden Reihen, sondern in Runden gehäkelt. Bei flachen geometrischen Formen (zum Beispiel Kreisen, Quadraten, Sechsecken) beginnt man im Zentrum mit einem kleinen Luftmaschenring (Abb. 1). Normalerweise wird jede Runde von der rechten Seite der Arbeit her entgegen dem Uhrzeigersinn gehäkelt. Die Runde beginnt mit einer be-

1

stimmten Zahl von Luftmaschen als Ersatz für die erste Masche und endet mit einer Kettmasche in die zuletzt gehäkelte dieser Luftmaschen zum Schließen der Runde. Auch Schalenformen wie etwa Hüte werden in Runden gearbeitet, damit keine Nähte nötig sind. Je nach verwendeter Maschenart können die Runden in Spiralen gehäkelt werden, damit das Muster nirgends unterbrochen wird. Zum Zwecke der Genauigkeit können Sie die erste Masche jeder Runde markieren und Markierungsring oder -schlaufe von Runde zu Runde mitnehmen. Bündchen und Blenden werden oft in Runden gearbeitet, damit saubere Kanten entstehen.

HÄKELN NACH ZÄHLMUSTER

Intarsientechnik

Bei dieser Methode wird ein Motiv nach einer Häkelschrift in zwei oder mehr Farben gearbeitet, wobei für jede Farbfläche ein eigener Garnknäuel verwendet wird. Die Farben werden nie über die Rückseite der Arbeit von einer Fläche zur anderen mitgezogen. Das Zählmuster zeigt die rechte Seite der Arbeit. Jedes Rasterquadrat (oder -rechteck) stellt eine Masche dar. Beginnen Sie an der Unterkante des Zählmusters, und lesen Sie Hinreihen (ungerade Nummern) von rechts nach links und Rückreihen (gerade Nummern) von links nach rechts. Zählen Sie die Maschen sorgfältig und wechseln Sie die Farben bei Bedarf wie folgt:

2

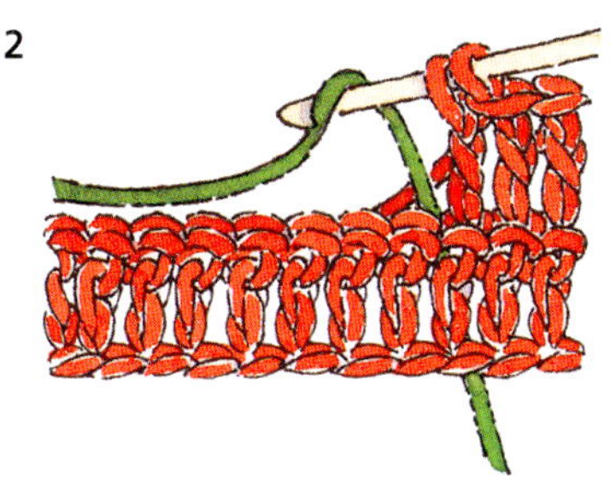

Farbwechsel bei Stäbchen

Beginnen Sie die letzte Masche in der alten Farbe: Faden um die Häkelnadel legen, Nadel einstechen, durchziehen, Faden um die Nadel legen und durch die beiden ersten Schlingen auf der Nadel ziehen. Nun den Faden in der neuen Farbe um die Nadel legen und durch die beiden Schlingen auf der Nadel ziehen (Abb. 2). Der Faden in der alten Farbe bleibt auf der Rückseite hängen.

Farbwechsel bei halben Stäbchen

Beginnen Sie die letzte Masche in der alten Farbe: Faden um die Häkelnadel legen, Nadel einstechen, alte Farbe durchziehen; Faden in neuer Farbe um die Nadel legen und durch die 3 Schlingen auf der Nadel ziehen. Der Faden in der alten Farbe bleibt auf der Rückseite hängen.
In den folgenden Reihen liegt die alte Farbe möglicherweise nicht genau an der richtigen Stelle für den Farbwechsel. Wenn der nächste Farbwechsel vor dem letzten liegt, kann die erforderliche Farbe locker über einige Maschen gezogen werden. Der Spannfaden wird dann später beim Vernähen mit befestigt. Handelt es sich um mehr als nur ein paar Maschen, schneiden Sie den Faden am besten ab und schlingen ihn an der neuen Stelle neu an, sonst verzieht sich das Häkelteil womöglich.
Wenn der nächste Farbwechsel hinter dem vorhergehenden liegt, können Sie den Faden der zweiten Farbe bis zur entsprechenden Stelle mit den Häkelmaschen umfassen und so befestigen. Achtung! Das ist nur entlang der Kontur eines Motivs möglich, weil sonst der in den Maschen eingeschlossene Faden möglicherweise durchscheint.

Filethäkelei

Filetarbeiten bestehen aus einem netzartigen Maschengrund, bei dem bestimmte Quadrate ausgefüllt sind und das Motiv bilden. Dabei symbolisiert jedes Quadrat des Zählmusters nicht eine einzelne Masche, sondern eine Maschengruppe. Ein typisches Maschenquadrat des Netzgrundes wird folgendermaßen gearbeitet: 1 Lm, 1 M der Vorreihe übergehen, 1 Stb in die nächste M. Für ein ausgefülltes Quadrat wird 1 Stb in beide folgenden M der Vorreihe gehäkelt. Oft besteht ein Quadrat aber auch aus mehr als zwei Maschen. Beginnen Sie am unteren Rand des Zählmusters, und lesen Sie Hinreihen (ungerade Nummern) von rechts nach links und Rückreihen (gerade Nummern) von links nach rechts. Arbeiten Sie am Beginn jeder Reihe die notwendigen Wendemaschen, und häkeln Sie dann nach Zählmuster leere oder ausgefüllte Quadrate.

HÄKELN NACH HÄKELSCHRIFT

Bei jedem Modell in diesem Buch finden Sie eine oder mehrere Häkelschriften. Diese grafische Darstellung der wichtigsten Häkelmuster ergänzt die Anleitung, die Sie jedoch trotzdem sorgfältig durchlesen sollten.

HINWEIS ZU DEN ANLEITUNGEN

Die Angaben für mehrere Größen sind durch Schrägstriche voneinander getrennt. Die erste Angabe bezieht sich auf die kleinste Größe. Steht nur eine Angabe, so gilt sie für alle Größen.

Zeichenerklärung zu den Häkelschriften (Abb. 3)

Bitte beachten Sie, dass die Symbole im Anleitungsteil auch verkleinert oder vergrößert erscheinen können.

3

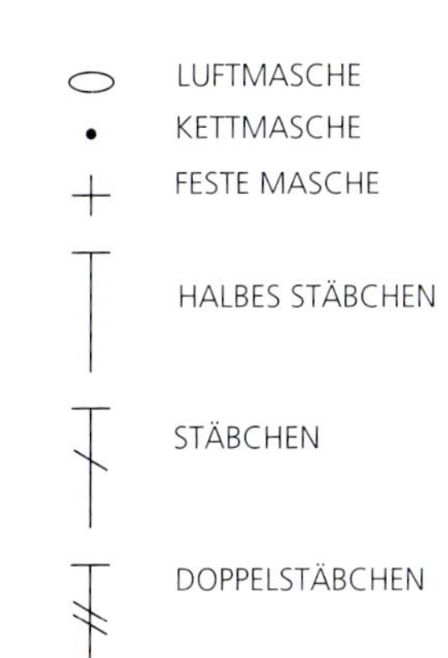

Die Symbole für Maschen, die in dieselbe Einstichstelle gearbeitet werden, sind unten miteinander verbunden.

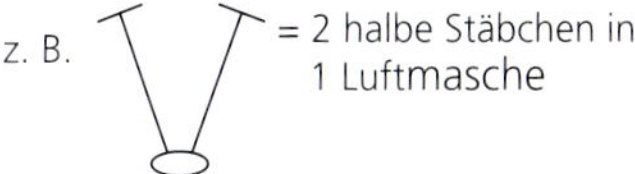

Die Symbole für zwei oder mehr Maschen, die zusammen abgemascht werden, sind oben miteinander verbunden.

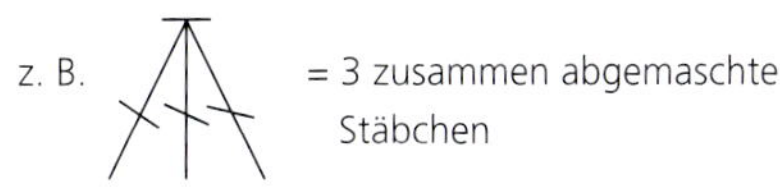

Anweisungen in Klammern gehören zusammen oder werden so oft wiederholt, wie nach der Klammer angegeben.
Eine Liste der verwendeten Abkürzungen finden Sie auf Seite 112.

WICKELJÄCKCHEN, HÖSCHEN UND HUT

EINE ENTZÜCKENDE UND GLEICHZEITIG PRAKTISCHE GARNITUR FÜR JEDES NEUGEBORENE: LEICHT ANZUZIEHEN, WEICH UND WARM.

GRÖSSEN (siehe auch Seite 16)

WICKELJÄCKCHEN			
für Oberweite	31	36	41 cm
fertig gestrickte Oberweite	36	41	47 cm
Länge	19	21,5	24 cm
Unterarmlänge	9,5	11,5	13,5 cm
HÖSCHEN			
für Hüftumfang	31	36	41 cm
HUT			
für Kopfumfang	38	40,5	43 cm

WICKELJÄCKCHEN

HINWEIS

Vorder- und Rückenteil werden in einem Stück bis zu den Armausschnitten gearbeitet. Die Passe wird an≠schließend in einem Stück gehäkelt.

MATERIAL

150 g *Patons Fairytale 3-fädig* (LL 286 m/50 g), in Schneeweiß (Fb 3300) für die gesamte Garnitur
Häkelnadeln Nr. 2 und 2,5, 2 Druckknöpfe oder 1 m Band für das Jäckchen; Gummiband und 3 Druckknöpfe für das Höschen

MASCHENPROBE

JÄCKCHEN UND HÖSCHEN: 12 MS/19 R mit Häkel-Nd Nr. 2,5 im Grundmuster gehäkelt = 10 x 10 cm
HUT: Die ersten 4 Runden haben einen Durchmesser von 4 cm.

SPEZIELLE ABKÜRZUNG

2 hStb zus. abm. = 1 U, Nadel in den nächsten ZR einstechen (siehe Häkelschrift), 1 U, Faden durch 1 Schlinge ziehen, 1 U, Nadel in den nächsten ZR einstechen, 1 U, Faden durch 1 Schlinge ziehen, 1 U, Faden durch die 5 Schlingen auf der Nadel ziehen.

ÄRMEL (2 x arbeiten)

29/33/37 Lm mit Häkel-Nd Nr. 2,5 anschl.

1. Reihe (Grund-R = Hin-R): 2 hStb in die 3. Lm, *1 Lm üb-spr., 2 hStb in die nächste Lm *; von * bis * (= 1 MS) wdh. bis R-Ende (= 14/16/18 MS). Wenden.

Grundmuster

2. Reihe: 2 Lm, *2 hStb üb-spr., 2 hStb in den ZR vor den nächsten 2 hStb; ab * fortlfd. wdh.; enden mit 2 hStb um die 2 Lm am Beg. der Vor-R. Wenden.

3. und 4. Reihe: Wie die 2. R arb.

5. Reihe: 3 Lm, 2 hStb in die 3. Lm, im Grundmuster bis R-Ende häkeln. Wenden.
6. Reihe: Wie die 5. Reihe arb. (= 16/18/19 MS).
7. und 8./7. – 10./7. – 12. Reihe: Die 2. R 2/4/6 x wdh.
Die 5. – 8./5. – 10./5. – 12. R noch 1 x wdh.; anschließend die 5. und 6. R noch 1 x häkeln (= 20/22/24 MS; 14/18/22 R). Die 2. R noch 3 x wdh. (= 17/21/25 R; letzte R = Hin-R). Faden sichern und abschneiden.

KÖRPER
129/149/169 Lm mit Häkel-Nd Nr. 2,5 anschl.
1. Reihe: Wie beim Ärmel arbeiten (= 64/74/84 MS).
2. Reihe: 2 Lm, 2 hStb üb-spr., 1 hStb in den nächsten ZR (zählt als

GRUNDMUSTER

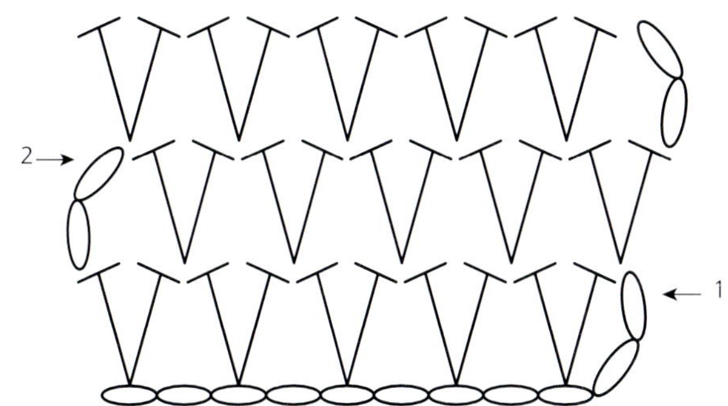

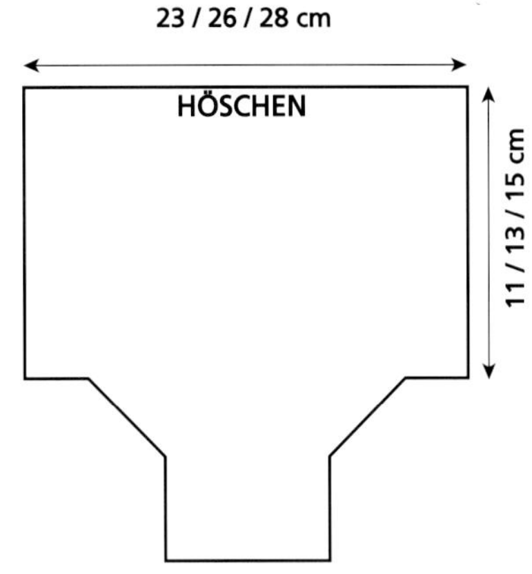

1. MS), *2 hStb üb-spr., 2 hStb in den nächsten ZR; ab * fortlfd. wdh.; enden mit 1 hStb in den letzten ZR (= 63/73/83 MS). Wenden. Die 2. Reihe noch 19/21/23 x wdh. (= 44/52/60 MS; 21/23/25 R; letzte R = Hin-R). Faden nicht abschneiden, sondern fortfahren wie folgt:

Passe

1. Reihe: 2 Lm, die nächsten 2 hStb üb-spr., 1 hStb in den nächsten ZR, 0/10/12 MS. Anschließend von rechts über die Oberkante des 1. Ärmels weiterarbeiten: 4 hStb üb-spr., 2 hStb in den nächsten ZR, 16/18/20 MS; die letzten 4 hStb des Ärmels bleiben frei. Über die Oberkante des Körpers weiterarbeiten: Die nächsten 8 hStb üb-spr., 2 hStb in den nächsten ZR, 18/22/26 MS. Anschließend über die Oberkante des 2. Ärmels weiterarbeiten, wie beim 1. Ärmel angegeben. Über die Oberkante des Körpers weiterarbeiten: Die nächsten 8 hStb üb-spr., 2 hStb in den nächsten ZR, 7/9/11 MS, 1 hStb in den letzten ZR, 1 hStb um die 2 Lm am Beginn der Vor-R (= 71/83/95 MS insgesamt). Wenden.

2. Reihe: 2 Lm, 2 hStb üb-spr., 1 hStb in den nächsten ZR; * im Grundmuster weiter bis zum ZR zwischen Körper und Ärmel, 1 hStb in diesen ZR; ab * noch 3 x wdh.; im Grundmuster weiter; enden mit 1 hStb in den letzten ZR, 1 hStb um 2 Lm. Wenden.

3. Reihe: 2 Lm, 2 hStb üb-spr., 1 hStb in den nächsten ZR; * im Grundmuster weiter bis zum ZR vor dem einzelnen hStb, 2 hStb zus. abm. über diesem und dem nächsten ZR; ab * noch 3 x wdh.; im Grundmuster weiter; enden mit 1 hStb in den letzten ZR, 1 hStb um 2 Lm. Wenden.

4. Reihe: 2 Lm, 2 hStb üb-spr., 1 hStb in den nächsten ZR; * im Grundmuster weiter bis zum ZR vor den beiden zus. abgem. hStb, 2 hStb zus. abm. über diesem und dem nächsten ZR; ab * noch 3 x wdh.; im Grundmuster weiter; enden mit 1 hStb in den letzten ZR, 1 hStb um 2 Lm. Wenden. Die 4. R noch 2/4/6 x wdh.

7./9./11. Reihe: Nur an den Armausschnitten abn.: 2 Lm, 2 hStb üb-spr.; * im Grundmuster weiter bis zum ZR vor den 2 zus. abgem. hStb, 2 hStb zus. abm. über diesem und dem nächsten ZR; ab * noch 3 x wdh; im Grundmuster weiter; enden mit 2 hStb in den letzten ZR, 2 hStb um 2 Lm. Wenden.
Die 7./9./11. R noch 5 x wdh.

13./15./17. Reihe: 2 Lm; * 2 hStb zus. abm. über den nächsten 2 ZR, im Grundmuster bis zum ZR vor den 2 zus. abgem. hStb; ab * noch 2 x wdh; 2 hStb zus. abm. über den nächsten 2 ZR, 2 hStb um 2 Lm. Wenden.

14./16./18. Reihe: 2 Lm, * 2 hStb zus. abm. über den nächsten 2 ZR, im Grundmuster bis zum ZR vor den nächsten 2 zus. abgem. hStb; ab * noch 2 x wdh.; 2 hStb zus. abm. über dem nächsten ZR und um 2 Lm. Faden abschneiden und sichern.
Ärmel- und Seitennähte schließen.

FERTIGSTELLUNG

Ärmeleinfassung (an beiden Ärmeln arbeiten)
Von der rechten Seite des Ärmels mit Häkel-Nd Nr. 2 den Faden am unteren Ende der Ärmelnaht anschlingen.

1. Runde: 1 Lm, 1 fM ins untere M-Glied jeder Lm der Anschlagkante; enden mit 1 Km in die Lm am Rd-Beg.

2. Runde: *1 Pikot (= 2 Lm, 1 Km in die M am Fuß dieser 2 Lm), je 1 fM in nächsten 2 fM; ab * fortlfd. wdh.; enden mit 1 Km in die 1. der 2 Lm am Rd-Beg. Faden abschneiden und sichern.

Einfassung von Vorderkanten, Halsausschnitt und Unterkante
Von der rechten Seite der Arbeit mit Häkel-Nd Nr. 2 den Faden an der Unterkante unter einem Ärmel anschlingen.

1. Runde: 1 Lm, 1 fM ins untere M-Glied jeder Lm der Anschlagkante bis zur Ecke, 4 fM in dieselbe Einstichstelle in der Ecke; 3 fM in jeweils 2 R entlang der Vorderkante; 1 fM in jedes hStb entlang des hinteren Halsausschnitts, dabei 2 fM zus. abm. in jeder Ecke des Ausschnitts; 3 fM in jeweils 2 R entlang der Vorderkante bis zur Ecke, 4 fM in dieselbe Einstichstelle in der Ecke; 1 fM ins untere M-Glied jeder Lm; enden mit 1 Km in die Lm am Rd-Beg.

2. Runde: Wie die 2. Rd der Ärmeleinfassung arb., dabei jeweils 1 Pikot zusätzlich in jeder der vorderen Ecken häkeln. Als Verschluss Druckknöpfe oder Bindebänder in die Ecken nähen. Das Jäckchen entsprechend der Anweisung auf der Garnbanderole bügeln.

HÖSCHEN

RÜCKENTEIL

21/23/25 Lm mit Häkel-Nd Nr. 2,5 anschl.

1. Reihe: 2 hStb in die 3. Lm arb.; * 1 Lm üb-spr., 2 hStb in die nächste Lm *; von * bis * (= 1 MS) fortlfd. wdh. bis R-Ende (= 10/11/12 MS). Wenden.

Grundmuster

2. Reihe: 2 Lm, *2 hStb üb-spr., 2 hStb in den ZR vor den nächsten 2 hStb; ab * fortlfd. wdh.; enden mit 2 hStb um die 2 Lm am Beginn der Vor-R. Wenden. **
Die 2. R noch 6/8/10 x wdh. (= 8/10/12 R insgesamt).

***** Zunahme-Reihe:** 3 Lm, 2 hStb in die 3. Lm; im Grundmuster weiter; enden mit 2 hStb um 2 Lm (= 11/12/13 MS). Wenden.
Die Zunahme-R noch 9 x wdh. (= 20/21/22 MS).

Nächste Reihe: 9/11/13 Lm, 2 hStb in die 3. Lm von der Häkel-Nd aus; (1 Lm üb-spr., 2 hStb in die nächste Lm) 3/4/5 x; im Grundmuster weiter; enden mit 2 hStb um 2 Lm (= 24/26/28 MS). Wenden.
Diese R noch 1 x wdh. (= 28/31/34 MS).
Die 2. R fortlfd. wdh., bis der gerade Teil der Arbeit 11/13/15 cm von der letzten Zunahme-R aus misst; enden mit einer Rück-R. Faden sichern und abschneiden.

VORDERTEIL

Wie das Rückenteil arbeiten bis **. Die 2. R noch 2/4/6 x wdh. (= 4/6/

8 R insgesamt). Weiterarbeiten, wie beim Rückenteil ab *** beschrieben.

TAILLENBUND

Seitennähte schließen. Weiches Gummiband so abmessen, dass es bequem um die Taille des Kindes passt. Die Enden zusammennähen. Von der rechten Seite der Arbeit mit Häkel-Nd Nr. 2,5 den Faden am oberen Ende einer Seitennaht anschlingen.

1. Runde: 1 Lm, *1 fM über das Gummiband und in das nächste hStb; ab * fortlfd. wdh.; enden mit 1 Km in 1 Lm am Rd-Beg.

2. Runde: *1 Pikot (= 2 Lm, 1 Km in die M am Fuß dieser 2 Lm), je 1 fM in die nächsten 2 fM; ab * fortlfd. wdh.; enden mit 1 Km in die untere der 2 Lm am Rd-Beg. Faden abschneiden und sichern.

EINFASSUNG DER BEINAUSSCHNITTE

Von der rechten Seite der Arbeit mit Häkel-Nd Nr. 2 den Faden am unteren Ende einer Seitennaht anschlingen.

1. Runde: 1 Lm, *(1 fM ins untere M-Glied der nächsten Lm, 2 fM zus. abm. über dem jeweils unteren M-Glied der nächsten 2 Lm) 2/3/3 x, je 1 fM ins untere M-Glied der nächsten 1/0/2 Lm, je 1 fM in jede R der Seitenkante bis zur Ecke, 3 fM in dieselbe Einstichstelle in der Ecke, je 1 fM ins untere M-Glied entlang des Schrittes, 3 fM in dieselbe Einstichstelle in der Ecke, je 1 fM in jede R der Seitenkante, je 1 fM ins untere M-Glied der nächsten 1/0/2 Lm; (2 fM zus. abm. über dem jeweils unteren M-Glied der nächsten 2 Lm, 1 fM in die nächste Lm) 2/3/3 x bis zur Seitennaht; ab * noch 1 x wdh.; enden mit 1 Km in 1 Lm am Rd-Beg.

2. Runde: *(2 Lm, 1 Km in die 1. dieser 2 Lm, je 1 fM in die nächsten 2 fM) bis zur 1. Ecke, 3 fM in dieselbe Einstichstelle an der Ecke, je 1 fM in jede fM entlang der geraden Schrittkante, 3 fM in dieselbe Einstichstelle an der Ecke; ab * noch 1 x wdh.; anschließend die Angaben in Klammern fortlfd. wdh.; enden mit 1 Km in die untere der beiden Lm am Rd-Beg. Faden sichern und abschneiden.

FERTIGSTELLUNG

Das hintere Schritt-Teil über das vordere legen und 3 Druckknöpfe als Verschluss annähen. Das Höschen entsprechend den Angaben auf der Garnbanderole bügeln.

HUT

1. Runde: 5 Lm mit Häkel-Nd Nr. 2,5 anschl. und mit 1 Km in die 1. Lm zum Ring schließen.

2. Runde: 2 Lm, 11 hStb in den Ring, 1 Km um die 2 Lm am Rd-Beg. (= 12 M).

3. Runde: 2 Lm, (2 hStb ins nächste hStb) 11 x, 1 hStb in die M am Fuß der 2 Lm am Rd-Beg., 1 Km in die 2. der 2 Lm (= 24 M).

4. Runde: 2 Lm, (1 hStb ins nächste hStb, 2 hStb ins folgende hStb) 11 x, 1 hStb ins nächste hStb, 1 hStb in die Masche am Fuß der 2 Lm, 1 Km in die 2. der 2 Lm (= 36 M; hier die Maschenprobe überprüfen).

5. Runde: 2 Lm, *(1 hStb ins nächste hStb) 2 x, 2 hStb ins folg. hStb; ab * noch 10 x wdh; (1 hStb ins nächste hStb) 2 x, 1 hStb in die M am Fuß der 2 Lm, 1 Km in die 2. der 2 Lm (= 48 M).

6. bis 8. Runde: Wie die 5. Rd arb., dabei jeweils die Kombinationen in Klammern pro Rd 1x öfter wdh. (= 84 M am Ende der 8. Rd).

Nur 2. Größe

9. Runde: 2 Lm, *(1 hStb ins nächste hStb) 13 x, 2 hStb ins folg. hStb; ab * noch 4 x wdh; (1 hStb ins nächste hStb) 13 x, 1 hStb in die M am Fuß der 2 Lm, 1 Km in die 2. der 2 Lm (= 90 M).

Nur 3. Größe

9. Runde: 2 Lm, *(1 hStb ins nächste hStb) 6 x, 2 hStb ins folg. hStb; ab * noch 10 x wdh; (1 hStb ins nächste hStb) 6 x, 1 hStb in die M am Fuß der 2 Lm, 1 Km in die 2. der 2 Lm (= 96 M).

Alle Größen 84/90/96 M

Nächste Runde: 2 Lm, 1 hStb in jedes hStb; enden mit 1 Km in die 2. der 2 Lm.

Diese Rd wdh., bis die Arbeit 10,5/12/14 cm vom Mittelpunkt bis zum Rand misst. Enden mit einer vollständigen Rd.

KREMPE

1. Krempen-Runde: 2 Lm, (je 1 hStb in die nächsten 13/14/15 hStb, 2 hStb ins nächste hStb) 5 x, je 1 hStb in die nächsten 13/14/15 hStb, 1 hStb in die M am Fuß der 2 Lm, 1 Km in die 2. der 2 Lm (= 90/96/102 M).

2. Krempen-Runde: 2 Lm, 2 hStb üb-spr., *2 hStb in den ZR vor dem nächsten hStb, 2 hStb üb-spr.; ab * fortlfd. wdh; enden mit 1 hStb in die M am Fuß der 2 Lm, 1 Km in die 2. der 2 Lm.

3. Krempen-Runde: 2 Lm, 1 hStb in den ZR am Fuß dieser 2 Lm, *2 hStb üb-spr., 2 hStb in den ZR vor dem nächsten hStb; ab * fortlfd. wdh; enden mit 1 Km in die 2. der 2 Lm.

Die 2. und 3. Krempen-Rd wdh., bis die Krempe 4/4,5/5 cm breit ist. Enden mit einer vollständigen Rd.

Nächste Runde: 1 Lm, 1 fM in jedes hStb; enden mit 1 Km in 1 Lm.

Letzte Runde: *1 Pikot (= 2 Lm, 1 Km in die M am Fuß dieser 2 Lm), je 1 fM in die nächsten 2 fM; ab * fortlfd. wdh; enden mit 1 Km in die M am Fuß der 2 Lm am Rd-Beg. Faden abschneiden und sichern.

JACKE, HOSE UND SCHÜHCHEN

DIE MOLLIG WARME GARNITUR IST DANK DER DRUCKKNÖPFE AN DER HOSE GANZ EINFACH AN- UND AUSZUZIEHEN.

GRÖSSEN (siehe auch Seite 20)

JACKE			
für Oberweite	36	41	46 cm
fertig gestrickte Oberweite	40	46	52 cm
Länge bis Nackenausschnitt	19	23	27,5 cm
Unterarmlänge, umgeschl. Bündchen	12	14	17,5 cm
HOSE			
für Hüftumfang	41	46	51 cm
fertig gestrickte Weite	51	55	59 cm
Länge bis Taille vorn	30	33	36 cm
SCHÜHCHEN			
für Fußlänge	8	9	10 cm

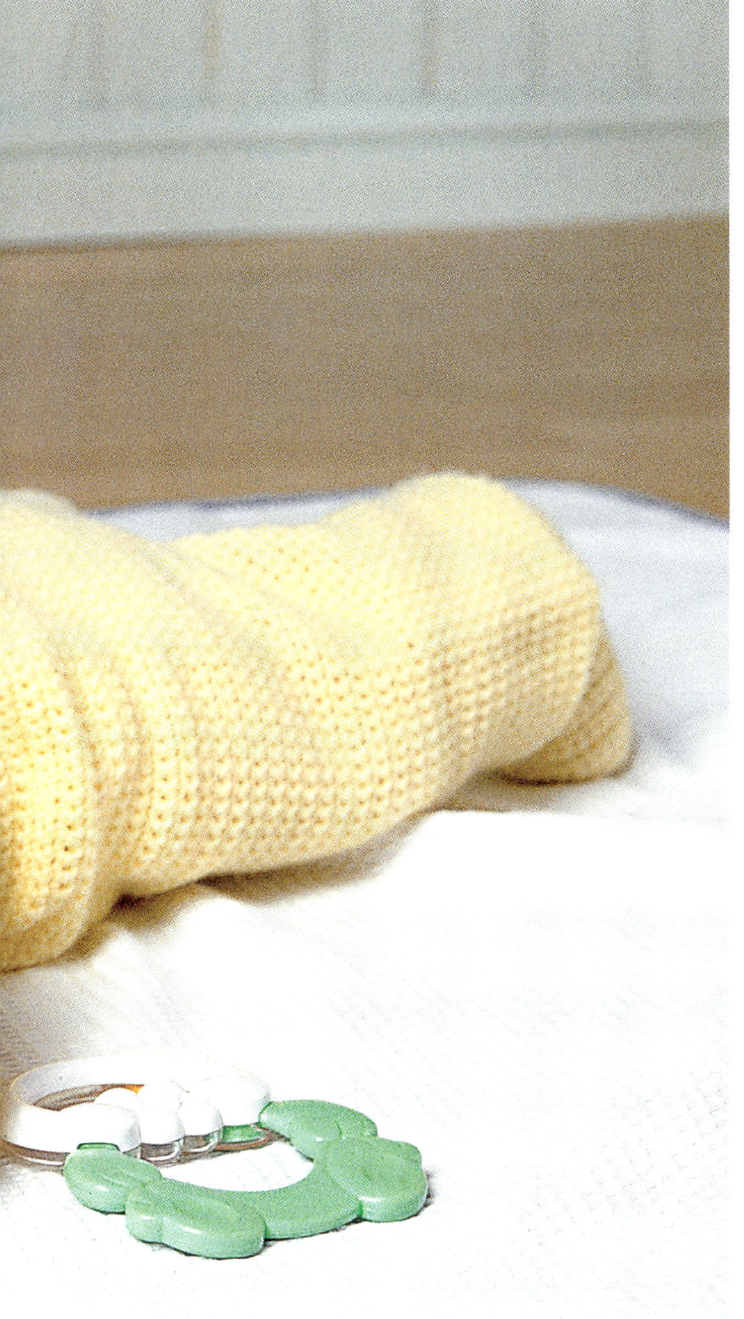

JACKE

RÜCKENTEIL

55/63/71 Lm mit Häkel-Nd Nr. 3,5 anschl.

Grundreihe: 1 fM in die 3. Lm ab Häkel-Nd, * 1 Lm, 1 Lm üb-spr., 1 fM in die nächste Lm, ab * fortlfd. wdh. bis zum Ende. Wenden.

Büschelmuster

Muster-R: 2 Lm, die 1. fM üb-spr., 2 fM zus. abm. über den nächsten 2 ZR, * 1 Lm, 2 fM zus. abm. über dem zuletzt verwendeten und dem nächsten ZR; ab * fortlfd. wdh.; enden mit 2 fM zus. abm. über den letzten 2 ZR der Vor-R, 1 Lm, noch 1 fM in den letzten ZR (= 26/30/34 MS). Wenden. (Je 2 zus. abgem. fM gelten als 1 MS.) Diese R fortlfd. wdh. bis zu einer Höhe von 8/10/12 cm, mit einer Rück-R enden.

MATERIAL

JACKE
100 g *Sirdar Snuggly 4-fädig* (LL 226 m/50 g) in Zitronengelb (Fb 252); 5/5/6 Knöpfe; Häkelnadeln Nr. 3 und 3,5

HOSE
100/100/150 g *Sirdar Snuggly 4-fädig*, in Zitronengelb (Fb 252); Gummiband; 7/7/9 Druckknöpfe´; Häkelnadeln Nr. 3 und 3,5

SCHÜHCHEN
50 g *Sirdar Snuggly 4-fädig* in Zitronengelb (Fb 252) Häkelnadeln Nr. 3 und 3,5

HINWEIS: Für die komplette Garnitur werden nur 200 g Garn benötigt.

MASCHENPROBE
13 MS/17 R mit Häkel-Nd Nr. 3,5 im Büschelmuster gehäkelt = 10 x 10 cm
19 M/23 R mit Häkel-Nd Nr. 3,5 in festen Maschen gehäkelt = 10 x 10 cm

Raglanschrägen

1. Abnahme-Reihe: Km über (1 Lm, 2 zus. abgem. fM) 2 x, 2 Lm, 22/26/30 MS im Büschelmuster; enden mit 1 Lm, 1 fM in die nächsten 2 zus. abgem. fM. Wenden. (Die letzten [1 Lm, 2 zus. abgem. fM, 2 Lm] bleiben ungehäkelt.)

2. Abnahme-Reihe: Wie Muster-R arb.

3. Abnahme-Reihe: Im Büschelmuster arb.; enden mit 2 fM zus. abm. über den letzten 2 ZR der Vor-R. Wenden.

BÜSCHELMUSTER

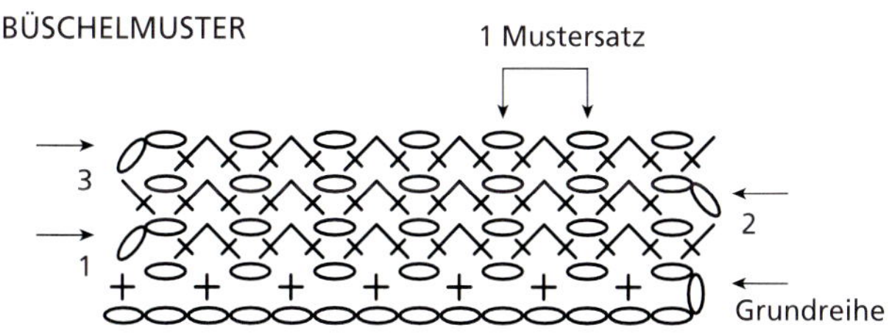

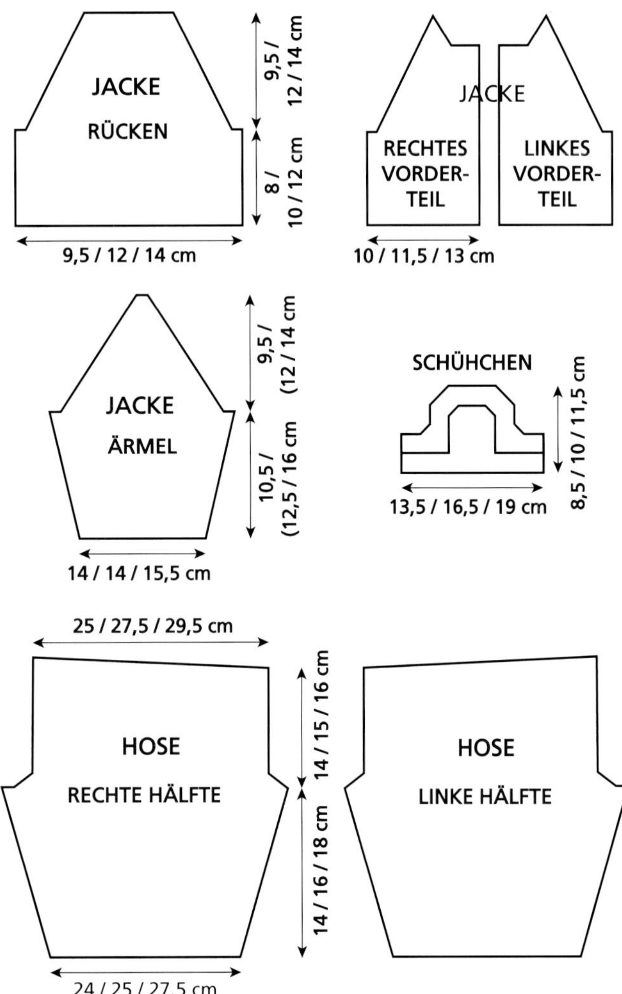

4. Abnahme-Reihe: 2 Lm, 2 zus. abgem. fM üb-spr., im Büschelmuster weiter, enden mit 2 fM zus. abm. über dem letzten ZR und den ersten 2 ZR der Vor-R. Wenden.
5. Abnahme-Reihe: 2 Lm, 2 zus. abgem. fM üb-spr., im Büschelmuster weiter; enden wie am Ende der Muster-R (= 20/24/28 MS). Wenden.
Nur 2. und 3. Größe
6. Abnahme-Reihe: Wie die Muster-R arb.
Nur 2. Größe
Die 3. – 5. Abnahme-R. 1 x wdh.
Nur 3. Größe
Die 3. – 6. Abn.-R. 1 x wdh., dann die 3. – 5. Abn.-R. noch 1 x wdh.
Alle Größen (20/22/24 MS)
Die 3. Abnahme-R. 1 x wdh.
Die 4. Abnahme-R. 9 x wdh. (= 10/12/14 MS).
Die 5. Abnahme-R. 1 x wdh. Faden abschneiden und sichern.

LINKES VORDERTEIL
29/33/37 Lm mit Häkel-Nd Nr. 3,5 anschl.
Grund- und Muster-R wie beim Rückenteil arbeiten (= 13/15/17 MS).
Muster-R fortlfd. wdh. bis zu einer Höhe von 8/10/12 cm, mit einer Rück-R enden.**
Raglanschräge
1. Abnahme-Reihe: Km über (1 Lm, 2 fM zus. abm.) 2 x, 2 Lm, 11/13/15 MS bis R-Ende häkeln. Wenden.
2. Abnahme-Reihe: Wie die Muster-R arb.
3. Abnahme-Reihe: Wie die Muster-R arb.
4. Abnahme-Reihe: Im Büschelmuster arb.; enden mit 2 fM zus. abm. über den letzten 2 ZR der Vor-R. Wenden.
5. Abnahme-Reihe: 2 Lm, 2 zus. abgem. fM üb-spr., im Büschelmuster weiter, enden wie Ende der Muster-R (= 10/12/14 MS). Wenden.
Nur 2. und 3. Größe
6. Abnahme-Reihe: Wie die Muster-R arb.
Nur 2. Größe
Die 3. – 5. Abnahme-R. 1 x wdh.
Nur 3. Größe
Die 3. – 6. Abnahme-R. 1 x wdh., dann die 3. – 5. Abnahme-R. noch 1 x wdh.
Alle Größen (10/11/12 MS)
Die 4. und 5. Abnahme-R. 2/2/1 x wdh.
Die 4. Abnahme-R. noch 1 x wdh. (= 8/9/11 MS).
Vorderer Halsausschnitt
1. Reihe: 2 Lm, 2 zus. abgem. fM üb-spr., 2 fM zus. abm. über den ersten 2 ZR; (1 Lm, 2 fM. zus. abm. über dem letzten verwendeten und dem nächsten ZR) 4/4/5 x (= 5/5/6 MS). Wenden.
2. Reihe: 2 Lm, 2 zus. abgem. fM üb-spr., im Büschelmuster weiter, enden mit 2 fM zus. abm. über den letzten 2 ZR. (= 4/4/5 MS insges.). Wenden.
3. und 4. Reihe: Wie die 2. R arb. (= 2/2/3 MS).
Nur 3. Größe
5. Reihe: Wie die 5. Abnahme-R arb.
6. Reihe: Wie die 4. Abnahme-R arb.
Alle Größen (2 MS)
Nächste Reihe: 2 Lm, 2 fM zus. abm. über dem 1. und letzten ZR, 1 Lm, 1 fM in den letzten ZR. Wenden.
Letzte Reihe: 2 Lm, 2 fM zus. abm. über den 1. und letzten ZR (= 1 MS). Faden abschneiden und sichern.

RECHTES VORDERTEIL
Bis ** wie das linke Vorderteil arbeiten.
Raglanschräge
1. Abnahme-Reihe: 2 Lm, im Büschelmuster weiter (= 11/13/15 MS); enden mit 1 Lm, 1 fM in die nächsten 2 zus. abgem. fM. Wenden. ([1 ZR, 2 zus. abgem. fM, 2 Lm] bleiben ungehäkelt.)
2. Abnahme-Reihe: Wie Muster-R arb.
3. Abnahme-Reihe: Im Büschelmuster arb.; enden mit 2 fM zus. abm. über den letzten 2 ZR. Wenden.
4. Abnahme-Reihe: 2 Lm, 2 zus. abgem. fM üb-spr., Büschelmuster bis R-Ende. Wenden.
5. u. 6. Abnahme-Reihe: Wie die Muster-R arb. (= 10/12/14 MS).
Nur 2. und 3. Größe
3. – 6. Abnahme-R 1/2 x wdh.
Alle Größen (10/11/12 MS)
Die 3. und 4. Abnahme-R 2/2/1 x wdh. (= 8/9/11 MS).
Vorderer Halsausschnitt
1. Reihe: Km über (1 Lm, 2 fM zus. abm.) 3/4/5 x, 2 Lm, 2 fM zus. abm. über die nächsten 2 ZR, (1 Lm, 2 fM zus. abm. in den letzten verwendeten und den nächsten ZR) 4/4/5 x (= 5/5/6 MS). Wenden.
2. Reihe: 2 Lm, 2 zus. abgem. fM üb-spr., im Büschelmuster weiter, enden mit 2 fM zus. abm. über den letzten 2 ZR (= 4/4/5 MS). Wenden.
3. Reihe: Wie die 2. R arb.
4. Reihe: Wie die 4. Abnahme-R arb. (= 2/2/3 MS).
Nur 3. Größe
5. Reihe: Wie die 3. Abnahme-R arb.
6. Reihe: Wie die 4. Abnahme-R arb.

Alle Größen (2 MS)
Nächste Reihe: Wie die 3. Abnahme-R arb.
Letzte Reihe: 2 Lm, 2 zus. abgem. fM üb-spr., 2 fM zus. abm. über dem 1. und letzten ZR, 1 Lm, 1 fM in den letzten ZR (= 1 MS). Faden abschneiden und sichern.

ÄRMEL (2 x arbeiten)
43/43/47 Lm mit Häkel-Nd Nr. 3,5 anschl.
Grund- und Muster-R wie beim Rückenteil arbeiten (= 20/20/22 MS).
1. Zunahme-Reihe: 2 Lm, 2 fM zus. abm. in die Grund-M dieser Lm und über den 1. ZR, im Büschelmuster weiter bis R-Ende. Wenden.
2. Zunahme-Reihe: Wie die 1. Zunahme-R arb. (= 22/22/24 MS).
3. und 4. Zunahme-Reihe: Wie Muster-R arb.
Diese 4 R noch 1/2/3 x wdh. (= 24/26/30 MS).
Die 1. und 2. Zunahme-R noch 1 x wdh. (= 26/28/32 MS).
Die Muster-R fortfld. wdh., bis eine Ärmellänge von 10,5/12,5/16 cm erreicht ist. Mit einer Rück-R enden.
Raglanschräge
1. Abnahme-Reihe: Km über (1 Lm, 2 fM zus abm.) 2 x, 2 Lm, im Büschelmuster weiter (= 22/24/28 MS); enden mit 1 Lm, 1 fM in die nächsten 2 zus. abgem. fM. Wenden. ([1 Lm, 2 zus. abgem. fM, 2 Lm] bleiben ungehäkelt.)
2. Abnahme-Reihe: Wie die Muster-R arb.
3. Abnahme-Reihe: Im Büschelmuster arb.; enden mit 2 fM zus. abm. über den letzten 2 ZR der Vor-R. Wenden.
4. Abnahme-Reihe: 2 Lm, die ersten 2 zus. abgem. fM üb-spr., im Büschelmuster weiter; enden mit 2 fM zus. abm. über den letzten 2 ZR der Vor-R (= 21/23/27 MS). Wenden.
Die 4. Abnahme-R noch 5/11/15 x wdh. (= 16/12/12 MS).

Nächste Reihe: 2 Lm, die ersten 2 ZR üb-spr., 2 fM zus. abm. über den nächsten 2 ZR, * 1 Lm, 2 fM zus. abm. über dem letzten verwendeten und dem nächsten ZR, ab * fortlfd. wdh.; enden mit 2 fM zus. abm. über den letzten 2 ZR (= 14/10/10 MS). Wenden.
Diese R noch 6/4/4 x wdh. (= 2 MS). Faden abschneiden und sichern.

FERTIGSTELLUNG
Die Ärmel- und Seitennähte schließen, die Raglanärmel einsetzen.
Bündchen (an beiden Ärmeln arbeiten)
Von der rechten Seite der Arbeit mit Häkel-Nd Nr. 3 den Faden am unteren Ende der Ärmelnaht anschlingen.
1. Runde: 1 Lm, 1 fM ins untere M-Glied jeder Lm; enden mit 1 fM in die 1. fM der Rd.
2. Runde: 1 fM in jede fM der Vor-Rd.
Die 2. Rd noch 5 x wdh., an der Innennaht enden. Faden abschneiden und sichern. Manschette umschlagen.

Einfassung von Vorderkanten, Halsausschnitt und Unterkanten
Von der rechten Seite der Arbeit mit Häkel-Nd Nr. 3 den Faden an der Unterkante einer Seitennaht anschlingen.
1. Runde: 1 Lm, je 1 fM in jeden ZR und ins untere M-Glied jeder fM bis zur Ecke, 3 fM in dieselbe Einstichstelle in der Ecke, je 1 fM aufwärts in die Seitenkante jeder R entlang der Kante des re. Vorderteils, 3 fM in dieselbe Einstichstelle in der Ecke, 42/50/58 fM gleichmäßig verteilt rings um den Halsausschnitt bis zur Oberkante des li. Vorderteils, 3 fM in dieselbe Einstichstelle an der Ecke, je 1 fM abwärts in die Seitenkante jeder R entlang der Kante des li. Vorderteils, 3 fM in dieselbe Einstichstelle an der Ecke und je 1 fM in jeden ZR und ins untere M-Glied jeder fM; enden mit 1 Km in die 1. fM der Rd.
2. Runde: 1 Lm, 1 fM in die 1. fM, 1 fM in jede fM, dabei 3 fM in die 2. der 3 fM jeder Außenecke; enden mit Üb-spr. der letzten fM, 1 Km in die 1. fM der Rd.
3. Runde: Wie 2. Rd arb., dabei 3 fM in die 2. der 3 fM an der Oberkante des linken Vorderteils, (2 Lm, 2 fM üb-spr., 1 fM in jede der 4/5/5 fM) 4/4/5 x, 2 Lm, die nächsten 2 fM üb-spr., enden wie 2. Rd.
4. Runde: 1 Lm, 1 fM in die 1. fM, dann 1 fM in jede fM, 3 fM in die 2. der 3 fM in jeder Ecke und 2 fM jeweils in jeden 2-Lm-ZR, am Schluss die letzte fM üb-spr., 1 Km in die 1. fM der Rd. Faden abschneiden und sichern.

Die Knöpfe entsprechend den Knopflöchern annähen. Das Jäckchen entsprechend der Anweisung auf der Garnbanderole bügeln.

HOSE

RECHTE HÄLFTE

47/49/53 Lm mit Häkel-Nd Nr. 3,5 anschl.
Grund-Reihe: 1 fM in die 2. Lm ab Häkel-Nd, 1 fM in jede Lm bis R-Ende (= 46/48/52 fM). Wenden.
fM-Reihe: 1 Lm, 1 fM in die 1. fM, dann 1 fM in jede fM bis R-Ende. Wenden.
1. Zunahme-Reihe: 1 Lm, 2 fM in die erste fM, 1 fM in jede fM bis R-Ende. Wenden.
2. Zunahme-Reihe: Wie die 1. Zunahme-R arb.
3. und 4. Zunahme-Reihe: Wie die fM-R arb. (= 48/50/54 fM).
Diese 4 Zunahme-R noch 6/7/8 x wdh. (= 60/64/70 fM).
Die fM-R fortlfd. wdh., bis die Arbeit 14/16/18 cm hoch ist. Mit einer Rück-R enden. * Den Beginn der letzten R markieren.

Hüftteil
1. Reihe: Km über 4 fM, 1 Lm, 2 fM zus. abm. über den nächsten 2 fM, 1 fM in jede fM bis zu den letzten 2 zus. abgem. fM. Wenden.
2. Reihe: 1 Lm, 2 fM zus. abm. über den ersten 2 M, 1 fM in jede

fM bis zu den letzten 2 zus. abgem. fM. Wenden.
Die 2. R noch 2/2/3 x wdh. (= 48/52/56 M) Die fM-R fortlfd. wdh., bis die Arbeit 28/31/34 cm hoch ist. Mit einer Rück-R enden.

Taille

1. Taillen-Reihe: 1 Lm, 1 fM in die 1. fM, 1 fM in jede der folg. 35/38/41 fM, 1 Km in die nächste fM. Wenden.

2. Taillen-Reihe: 1 Lm, 1 Km üb-spr., 1 fM in jede M bis R-Ende. Wenden.

3. Taillen-Reihe: 1 Lm, 1 fM in die 1. fM, dann 1 fM in jede der folg. 23/25/27 fM, 1 Km in die nächste fM. Wenden.

4. Taillen-Reihe: Wie die 2. Taillen-R arb.

5. Taillen-Reihe: 1 Lm, 1 fM in die 1. fM, dann 1 fM in jede der folg. 11/12/13 fM, 1 Km in die nächste fM. Wenden.

6. Taillen-Reihe: Wie 2. Taillen-R arb. Faden abschn. und sichern.

LINKE HÄLFTE

Bis * wie die rechte Hälfte arbeiten.
Das Ende der letzten R markieren.

Hüftteil

1. Reihe: 1 Lm, 2 fM zus. abm. über den ersten 2 fM, 1 fM in jede fM bis zu den letzten 6 fM, 2 fM zus. abm. Wenden.

2. Reihe: 1 Lm, 2 fM. zus. abm. über den ersten 2 M, 1 fM in jede fM bis zu den letzten 2 M, 2 fM zus. abm. Wenden.
Die 2. R noch 2/2/3 x wdh. (= 48/52/56 M).
Die fM-R fortlfd. wdh., bis die Arbeit am Taillenbeginn 1 R weniger aufweist als die rechte Hälfte. Mit einer Hin-R enden.

Taille

Die 1. – 6. Taillen-R wie bei der rechten Hälfte arb., den Faden jedoch nicht abschneiden. Die fM-R 1 x arb. Faden abschneiden und sichern.

FERTIGSTELLUNG

Mittelnähte vorn und hinten jeweils bis zu den Markierungen schließen. Weiches Gummiband zweimal so abmessen, dass es bequem um die Taille des Kindes passt, und die Enden beider Ringe zusammennähen. Von der rechten Seite der Arbeit mit Häkel-Nd Nr. 3 den Faden am oberen Ende der hinteren Mittelnaht anschlingen.

1. Runde: 1 Lm, * 1 fM über den 1. Gummiring und in die nächste fM, ab * fortlfd. wdh., enden mit 1 Km in die 1. fM der Rd.

2. Runde: 1 Lm, 1 fM in jede fM, enden mit 1 Km in die 1. fM der Rd.
Die 2. Rd noch 1 x wdh. Die 1. Rd wdh., jedoch über den 2. Gummiring. Faden abschneiden und sichern.

Einfassung der Hosenbeine

Von der rechten Seite der Arbeit mit Häkel-Nd Nr. 3 den Faden am unteren Ende der rückwärtigen Mittelnaht anschlingen.

1. Runde: 1 Lm, * 1 fM in die Seitenkante jeder R des Beins bis zur Ecke, 3 fM in dieselbe Einstichstelle in der Ecke, entlang den Bein-Unterkanten in die Lm-R häkeln wie folgt: 1 fM in die nächste fM, (2 fM zus. abm. über den nächsten 2 fM, 1 fM in die nächste fM) 14/15/16 x.
1 fM in jede fM bis zur Ecke, 3 fM in dieselbe Einstichstelle in der Ecke, 1 fM in die Seitenkante jeder R bis zur vorderen Mittelnaht, ab * 1 x wdh., enden an der hinteren Mittelnaht, 1 Km in die 1. fM der Rd.

2. Runde: 1 Lm, 1 fM in die 1. fM, dann 1 fM in jede fM und 3 fM in die 2. der 3 fM in jeder Ecke, zum Schluss die letzte fM üb-spr., 1 Km in die 1. fM der Rd.
Die 2. Rd noch 3 x wdh. Faden abschneiden und sichern.
Die vordere Einfassung über die hintere legen. Einen Druckknopf in der Mitte annähen, einen an jeder Beinöffnung und 2/2/3 weitere in gleichmäßigen Abständen an jedem Bein.
Hose entsprechend den Angaben auf der Garnbanderole bügeln.

SCHÜHCHEN (2 x arbeiten)

Am Knöchel beginnen. 27/32/37 Lm mit Häkel-Nd Nr. 3,5 anschl.

1. Reihe (Rück-R): 1 fM in die 2. Lm ab Häkel-Nd, 1 fM in jede Lm bis R-Ende (= 26/31/36 fM). Wenden.

fM-Reihe: 1 Lm, 1 fM in die 1. fM, dann 1 fM in jede fM bis R-Ende. Wenden.
Die fM-R noch 2/2/4 x wdh. (= 4/4/6 R).

Rist

1. Reihe (Rück-R): 1 Lm, 1 fM in die 1. fM, dann je 1 fM in die nächsten 16/19/22 fM. Wenden.

2. Reihe: 1 Lm, 1 fM in die 1. fM, dann je1 fM in die nächsten 7/8/9 fM (= 8/9/10 fM). Wenden.
Die fM-R noch 5/7/9 x mit diesen 8/9/10 M arbeiten.

Nächste Reihe: 1 Lm, 2 fM zus. abm. über den ersten 2 fM, 1 fM in jede fM bis zu den letzten 2 fM, 2 fM zus. abm. Wenden.
Diese R 1 x wdh. (= 4/5/6 M). Faden abschneiden und sichern.

Fuß-Seiten

Von der li. Seite den Faden an der Wendung der 1. R des Fußteils anschlingen, 1 Lm, 1 fM in jede der 9/11/13 fM bis R-Ende. Wenden.

Fuß-Reihe: 1 Lm, 1 fM in jede der 9/11/13 fM, 9/11/13 fM aufwärts entlang der Seitenkante des Fußteils, 4/5/6 fM für die Zehen, 9/11/13 fM abwärts entlang der Seitenkante des Fußteils und 1 fM in jede der 9/11/13 fM, die von der 2. R übrig sind (= 40/49/58 fM). Wenden.
Die fM-R 3 x arbeiten.

1. Abnahme-Reihe: 1 Lm, 1 fM in die 1. fM, dann je 1 fM in die folg. 15/19/23 fM, 2 fM zus. abm. über den nächsten 2 fM, je 1 fM in die folg. 4/5/6 fM, 2 fM zus. abm. über den nächsten 2 fM, je 1 fM in die folg. 16/20/24 fM bis R-Ende (= 38/47/55 fM). Wenden.

2. Abnahme-Reihe: 1 Lm, 2 fM zus. abm. über den ersten 2 fM, 1 fM in jede M bis zu den letzten 2 fM, 2 fM zus. abm. (= 36/45/54 fM). Wenden.

3. Abnahme-Reihe: 1 Lm, 1 fM in die 1. M, 1 fM in jede der 14/18/22 fM, 2 fM zus. abm. über den nächsten 2 fM, je 1 fM in die nächsten 2/3/4 fM, 2 fM zus. abm. über den nächsten 2 fM, je 1 fM in die 15/19/23 M bis R-Ende (= 34/43/52 fM). Wenden.

4. Abnahme-Reihe: Wie die 2. Abnahme-R arb. (= 32/41/50 fM).

Nur 2. und 3. Größe

5. Abnahme-Reihe: 1 Lm, 1 fM in die 1. M, je 1 fM in die nächsten 17/21 fM, 2 fM zus. abm. über den nächsten 2 fM, je 1 fM in die nächsten 1/2 fM, 2 fM zus. abm. über den nächsten 2 fM, 1 fM in jede der 18/22 M bis R-Ende (= 39/48 fM). Wenden.

Nur 3. Größe

6. Abnahme-Reihe: Wie die 2. Abnahme-R arb.

Alle Größen (32/39/46 M)

Faden abschneiden und sichern.
Die letzte R in der Mitte einschlagen und zusammennähen. Die Seitenkanten der R an der Ferse mit einer Naht verbinden.

Knöchelumschlag

Von der rechten Seite der Arbeit mit Häkel-Nd Nr. 3 den Faden an der Oberkante der Fersennaht anschlingen.

1. Runde: 1 Lm, 1 fM in das unterste M-Glied jeder fM, enden mit 1 fM in die 1. fM der Rd.

2. Runde: 1 fM in jede fM der Vorrunde.
Die 2. Rd noch 4/5/6 x wdh., in der hinteren Mitte enden.
Mit Nd Nr. 3,5 die 2. Rd noch 4/5/6 x wdh., in der hinteren Mitte enden. Faden abschneiden und sichern.

SPITZENJÄCKCHEN

EIN ÄUSSERST BEQUEMES JÄCKCHEN MIT RUNDPASSE, DAS OHNE SEITEN- UND SCHULTERNÄHTE GEHÄKELT WIRD.

GRÖSSEN (siehe auch Seite 26)

für Oberweite	36	41	46 cm
fertig gestrickte Oberweite	44	49	53 cm
Länge bis Schulter	23	26	29 cm
Ärmellänge	11,5	13,5	16,5 cm

KÖRPER
(wird in einem Stück bis zu den Armausschnitten gearbeitet)
111/123/135 Lm mit Häkel-Nd Nr. 3,5 anschl.
Grundreihe (Rück-R): (1 hStb, 1 Lm, 1 hStb) in die 4. Lm ab Nd, *2 Lm üb-spr., (1 hStb, 1 Lm, 1 hStb) in die folg. Lm, ab * fortlfd. wdh. bis zu den letzten 2 Lm; enden mit 1 Lm üb-spr., 1 hStb in die folg. Lm (= 36/40/44 MS). Wenden.

MATERIAL

100 g *Sirdar Snuggly 4-fädig* (LL 226 m/50 g), in Angelica (Fb 213)
5/5/6 Knöpfe
Häkelnadeln Nr. 3 und 3,5

MASCHENPROBE
8,5 MS/14 R mit Häkel-Nd Nr. 3,5 im Ehrenpreis-Muster gehäkelt = 10 x 10 cm
19 M/23 R mit Häkel-Nd Nr. 3,5 in fM gehäkelt = 10 x 10 cm

SPEZIELLE ABKÜRZUNG
2 M abn. = 2 fM zus. abm. über der nächsten und der 2. folg. M wie folgt: Häkel-Nd in die nächste M einstechen, 1 U, Faden durch 1 Schlinge ziehen, 1 M üb-spr., Häkel-Nd in die folg. M einstechen, 1 U, Faden durch 3 Schlingen ziehen.

Ehrenpreis-Muster

Muster-Reihe: 2 Lm, (1 hStb, 1 Lm, 1 hStb) in jeden ZR; enden mit 1 hStb um die 2 Lm am Beg. der Vor-R. Wenden.

Diese R fortlfd. wdh., bis der Körper 14/16/18 cm hoch ist. Mit einer Rück-R enden. Faden abschneiden und sichern.

Linkes Vorderteil

Von der rechten Seite der Arbeit die ersten 3/4/5 MS üb-spr., den Faden im ZR in der Mitte des folg. MS anschlingen.

**** 1. Abnahme-Reihe:** 2 Lm, * (1 hStb, 1 Lm, 1 hStb) in den folg. ZR, ab * noch 2 x wdh., 1 hStb in den folg. ZR. Wenden.

2. Abnahme-Reihe: 2 Lm, 1 hStb in den 1. ZR, (1 hStb, 1 Lm, 1 hStb) in den folg. ZR, 2 hStb zus. abm. über dem folg. ZR und der

EHRENPREIS-MUSTER

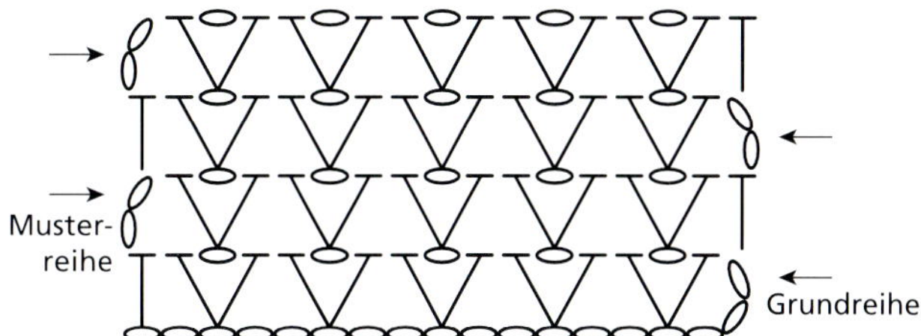

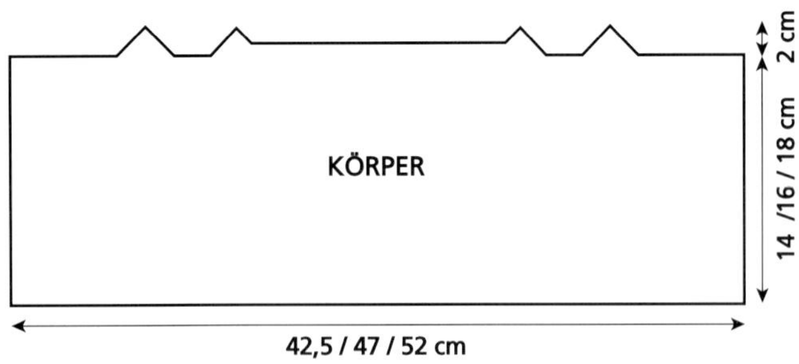

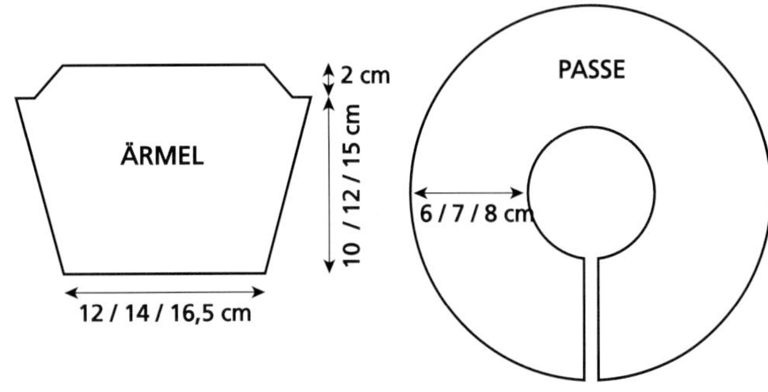

2. der 2 Lm am Beg. der Vor-R. Wenden.
3. Abnahme-Reihe: 2 Lm, 2 hStb zus. abm. über dem 1. ZR und der 2. der 2 Lm am Beg. der Vor-R. Faden abschneiden und sichern. **

Rückenteil

Nach Gestaltung des linken Vorderteils von der rechten Seite der Arbeit 2 komplette MS an der Oberkante üb-spr., den Faden im ZR in der Mitte des folg. MS anschlingen.
1. Abnahme-Reihe: 2 Lm, * (1 hStb, 1 Lm, 1 hStb) in den folg. ZR, ab * 13/15/17 x wdh., 1 hStb in den folg. ZR. Wenden.
2. Abnahme-Reihe: 2 Lm, 1 hStb in den 1. ZR, * (1 hStb, 1 Lm, 1 hStb) in den folg. ZR, ab * 11/13/15 x wdh.; enden mit 2 hStb zus. abm. über dem folg. ZR und der 2. der 2 Lm. Wenden.

1. Seite

3. Abnahme-Reihe: 2 Lm, 2 hStb zus. abm. über den ersten 2 ZR. Faden abschneiden und sichern.

2. Seite

Von der rechten Seite der Arbeit 8/10/12 MS an der Oberkante des Körpers üb-spr., den Faden in der Mitte des folg. MS anschlingen; 2 Lm, 2 hStb zus. abm. über der Mitte des folg. MS und der 2. der 2 Lm. Faden abschneiden und sichern.

Rechtes Vorderteil

Nach Gestaltung des Rückenteils von der rechten Seite der Arbeit 2 komplette MS an der Oberkante üb-spr., den Faden im ZR in der Mitte des folg. MS anschlingen. Von ** bis ** wie das linke Vorderteil arbeiten.

ÄRMEL (2 x arbeiten)

33/39/45 Lm mit Häkel-Nd Nr. 3,5 anschl.
Die Grund- und Muster-R wie beim Körper arb. (= 10/12/14 MS).
Die Muster-R 0/1/2 x wdh. (= 2/3/4 R).
1. Zunahme-Reihe: 3 Lm, 1 hStb in das 1. hStb; im Ehrenpreis-Muster weiter; enden mit (1 hStb, 1 Lm, 1 hStb) in die 2. der ersten 2 Lm der Vor-R. Wenden.
2. Zunahme-Reihe: 3 Lm, 1 hStb in den 1. ZR; im Ehrenpreis-Muster weiter; enden mit (1 hStb, 1 Lm, 1 hStb) um die ersten 3 Lm der Vor-R. Wenden.
3. Zunahme-Reihe: 2 Lm, (1 hStb, 1 Lm, 1 hStb) in den 1. und jeden folg. ZR; enden mit (1 hStb, 1 Lm, 1 hStb) unter den ersten 3 Lm der Vor-R, 1 hStb in die 2. dieser 3 Lm. Wenden.
4. Zunahme-Reihe: Im Ehrenpreis-Muster arb. (= 12/14/16 MS; 6/7/8 R insges.).
Die 1. – 4. Zunahme-R noch 2 x wdh. (=16/18/20 MS; 14/15/16 R).
Die Muster-R fortlfd. wdh., bis der Ärmel 10/12/15 cm lang ist. Mit einer Rück-R enden.

Ärmeloberkante

1. Abnahme-Reihe: Km über (2 hStb, 1 Lm) 2 x, 2 Lm, 12/14/16 MS im Ehrenpreis-Muster, 1 hStb in den folg. ZR. Wenden.
2. Abnahme-Reihe: 2 Lm, 1 hStb in den 1. ZR; 10/12/14 MS im Ehrenpreis-Muster; 2 hStb zus. abm. über dem letzten ZR und der 2. der 2 Lm. Wenden.
3. Abnahme-Reihe: 2 Lm, 1 hStb in den 1. ZR, 8/10/12 MS im Ehrenpreis-Muster, 2 hStb zus. abm. über dem letzten ZR und der 2. der 2 Lm. Faden abschneiden und sichern.

PASSE

Ärmelnähte schließen. Ärmel in die Armausschnitte des Körperteils einsetzen, darauf achten, dass die Musterreihen übereinstimmen. Von der rechten Seite der Arbeit mit Häkel-Nd Nr. 3,5 den Faden an der Oberkante der rechten Vorderseite anschlingen.
1. Reihe: 1 Lm, 16/19/22 fM entlang dem Nackenausschnitt bis zur Naht, 29/32/35 fM entlang der Oberkante des 1. Ärmels, 30/36/42 fM entlang der Oberkante des Rückenteils, 29/32/35 fM entlang der Oberkante des 2. Ärmels, 16/19/22 fM entlang der Kante des Halsausschnitts des linken Vorderteils bis R-Ende (= 120/138/156 fM). Wenden.
2. Reihe: 1 Lm, 1 fM in die 1. fM, je 1 fM in die nächsten 3/7/9 fM, (2 fM zus. abm. über den folg. 2 fM, je 1 fM in die nächsten 8/6/5 fM) 11/15/19 x, 2 fM zus. abm. über den folg. 2 fM, je 1 fM in die nächsten 4/8/11 fM bis R-Ende (= 108/122/136 M). Wenden.
3. Reihe: 1 Lm, 1 fM in die 1. fM, 1 fM in jede M bis R-Ende. Wenden.
4. Reihe: Wie die 3. R arb.
5. Reihe: 1 Lm, 2 fM zus. abm. über den ersten 2 fM, je 1 fM in die nächsten 10/8/6 fM, (2 M abn., je 1 fM in die nächsten 6/8/10 fM) 9 x, 2 M abn., je 1 fM in die nächsten 10/8/6 fM, 2 fM zus. abm. über den letzten 2 fM (= 86/100/114 M). Wenden.
6. – 8. Reihe: Wie die 3. R arb.
9. Reihe: 1 Lm, 2 fM zus. abm. über den ersten 2 fM, je 1 fM in die nächsten 8/6/4 fM, (2 M abn., je 1 fM in die nächsten 4/6/8 fM) 9 x, 2 M abn., je 1 fM in die nächsten 8/6/4 fM, 2 fM zus. abm. über den letzten 2 fM (= 64/78/92 M). Wenden.
10. – 12. Reihe: wie die 3. R arb.
13. Reihe: 1 Lm, 2 fM zus. abm. über den ersten 2 fM, je 1 fM in die nächsten 6/4/2 fM, (2 M abn., je 1 fM in die nächsten 2/4/6 fM) 9 x, 2 M abn., je 1 fM in die nächsten 6/4/2 fM, 2 fM zus. abm. über den letzten 2 fM (= 42/56/70 M). Wenden.
14. Reihe: Wie die 3. R arb.

Nur 1. Größe

Faden abschneiden und sichern.

Nur 2. Größe

15. Reihe: 1 Lm, 2 fM zus. abm. über den ersten 2 fM, je 1 fM in die nächsten 5 fM, (2 fM zus. abm. über den folg. 2 fM, je 1 fM in die nächsten 6 fM) 5 x, 2 fM zus. abm. über den folg. 2 fM, je 1 fM in die nächsten 5 fM, 2 fM zus. abm. über den letzten 2 fM (= 48 M). Wenden.
16. Reihe: Wie die 3. R arb. Faden abschneiden und sichern.

Nur 3. Größe

15. Reihe: 1 Lm, 2 fM zus. abm. über den ersten 2 fM, je 1 fM in die nächsten 7 fM, (2 fM zus. abm. über den folg. 2 fM, je 1 fM in die nächsten 8 fM) 5 x, 2 fM zus. abm. über den folg. 2 fM, je 1 fM in die nächsten 7 fM, 2 fM zus. abm. über den letzten 2 fM (= 62 M). Wenden.

16. Reihe: Wie die 3. R arb.
17. Reihe: 1 Lm, 2 fM zus. abm. über den ersten 2 fM, je 1 fM in die nächsten 3 fM, (2 fM zus. abm. über den folg. 2 fM, je 1 fM in die nächsten 8 fM) 5 x, 2 fM zus. abm. über den folg. 2 fM, je 1 fM in die nächsten 3 fM, 2 fM zus. abm. über den letzten 2 fM (= 54 M). Wenden.
18. Reihe: Wie die 3. R arb. Faden abschneiden und sichern.

FERTIGSTELLUNG

Ärmeleinfassung

(an beiden Ärmeln arbeiten)
Von der rechten Seite der Arbeit mit Häkel-Nd Nr. 3 den Faden am unteren Ende der Ärmelnaht anschlingen.
1. Runde: 1 Lm, 1 fM in den 1. ZR, 2 fM in jeden ZR; enden mit 1 fM in den letzten ZR, 1 Km in die 1. fM der Rd.
2. Runde: 1 Lm, 1 fM in die 1. fM, * 2 Lm, je 1 fM in die nächsten 2 fM, ab * fortlfd. wdh.; enden mit 1 Km in die 1. fM der Rd. Faden abschneiden und sichern.

Einfassung von Vorderkanten, Halsausschnitt und Unterkante

Von der rechten Seite der Arbeit mit Häkel-Nd Nr. 3 in einem 2-Lm-ZR an der Unterkante eines Ärmels den Faden anschlingen.
1. Runde: 1 Lm, 1 fM in denselben ZR, 2 fM in jeden ZR bis zum letzten ZR vor der Ecke, 1 fM in diesen letzten ZR, 3 fM in dieselbe Einstichstelle in der Ecke, 42/48/54 fM gleichmäßig verteilt aufwärts entlang der rechten Vorderkante, 3 fM in dieselbe Einstichstelle in der Ecke, 1 fM in jede fM rings um den Halsausschnitt bis zum oberen Rand der linken Vorderkante, 3 fM in dieselbe Einstichstelle in der Ecke, 42/48/54 fM gleichmäßig verteilt abwärts entlang der linken Vorderkante, 3 fM in dieselbe Einstichstelle in der Ecke und 2 fM in jeden ZR entlang der Unterkante; enden mit 1 Km in die 1. fM der Rd.
2. Runde: 1 Lm, 1 fM in die 1. fM, 1 fM in jede fM bis zur Ecke, 3 fM in die 2. der 3 fM in der Ecke, je 1 fM in die nächsten 9/15/13 fM der re. Vorderkante, (2 Lm, 2 fM üb-spr., je 1 fM in die nächsten 6 fM) 4/4/5 x, 2 Lm, 2 fM üb-spr., * 1 fM in jede fM bis zur Ecke, 3 fM in dieselbe Einstichstelle in der Ecke, ab * ringsum wdh.; enden mit 1 Km in die 1. fM der Rd.
3. Runde: 1 Lm, 1 fM in die 1. fM, * 2 Lm, je 1 fM in die nächsten 2 fM; * von * bis * fortlfd. wdh. bis zur Ecke, (2 Lm, 2 fM) in die 2. der 3 fM in der Ecke, 1 fM in jede fM und 2 fM in jeden ZR aufwärts entlang der re. Vorderkante bis zur Ecke, (2 Lm, 2 fM) in die 2. der 3 fM in der Ecke, von * bis * fortlfd. entlang dem Halsausschnitt wdh.; enden mit (2 Lm, 2 fM) in die 2. der 3 fM in der Ecke, 1 fM in jede fM abwärts entlang der li. Vorderkante bis zur Ecke, (2 Lm, 2 fM) in die 2. der 3 fM in der Ecke, von * bis * fortlfd. entlang der Unterkante wdh.; enden mit 1 Km in die erste fM der Rd. Faden abschneiden und sichern.
Die Knöpfe entsprechend den Knopflöchern annähen.
Das Jäckchen entsprechend der Anweisung auf der Garnbanderole bügeln.

Diese hübsche blaue Variante wurde mit Sirdar Snuggly 4-fädig *in Himmelblau (Fb 216) gehäkelt.*

ZWEI EINFACHE PULLIS

DASSELBE GRUNDMUSTER MIT VERSCHIEDENEN BESÄTZEN UND RANDABSCHLÜSSEN

GRÖSSEN

(siehe auch Seite 30)

für Oberweite	41	46	51 cm
fertig gestrickte Oberweite	46	51	56 cm
Länge bis Schulter	25	28	30 cm
Unterarmlänge	15	17	20 cm

MATERIAL

BLÜMCHENPULLI
100/150/150 g *Wendy Peter Pan DK* (LL 170 m/50 g) in Fb A (300 Reinweiß)
1 kleiner Knäuel *Wendy Peter Pan DK* in Fb B (336 Rittersporn)
Häkelnadeln Nr. 4 und 3,5
4 Knöpfe

ERDBEERPULLI
100/150/150 g *Wendy Peter Pan DK* in Fb A (301 Spring Lamb)
1 kleiner Knäuel *Wendy Peter Pan DK* in Fb B (311 Miss Muffett)
Rest *Wendy Peter Pan DK* in Fb C (309 Leprechaun)
Häkelnadeln Nr. 4 und 3,5; 4 Knöpfe

MASCHENPROBE
16,5 M/19 R mit Häkel-Nd Nr. 4 in fM gehäkelt = 10 x 10 cm

GRUNDMUSTER (FESTE MASCHEN)

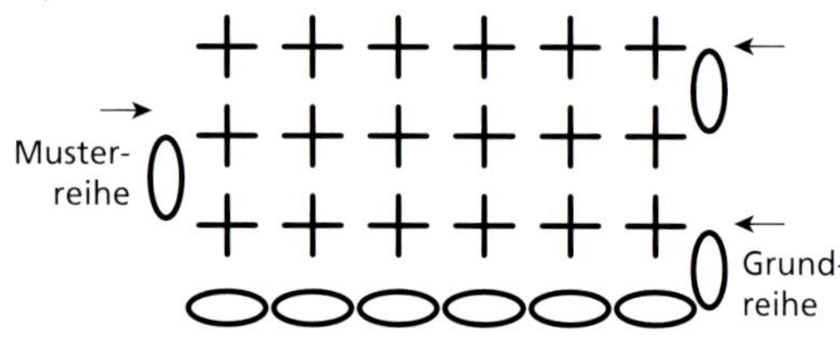

BLÜMCHENPULLI

RÜCKENTEIL
39/43/47 Lm mit Häkel-Nd Nr. 4 in Fb A anschl.

Grundreihe: 1 fM in die 2. Lm ab Häkel-Nd, 1 fM in jede Lm bis R-Ende (= 38/42/46 fM). Wenden.
Muster-Reihe: 1 Lm, 1 fM in die 1. fM, 1 fM in jede fM bis R-Ende. Wenden. * Die Muster-R fortlfd. wdh., bis das Rückenteil 22,5/25,5/27,5 cm hoch ist. Mit einer Rück-R enden.
Knopfleiste: 1. Seite
Mit Häkel-Nd Nr. 3,5 weiterarb.
1. Reihe: 1 Lm, 1 fM in die 1. fM, 1 fM in jede der nächsten 10/11/12 fM. Wenden. Noch 3 Muster-R mit diesen 11/12/13 M arb. Faden abschneiden und sichern.
2. Seite
Von der re. Seite der Arbeit 16/18/20 fM in der Mitte des Rückens üb-spr., mit Häkel-Nd Nr. 3,5 den Faden in Farbe A anschlingen.
1. Reihe: 1 Lm, 1 fM in dieselbe fM, je 1 fM in die nächsten 10/11/12 fM bis R-Ende. Wenden. Weitere 3 Muster-R mit diesen 11/12/13 M arb. Faden abschneiden und sichern.

VORDERTEIL
Bis * wie das Rückenteil arb. Die Muster-R fortlfd. wdh., bis das Vorderteil bis zum Beginn der Knopfleiste 8/8/10 R weniger aufweist als das Rückenteil. Mit einer Rück-R enden.
Halsausschnitt: 1. Seite
1. Reihe: 1 Lm, 1 fM in die 1. fM, je 1 fM in die nächsten 12/13/14 fM, 2 fM zus. abm. über den nächsten 2 fM. Wenden.
2. Reihe: 1 Lm, 2 zus. abgem. fM üb-spr., je 1 fM in die nächsten 13/14/15 fM. Wenden.
3. Reihe: 1 Lm, 1 fM in die 1. fM, je 1 fM in die nächsten 10/11/12 fM., 2 fM zus. abm. über den folg. 2 fM. Wenden.
4. Reihe: 1 Lm, 2 zus. abgem. fM üb-spr., je 1 fM in die nächsten 11/12/13 fM. Wenden. Noch 4/4/6 fM-R mit diesen 11/12/13 M arb.
Knopflochblende
Mit Häkel-Nd Nr. 3,5 weiterarb. Noch 2 R häkeln.
Knopfloch-Reihe: 1 Lm, 1 fM in die 1. fM, je 1 fM in die nächsten 2 fM, 2 Lm, 2 fM üb-spr., je 1 fM in die nächsten 3/4/5 fM, 2 Lm, 2 fM üb-spr., 1 fM in die letzte fM. Wenden.
Nächste Reihe: 1 Lm, 1 fM in die 1. fM, 1 fM in jede fM und 2 fM in jeweils 2 ZR bis R-Ende. Faden abschneiden und sichern.
2. Seite
Von der rechten Seite der Arbeit her in 8/10/12 M Abstand von der vorderen Mitte mit Häkel-Nd Nr. 4 den Faden in Farbe A in der folg. fM anschlingen.
1. Reihe: 1 Lm, 1 fM in die folg. fM, je 1 fM in die nächsten 13/14/15 fM bis R-Ende. Wenden.
2. Reihe: 1 Lm, 1 fM in die 1. fM, je 1 fM in die nächsten 11/12/13 fM, 2 fM zus. abm. über den letzten 2 fM. Wenden.
3. Reihe: 1 Lm, 2 zus. abgem. fM üb-spr., je 1 fM in die nächsten 12/13/14 fM bis R-Ende. Wenden.
4. Reihe: 1 Lm, 1 fM in die 1. fM, je 1 fM in die nächsten 9/10/11 fM, 2 fM zus. abm. über den letzten 2 fM. Wenden.
5. Reihe: 1 Lm, 1 fM in 2 zus. abgem. fM, je 1 fM in die nächsten

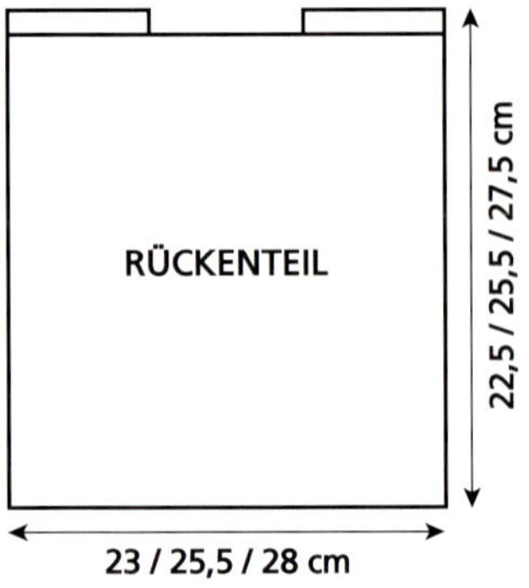

RÜCKENTEIL

VORDERTEIL

22,5 / 25,5 / 27,5 cm

23 / 25,5 / 28 cm

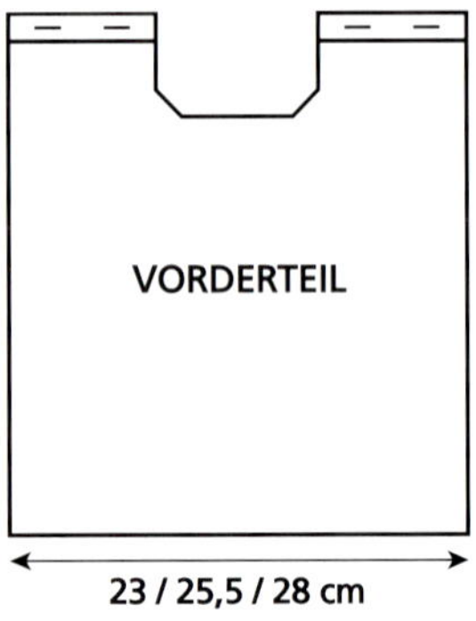

23 / 25,5 / 28 cm

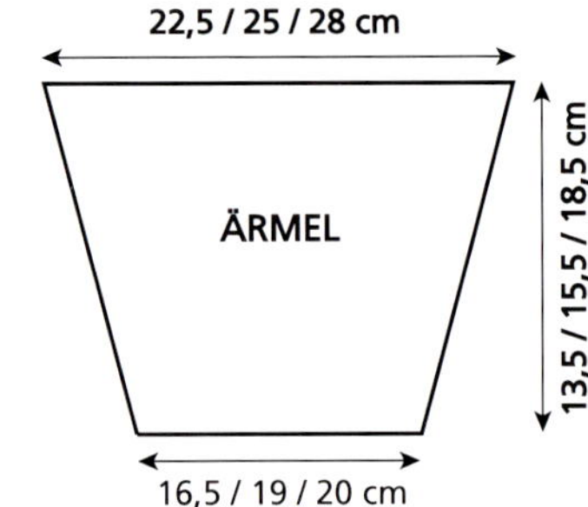

10/11/12 fM bis R-Ende. Wenden.
Noch 3/3/5 weitere R mit diesen 11/12/13 M arb.

Knopflochblende

Mit Häkel-Nd Nr. 3,5 weiterarb. Noch 2 R häkeln.

Knopfloch-Reihe: 1 Lm, 1 fM in die 1. fM, 2 Lm, 2 fM üb-spr., je 1 fM in die nächsten 3/4/5 fM, 2 Lm, 2 fM üb-spr., je 1 fM in die nächsten 3 fM bis R-Ende. Wenden.

Nächste Reihe: 1 Lm, 1 fM in die 1. fM, 1 fM in jede fM und 2 fM in jede 2-Lm-ZR bis R-Ende. Faden abschneiden und sichern.

ÄRMEL (2 x arbeiten)

An beiden Schultern die Knopflochblende über die Knopfleiste legen und an den Ärmelöffnungen zusammennähen. Ab Unterkante jeder der beiden Blenden 22/25/28 R abwärts an Rücken- und Vorderteil abzählen und am Rand markieren.

1. Reihe: Von der rechten Seite der Arbeit mit Häkel-Nd Nr. 4 den Faden in Fb A anschlingen und 37/41/45 fM zwischen den Markierungen gleichmäßig verteilt entlang der Ärmelöffnung häkeln, dabei an der Schulter beide Lagen durchstechen (ca. 3 M auf 4 R). Wenden.

Muster-Reihe: 1 Lm, 1 fM in die 1. fM, 1 fM in jede fM bis R-Ende. Wenden. Die Muster-R noch 0/2/4 x wdh. (= 2/4/6 R insges.).

1. Abnahme-Reihe: 1 Lm, die 1. fM üb-spr., 1 fM in jede fM bis R-Ende. Wenden.

2. Abnahme-Reihe: Wie die 1. Abnahme-R arb.

3. und 4. Abnahme-Reihe: Wie die Muster-R arb. (= 33/39/43 M; 6/8/10 R insges.). Diese 4 Abnahme-R noch 4/4/5 x wdh. (= 27/31/33 M/; 22/24/30 R insges.).

Die Muster-R fortlfd. wdh., bis der Ärmel 13,5/15,5/18,5 cm lang ist oder die gewünschte Länge minus 1,5 cm aufweist. Faden abschneiden und sichern.

FERTIGSTELLUNG

Von der linken Seite die Seiten- und Ärmelnähte so schließen, dass die R übereinstimmen.

Muschelborte an den Ärmeln

(an beiden Ärmeln arbeiten)

Von der rechten Seite der Arbeit mit Häkel-Nd Nr. 3,5 einen Faden in Fb A in eine fM in der Ärmelnaht anschlingen.

1. Runde: 1 Lm, 1 fM in die 1. fM, 1 fM in jede fM; enden mit 1 fM um die Lm am Rd-Beg. (= 27/31/33 fM).

2. Runde: 1 Lm, 1 fM in die 1. fM, 1 fM in jede fM, dabei in gleichmäßigen Abständen 3/3/5 x 2 fM zus. abm.; enden mit 1 Km in die fM am Rd-Beg. (= 24/28/28 M).

3. Runde: Die 1. fM üb-spr., *4 hStb in die folg. fM, 1 fM üb-spr., 1 Km in die folg. fM, 1 fM üb-spr., ab * fortlfd. wdh.; enden mit 1 Km in die letzte fM, 1 Km in das 1. hStb am Rd-Beg. (= 6/7/7 MS). Faden abschneiden und sichern.

Unterkante

Von der rechten Seite der Arbeit mit Häkel-Nd Nr. 3,5 einen Faden in Fb A am Fuß einer Lm an einer der beiden Seitennähte anschlingen.

1. Runde: Wie die 1. Rd des Muschelabschlusses an den Ärmeln arb. (= 76/84/92 fM).

2. Runde: 1 Lm, 1 fM in die

1. fM, 1 fM in jede fM; enden mit 1 Km in die 1. fM der Rd.
3. Runde: Wie die 3. Rd der Ärmeleinfassung arb. Faden abschneiden und sichern.

Hinterer Halsausschnitt

Von der rechten Seite der Arbeit mit Häkel-Nd Nr. 3,5 einen Faden in Farbe A in der Ecke der Knopfleiste der 1. Seite anschlingen.
1. Reihe: 1 Lm, 19/23/25 fM gleichmäßig verteilt entlang der Kante des Halsausschnitts arb. Wenden.
2. Reihe: 1 Lm, 1 fM in die 1. fM, 1 fM in jede fM, in gleichmäßigen Abständen 2/2/4 x 2 fM zus. abm. (= 17/21/21 fM). Wenden.
3. Reihe: Die ersten 2 fM üb-spr., * 4 hStb in die folg. fM, die folg. fM üb-spr., 1 Km in die folg. fM, die folg. fM üb-spr., ab * fortlfd. wdh.; enden mit 1 Km in die letzte fM (= 4/5/5 MS). Faden abschneiden und sichern.

Vorderer Halsausschnitt

Von der rechten Seite der Arbeit mit Häkel-Nd Nr. 3,5 einen Faden in Fb A in der Ecke der Knopflochleiste der 1. Seite anschlingen.
1. Reihe: 1 Lm, 32/36/40 fM gleichmäßig verteilt entlang der Kante des Halsausschnitts arb.
2. Reihe: 1 Lm, 1 fM in die 1. fM, 1 fM in jede fM, in gleichmäßigen Abständen 3 x 2 fM zus. abm. (= 29/33/37 fM).
3. Reihe: Wie die 3. R des hinteren Halsausschnitts arbeiten (= 7/8/9 MS). Faden abschneiden und sichern.
Knöpfe entsprechend den Knopflöchern annähen. Den Pullover entsprechend der Anweisung auf der Garnbanderole bügeln.

BLÜMCHEN (ca. 14 Stück arbeiten)
1. Runde: Mit Häkel-Nd Nr. 3,5 und Fb B 5 Lm anschl. und mit 1 Km in die 1. Lm zum Ring schließen.
2. Runde (über das Fadenende arb.): 1 Lm, 10 fM in den Ring, 1 Km in die 1. fM der Rd.
3. Runde: *(1 hStb, 1 Stb, 1 hStb) in die folg. fM, 1 Km in die folg. fM, ab * noch 4 x wdh. Faden abschneiden und sichern, das Fadenende etwa 25 cm lang belassen.
Den Faden vorsichtig spannen, um den Mittelring zusammenzuziehen. Die Blümchen gemäß Foto auf dem Pullover verteilen und mit den langen Fadenenden aufnähen. Den fertigen Pullover entsprechend der Anweisung auf der Garnbanderole bügeln.

ERDBEERPULLI

RÜCKENTEIL, VORDERTEIL UND ÄRMEL

In Fb A wie für den Blümchenpulli angegeben häkeln.

FERTIGSTELLUNG

Von der linken Seite her die Seiten- und Ärmelnähte schließen, sodass die R übereinstimmen.

Bogenkante an den Ärmeln

(an beiden Ärmeln arbeiten)
Von der rechten Seite der Arbeit mit Häkel-Nd Nr. 3,5 einen Faden in Fb A in eine fM in der Ärmelnaht anschlingen.
1. Runde: 1 Lm, 1 fM in das unterste M-Glied jeder fM; enden mit 1 fM um 1 Lm am Rd-Beg. (= 27/31/33 fM).
2. Runde: 1 Lm, 1 fM in die 1. fM, 1 fM in jede fM, in gleichmäßigen Abständen 5 x 2 fM zus. abm.; enden mit 1 Km in die fM am Rd-Beg. (= 22/26/28 M).
3. Runde: 3 Lm, 1 fM an der Unterkante dieser 3 Lm üb-spr., *1 Km in die folg. fM, 1 fM in die folg. fM, 2 Lm, ab * fortlfd. wdh.; enden mit 1 Km in die 1. der 3 Lm am Rd-Beg. (= 11/13/14 MS). Faden abschneiden und sichern.

Unterkante

Von der rechten Seite der Arbeit her mit Häkel-Nd Nr. 3,5 einen Faden in Fb A ins untere M-Glied einer Lm an einer der beiden Seitennähte anschlingen.
1. Runde: Wie die 1. Rd der Bogenkante an den Ärmeln arb. (= 76/84/92 fM).
2. Runde: 1 Lm, 1 fM in die 1. fM, 1 fM in jede fM; enden mit 1 Km in die 1. fM der Rd.
3. Runde: Wie die 3. Rd der Bogenkante an den Ärmeln arb. Faden abschneiden und sichern.

Hinterer Halsausschnitt

Von der rechten Seite der Arbeit her mit Häkel-Nd Nr. 3,5 einen Faden in Fb A in der Ecke der 1. Seite der Knopfleiste anschlingen.
1. Reihe: 1 Lm, 19/21/23 fM gleichmäßig verteilt entlang der Kante des Halsausschnitts arb. Wenden.
2. Reihe: 1 Lm, 1 fM in die 1. fM, 1 fM in jede fM, in gleichmäßigen Abständen 3 x 2 fM zus. abm. (= 16/18/20 fM). Wenden.
3. Reihe: Die 1. fM üb-spr., *2 Lm, 1 Km in die folg. fM, 1 fM in die folg. fM, ab * fortlfd. wdh.; enden mit 1 Km in die letzte fM (= 8/9/10 MS). Faden abschneiden und sichern.

BLÜMCHEN

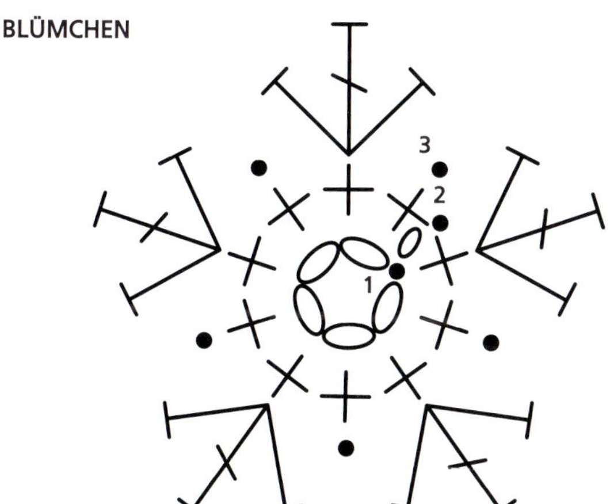

ERDBEERMOTIV

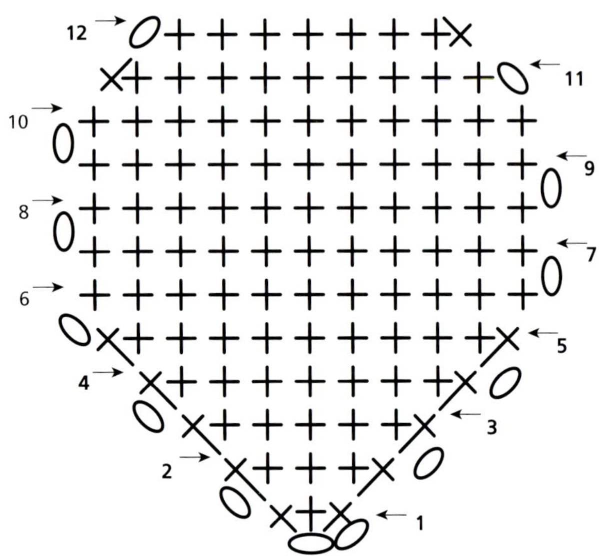

Vorderer Halsausschnitt
Von der Seite der Arbeit mit Häkel-Nd Nr. 3,5 einen Faden in Fb A in der Ecke der 1. Seite der Knopflochblende anschlingen.
1. Reihe: 1 Lm, 32/36/40 fM gleichmäßig verteilt entlang der Kante des Halsausschnitts arb. Wenden.
2. Reihe: 1 Lm, 1 fM in die 1. fM, dann 1 fM in jede fM, in gleichmäßigen Abständen 2 x 2 fM zus. abm. (= 30/34/38 fM).
3. Reihe: Wie die 3. R des hinteren Halsausschnitts arb. (= 15/17/19 MS). Faden abschneiden und sichern.
Knöpfe entsprechend den Knopflöchern annähen. Den Pullover entsprechend der Anweisung auf der Garnbanderole bügeln.

ERDBEERMOTIV
2 Lm mit Häkel-Nd Nr. 3,5 in Fb B anschl.
1. Reihe: 3 fM in die 2. Lm ab Häkel-Nd. Wenden.
2. Reihe: 1 Lm, 2 fM in die 1. fM, 1 fM in die folg. fM, 2 fM in die letzte fM (= 5 fM). Wenden.
3. Reihe: 1 Lm, 2 fM in die 1. fM, je 1 fM in die nächsten 3 fM, 2 fM in die letzte fM (= 7 fM). Wenden.
4. Reihe: 1 Lm, 2 fM in die 1. fM, je 1 fM in die nächsten 5 fM, 2 fM in die letzte fM (= 9 fM). Wenden.
5. Reihe: 1 Lm, 2 fM in die 1. fM, je 1 fM in die nächsten 7 fM, 2 fM in die letzte fM (= 11 fM). Wenden.
6. Reihe: 1 Lm, 1 fM in die 1. fM, je 1 fM in die nächsten 10 fM. Wenden.
7., 8., 9. und 10. Reihe: Wie die 6. R arb.

11. Reihe: 1 Lm, die 1. fM üb-spr., je 1 fM in die nächsten 8 fM, 2 fM zus. abm. über den letzten 2 fM (= 9 M). Wenden.
12. Reihe: 1 Lm, 2 zus. abgem. fM üb-spr., je 1 fM in die nächsten 6 fM, 2 fM zus. abm. über den letzten 2 fM (= 7 M). Faden abschneiden und sichern.
Das Motiv in ca. 5 cm Abstand zum Halsausschnitt mittig auf die Vorderseite stecken und mit Schlingstichen in Fb B befestigen (siehe Abb.). Mit Fb A kleine Margeritenstiche als Samen arb. In Fb C die Kelchblätter mit größeren Kettstichen aufsticken. (Eine Beschreibung der Stickstiche finden Sie auf S. 11.)
Den fertigen Pullover entsprechend der Anweisung auf der Garnbanderole bügeln.

STREIFENPULLOVER

EINFACH ZU HÄKELN UND BEQUEM ZU TRAGEN IST DIESER PULLI. DER CLOU: DIE PRAKTISCHE TASCHE FÜR DAS HÄSCHEN.

GRÖSSEN

für Oberweite	51	56	61 cm
fertig gestrickte Oberweite	57,5	62,5	67,5 cm
Länge bis Schulter	35,5	39,5	44 cm
Unterarmlänge	20,5	24	28 cm

RÜCKEN

47/51/55 Lm mit Häkel-Nd Nr. 4 in Fb A anschl.

Grundreihe: 1 fM in die 2. Lm ab Nadel, 1 fM in jede Lm bis R-Ende (= 46/50/54 fM). Wenden.

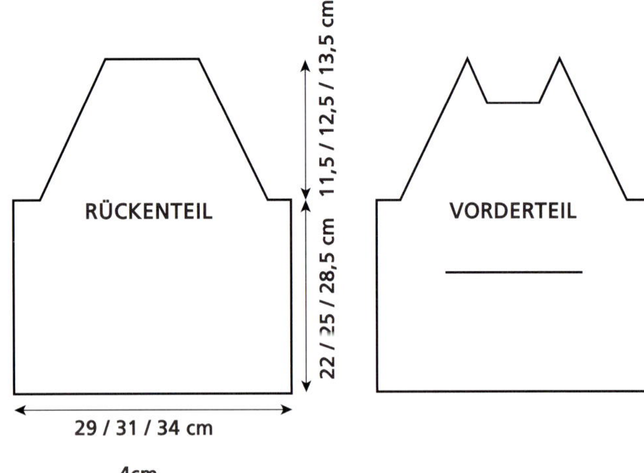

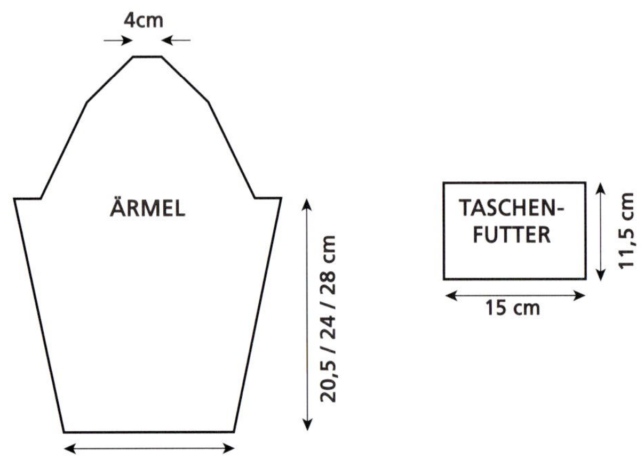

Folg. Reihe: 1 Lm, 1 fM in jede fM bis R-Ende, beim letzten U. zu Fb B wechseln. Wenden.

Streifenmuster

1. Reihe (mit Fb B): 1 Lm, 1 fMv in jede fM bis R-Ende. Wenden.

MATERIAL

100/150/150 g *Sirdar Calypso DK* (LL 106 m/50 g) in Fb A (670 Weiß)

100/150/150 g *Sirdar Calypso DK* in Fb B (689 Azur)

Häkelnadeln Nr. 4 und 3,5

3 Knöpfe

MASCHENPROBE

16 MS/17,5 R mit Häkel-Nd Nr. 4 im Streifenmuster gehäkelt = 10 x 10 cm

SPEZIELLE ABKÜRZUNG

fMv = feste Masche nur in das vordere M-Glied der darunter liegenden M

ANMERKUNG

Farbwechsel beim Häkeln der Streifen wie folgt arb.: Am Ende jeder zweiten R beim letzten Umschlag den Faden in der für die nächste R benötigten Fb durchziehen.

2. Reihe: 1 Lm, 1 fM in jede fMv bis R-Ende, am Ende der R zu Fb A wechseln. Wenden.

3. Reihe (mit Fb A): Wie die 1. R arb.

4. Reihe: Wie die 3. R arb., am Ende der R zu Fb B wechseln. Wenden.

Diese 4 R bilden das Streifenmuster. *

Diese 4 R noch 8/9/11 x wdh.

Nur 2. Größe

Die 1. und 2. R noch 1 x wdh.

Alle Größen

38/44/50 R insgesamt, enden mit 2 R in Fb A (B, A).

Raglanschrägen

** Im Streifenmuster wie beschrieben weiterarb.:

1. Abnahme-Reihe: Km über die ersten 4 M, 1 Lm, 1 fMv in jede

STREIFENMUSTER

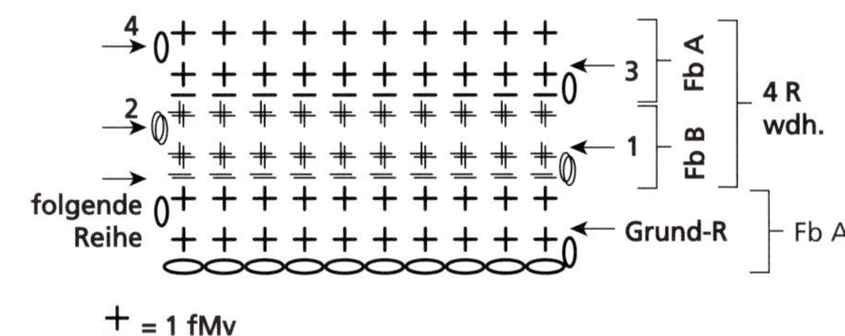

fM bis auf die letzten 3 fM. Wenden. (Die letzten 3 M bleiben ungehäkelt.)
2. Abnahme-Reihe: 1 Lm, 1 fM in jede fMv, enden mit 1 fM in die 1. Lm der 1. Abnahme-R (= 40/44/48 M). Wenden.
3. Abnahme-Reihe: 1 Lm, die 1. fM üb-spr., 1 fMv in jede fM bis R-Ende, 1 Lm am Beginn der Vor-R üb-spr. Wenden.
4. Abnahme-Reihe: 1 Lm, die 1. fMv üb-spr., 1 fM in jede fMv bis R-Ende, 1 Lm am Beginn der Vor-R üb-spr. (= 38/42/46 M). Wenden. **
Die 3. und 4. Abnahme-R noch 8/9/10 x wdh. (= 22/24/26 M), enden mit 2 R in Fb A. Faden abschneiden und sichern.

TASCHENFUTTER
25 Lm mit Häkel-Nd Nr. 4 in Fb A anschl.
Die Grund-R wie beim Rückenteil häkeln (24 fM).
Die folgende R wie beim Rückenteil häkeln.
Die 1. – 4. Streifenmuster-R wie beim Rückenteil insges. 4 x wdh., die 1. und 2. R noch 1 x wdh. (= 20 R insges.), mit 2 R in Fb B enden. Faden abschneiden und sichern.

VORDERTEIL
Bis * wie das Rückenteil arb.
Die 4 Streifenmuster-R noch 5/6/7 x wdh., die 1. und 2. R nochmals arb. (= 28/32/36 R), enden mit 2 R in Fb B.
Taschenfutter einsetzen
Nächste Reihe (mit Fb A)**:** 1 Lm, je 1 fMv in die nächsten 11/13/15 fM, dann entlang der Oberkante des Taschenfutters häkeln. Von der rechten Seite der Arbeit je 1 fMv in die nächsten 24 fM, die folgenden 24 fM in der Vorderteilmitte üb-spr., je 1 fMv in die nächsten 11/13/15 fM bis R-Ende. Wenden.
Noch 9/11/13 R im Streifenmuster arb. (38/44/50 R insges.); enden mit 2 R in Fb A/B/A.
Raglanschrägen
Von ** bis ** wie beim Rückenteil arb. Die 3. und 4. Abnahme-R noch 4/5/6 x wdh. (= 30/32/34 M); enden mit 2 R in Fb A.
Halsausschnitt: 1. Seite
1. Reihe: 1 Lm, 1 fM üb-spr., je 1 fMv in die nächsten 8 fM. Wenden.
2. Reihe: 1 Lm, 1 fMv üb-spr., 1 fM in jede fMv bis R-Ende. Wenden.
3. Reihe: 1 Lm, 1 fM üb-spr., 1 fMv in jede fM bis R-Ende. Wenden.
Die 2. und 3. R noch 2 x wdh. (= 2 M).
8. Reihe: 1 Lm, 1 fMv üb-spr., 1 fM in die letzte fMv. Faden abschneiden und sichern.
2. Seite
Von der rechten Seite der Arbeit 12/14/16 fM in der Mitte des Vorderteils üb-spr. und einen Faden in Fb B in der folg. fM anschlingen. 1 Lm, je 1 fMv in die nächsten 8 fM bis R-Ende.
Die 2. – 8. R wie bei der 1. Seite arb. Faden abschneiden und sichern.

ÄRMEL (2 x arbeiten)
25/27/29 Lm mit Häkel-Nd Nr. 4 in Fb A anschl.
Die Grund-R und die folg. R wie beim Rückenteil arb. (= 24/26/28 M).
1. Zunahme-Reihe (mit Fb B): 1 Lm, 2 fMv in die 1. fM, 1 fMv in jede fM bis R-Ende. Wenden.
2. Zunahme-Reihe: 2 Lm, 2 fM in die 1. fMv, 1 fM in jede fMv bis R-Ende. Wenden.
3. und 4. Zunahme-Reihe (mit Fb A): Im Streifenmuster arb. (= 26/28/30 M).
Diese 4 R noch 6/7/8 x wdh. (= 38/42/46 M; 30/34/38 R insges.).
Weitere 4/6/12 R im Streifenmuster arb. (= 34/40/50 R insges.); enden mit 2 R in Fb A/B/A.
Raglanschrägen
Von ** bis ** wie das Rückenteil arb. (= 30/34/38 M).
Die 3. und 4. R noch 4 x wdh. (= 22/26/30 M).

Nächste Abnahme-Reihe: 1 Lm, die 1. M üb-spr., 1 fMv in jede fM bis auf die letzten 2 M, 2 fMv zus. abm. über den letzten 2 M. Wenden.
Folg. Abnahme-Reihe: 1 Lm, die 1. M üb-spr., 1 fM in jede fMv bis auf die letzten 2 M, 2 fM zus. abm. über den letzten 2 M (= 18/22/26 M). Wenden. Diese 2 R noch 3/4/5 x wdh. (= 6 Rest-M). Faden abschneiden und sichern.

FERTIGSTELLUNG

Die Raglannähte von der linken Seite her schließen, dabei darauf achten, dass die R-Enden übereinstimmen. An der re. Schulter vorn eine 12 R lange Öffnung (= 6 Streifen) belassen. Die Seiten- und Ärmelnähte schließen. Von der li. Seite des Vorderteils die Tasche ringsum so festnähen, dass die Streifen übereinstimmen.

Ärmeleinfassung (an beiden Ärmeln arbeiten)

Von der rechten Seite der Arbeit mit Häkel-Nd Nr. 3,5 einen Faden in Fb B im unteren M-Glied einer Lm in der Ärmelnaht anschlingen.
1. Runde: 1 Lm, 1 fM in das unterste M-Glied jeder Lm, enden mit 1 fM um 1 Lm am Rd-Beg.
2. Runde: 3 Lm, * 1 Km in jede der folg. 2 fM, 2 Lm, ab * fortlfd. wdh., enden mit 1 Km um die 1. der 3 Lm am Rd-Bg. Faden abschneiden und sichern.

Pulloverunterkante

Von der re. Seite der Arbeit mit Häkel-Nd Nr. 3,5 einen Faden in Fb B im unteren M-Glied einer Lm an einer Seitennaht anschlingen. Die 1. und 2. Rd wie bei der Ärmeleinfassung arb. Faden abschneiden und sichern.

Einfassung des Halsausschnitts

Von der re. Seite der Arbeit mit Häkel-Nd Nr. 3,5 einen Faden in Fb B am oberen Rand des re. Ärmels anschlingen.
1. Reihe: 1 Lm, 1 fM in jede fM entlang der Oberkante der re. Schulter, des hinteren Halsausschnitts und der Oberkante der li. Schulter sowie 8 fM abwärts entlang der Seitenkante des vord. Halsausschnitts, 12/14/16 fM entlang der vord. Mitte und 8 fM aufwärts entlang der Seitenkante des vord. Halsausschnitts. Wenden.
2. Reihe: 1 Lm, 1 fM in jede fM bis R-Ende, dabei in jeder der 4 Ecken des Halsausschnitts 2 fM zus. abm. Wenden.
3. Reihe: 3 Lm, * 1 Km in jede der folg. 2 fM, 2 Lm, ab * fortlfd. wdh.; enden mit 1 Km in die letzte fM.
Faden nicht abschneiden, sondern direkt weiterarb. wie folgt:

Knopflochblende

1. Reihe: 2 Lm, 2 fM in die Seitenkante der Halsausschnitt-R, 2 fM in die Seitenkante jedes der 6 Streifen (= 14 fM). Wenden.
2. Reihe: 1 Lm, 1 fM in jede der ersten 2 fM, (2 Lm, 2 fM üb-spr., je 1 fM in die nächsten 3 fM) 2 x, 2 Lm, 2 fM üb-spr., 1 fM in die 2. von 2 Lm. Wenden.
3. Reihe: 1 Lm, 1 fM in jede fM und 2 fM in jeden ZR bis R-Ende. Faden abschneiden und sichern.

Knopfleiste

Von der re. Seite der Arbeit mit Häkel-Nd Nr. 3,5 einen Faden in Fb B in der Seitenkante der 1. R am Anfang der Halsöffnung anschlingen.
1. Reihe: 1 Lm, 1 fM in die Seitenkante der nächsten R, 2 fM in die Seitenkante jedes Streifens, 2 fM in die Seitenkante der Halsausschnitt-R (= 13 fM). Wenden.
2. Reihe: 1 Lm, 1 fM in jede fM bis R-Ende. Faden abschneiden und sichern. Knöpfe entsprechend den Knopflöchern annähen. Pullover entsprechend der Anweisung auf der Garnbanderole bügeln.

HÄSCHEN

GRÖSSE

Höhe ca. 15 cm plus Ohren

MATERIAL

50 g *Sirdar Calypso DK* (LL 106 m/50 g) in Fb A
(676 Safrangelb)
Häkelnadel Nr. 4
Kunstfaser-Füllwatte
Rest schwarzes Garn
Stopfnadel

MASCHENPROBE
16 MS/18 R mit Häkel-Nd Nr. 4 in fM gehäkelt = 10 x 10 cm

RÜCKENTEIL
21 Lm mit Häkel-Nd Nr. 4 in Fb A anschl.
*** 1. Reihe:** 1 fM in die 2. Lm ab Nadel, 1 fM in jede Lm bis R-Ende (= 20 fM). Wenden.
2. Reihe: 1 Lm, 1 fM in die 1. fM, 1 fM in jede fM bis auf die letzte fM, 2 fM in die letzte fM (= 22 fM). Wenden.
3. Reihe: Wie die 2. R arb. (= 24 fM). Wenden.
4. Reihe: 1 Lm, 1 fM in jede fM bis R-Ende. Wenden.
5. Reihe: 1 Lm, die 1. fM üb-spr., 1 fM in jede fM bis auf die letzten 2 fM, 2 fM zus. abm. über den letzten 2 fM (= 22 M). Wenden.
Diese R noch 4 x wdh. (= 14 M). Die 4. R noch 3 x wdh. (= 12 R insges.).
13. Reihe: Wie die 2. R arb. (= 16 fM). Diese R noch 3 x wdh. (= 22 fM). Die 4. R noch 2 x wdh. (= 18 R insges.). *
Kopf
19. Reihe: 1 Km in jede der ersten 8 fM, 1 Lm, je 1 fM in die nächsten 6 fM. Wenden.
20. Reihe: 1 Lm, 1 fM in jede der 6 folg. fM. Wenden.
21. Reihe: 1 Lm, 2 fM in die 1. fM, 1 fM in die folg. fM, (2 fM in die folg. fM) 2 x, 1 fM in die folg. fM, 2 fM in die letzte fM (= 10 fM). Wenden.
22. Reihe: 1 Lm, 2 fM in die 1. fM, je 1 fM in die nächsten 3 fM, (2 fM in die folg. fM) 2 x, je 1 fM in die nächsten 3 fM, 2 fM in die letzte fM (= 14 fM). Wenden.
23. Reihe: 1 Lm, 2 fM in die 1. fM, je 1 fM in die nächsten 5 fM, (2 fM in die folg. fM) 2 x, je 1 fM in die nächsten 5 fM, 2 fM in die letzte fM (= 18 M). Wenden.
24. Reihe: 1 Lm, 2 fM in die 1. fM, 1 fM in jede fM bis auf die letzte fM, 2 fM in die letzte fM (= 20 M). Wenden.
25. Reihe: 1 Lm, je 1 fM in die nächsten 5 fM, 2 fM zus. abm., je 1 fM in die nächsten 6 fM, 2 fM zus. abm., je 1 fM in die nächsten 5 fM bis R-Ende (= 18 M). Wenden.
26. Reihe: 1 Lm, je 1 fM in die nächsten 4 fM, 2 fM zus. abm., je 1 fM in die nächsten 6 fM, 2 fM zus. abm., je 1 fM in die nächsten 4 fM bis R-Ende (= 16 M). Wenden.
27. Reihe: 1 Lm, je 1 fM in die nächsten 4 fM, 2 fM zus. abm., je 1 fM in die nächsten 4 fM, 2 fM zus. abm., je 1 fM in die nächsten 4 fM bis R-Ende (= 14 M). Wenden.
28. Reihe: 1 Lm, 2 fM in die 1. fM, je 1 fM in die nächsten 2 fM, (2 fM zus. abm.) 4 x, je 1 fM in die nächsten 2 fM, 2 fM in die letzte

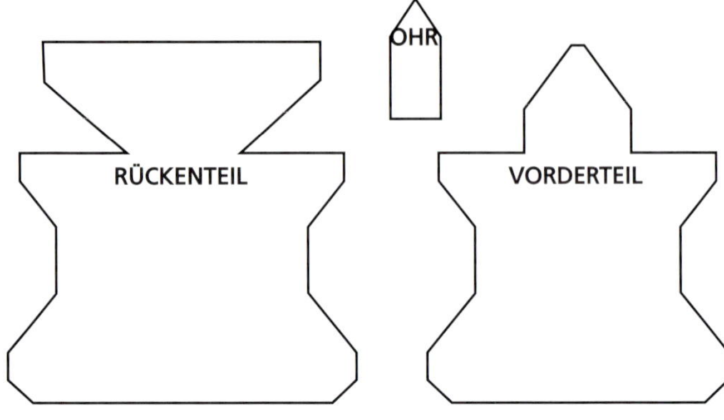

fM (= 12 M). Wenden. Die Oberkante zusammenlegen und 1 R Kett-M durch beide Kanten häkeln. Faden abschneiden und sichern.

VORDERTEIL
17 Lm mit Häkel-Nd Nr. 4 anschl. Von * bis * wie das Rückenteil arb., allerdings durchweg mit 4 M weniger als dort angegeben.
Kinn
19. Reihe: 1 Km in jede der ersten 6 fM, 1 Lm, je 1 fM in die nächsten 6 fM. Wenden.
20. Reihe: 1 Lm, je 1 fM in die nächsten 6 fM. Wenden.
Die 20. R noch 3 x wdh.
24. Reihe: 1 Lm, je 1 fM in die nächsten 2 fM, 2 fM zus. abm., 1 fM in jede der letzten 2 fM (= 5 M). Wenden.
25. Reihe: 1 Lm, 1 fM in jede M bis R-Ende. Wenden.
26. Reihe: 1 Lm, 1 fM in die 1. fM, 3 fM zus. abm., 1 fM in die letzte fM (= 3 M). Wenden.
27. Reihe: Wie die 25. R arb.
28. Reihe: 1 Lm, 3 fM zus. abm. Faden abschneiden und sichern.

OHREN (2 x arbeiten)
10 Lm mit Häkel-Nd Nr. 4 anschl.
1. Reihe: 3 Lm üb-spr., je 1 Stb in die nächsten 5 Lm, 1 hStb in die folg. Lm, (1 fM, 1 Lm, 1 fM) in die letzte Lm, dann weiter in die Lm-Kante: 1 hStb zwischen hStb und das folg. Stb., (1 Stb zwischen die folg. 2 Stb) 2 x, 1 Stb zwischen das letzte Stb und die 3 Lm am Beginn der 1. R. Faden abschneiden und sichern, jedoch etwa 20 cm lang belassen.

FERTIGSTELLUNG
Die Kinnspitze an die Kante der Naht an der Oberseite des Hinterkopfs legen, die Sei-

tennähte schließen, dabei an der Oberkante jedes Arms die Weite etwas einhalten. Die Unterkante offen lassen. Häschen ausstopfen und die Unterkante zunähen, dabei auf gleichmäßige Weite achten. Die Ohren oben auf dem Kopf annähen, dabei die Unterseite etwas einhalten, damit sie schön aufrecht stehen.
Das schwarze Garn doppelt legen und die Schlinge in die Stopfnadel einfädeln. An einer Seite des Hasenkopfes für das Auge die Nadel unter einer Masche herführen und durch die Schlinge ziehen. Dann die Nadel durch den Hasenkopf zum zweiten Auge stechen und den Faden vorsichtig straffen, damit der Kopf Kontur erhält. Faden mit einem kleinen Rückstich sichern. Für das Auge an derselben Stelle einen Knötchenstich ausführen, die Nadel wieder durch den Kopf zurück zur ersten Stelle stechen und dort einen Knötchenstich für das andere Auge ausführen. Durch den Kopf die Nadel zur Nase stechen und dort etwa vier Plattstiche arbeiten, die fächerförmig von der Nasenspitze ausgehen (siehe Foto). Den Faden mit einem Rückstich sichern und die Nadel wieder einstechen, sodass das Fadenende im Kopf liegt.

PULLOVER MIT ROSENKNOSPEN

DANK DES VOLUMINÖSEN GARNS IST DIESER PULLI MIT DER REIZENDEN RÖSCHENBORDÜRE IM NU GEHÄKELT.

GRÖSSEN (siehe auch Seite 42)

für Oberweite	41	46	51 cm
fertig gestrickte Oberweite	46	51	55 cm
Länge bis Schulter	24	27	29 cm
Unterarmlänge	15,5	17,5	20,5 cm

RÜCKENTEIL

40/44/48 Lm mit Häkel-Nd Nr. 4,5 anschl.

Rosenknospenbordüre

1. Reihe (Rück-R): 1 Stb in die 3. Lm ab Nd, 1 Stb in jede Lm bis R-Ende (= 39/43/47 M). Wenden.

2. Reihe: 2 Lm, das 1. Stb üb-spr., je 1 Stb in die nächsten 4/2/4 Stb, * 2 Stb üb-spr., 3 Stb zus. abm. in das folg. Stb; 1 Stb in jedes der 2 üb-spr. Stb arb., dabei die Nd hinter diesen 3 zus. abgem. Stb einstechen; 1 Stb in dieselbe Einstichstelle wie die 3 zus. abgem. Stb., je 1 Stb in die nächsten 2 Stb; 3 Stb zus. abm., dabei die Nd an derselben Stelle wie die 3 zus. abgem. Stb. einstechen; je 1 Stb in die nächsten 3 Stb, ab * fortlfd. wdh.; enden mit je 1 Stb in die nächsten 4/2/4 Stb, 1 Stb in die 2. von 2 Lm (= 4/5/5 Paar Blätter). Wenden.

3. Reihe: 2 Lm, das 1. Stb üb-spr., je 1 Stb in die nächsten 4/2/4 Stb, * die 3 zus. abgem. Stb üb-spr., 1 Stb in das folg. Stb, 1 Lm, 1 Stb

ROSENKNOSPENBORDÜRE

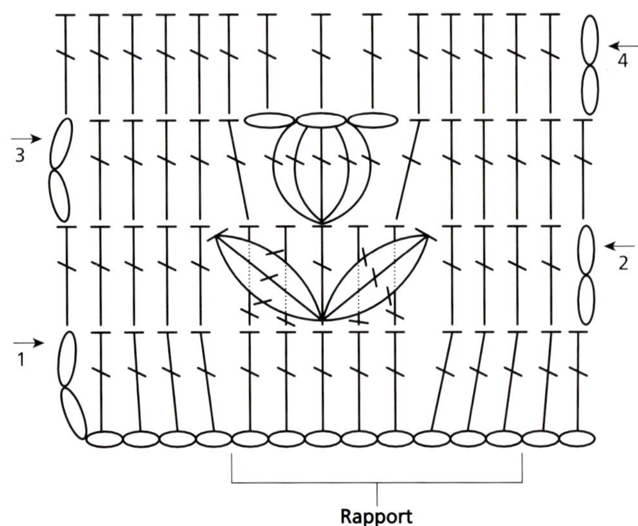

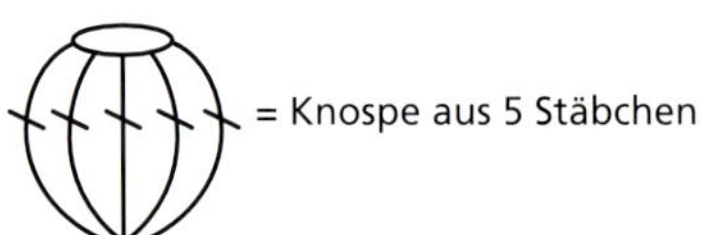

MATERIAL

100/150/150 g *Wendy Peter Pan DK* (LL 170 m/50 g) in Bonbonrosa (Fb 317)
Häkelnadeln Nr. 4,5 und 4
4 Knöpfe

MASCHENPROBE
8,5 MS/17 R mit Häkel-Nd Nr. 4,5 im Knospenmuster gehäkelt = 10 x 10 cm

SPEZIELLE ABKÜRZUNG
1 Knospe (in einer Rück-R arb.) = 5 Stb in das folg. Stb, die Nd aus der Arbeitsschlinge herausziehen und von hinten nach vorn durch das obere M-Glied des 1. dieser 5 Stb einstechen, die Arbeitsschlinge wieder aufnehmen und durchziehen, sodass die Spitze des Büschels gestrafft und zur rechten Seite gedrückt wird.

üb-spr., 1 Knospe in das folg. Stb, 1 Lm, 1 Stb üb-spr., 1 Stb in das folg. Stb, die 3 zus. abgem. Stb üb-spr., je 1 Stb in die nächsten 3 Stb, ab * fortlfd. wdh.; enden mit je 1 Stb in die nächsten 4/2/4 Stb, 1 Stb in die 2. von 2 Lm (= 4/5/5 Motive). Wenden.
4. Reihe: 2 Lm, das 1. Stb üb-spr., je 1 Stb in die nächsten 5/3/5 Stb, *1 Stb in 1 ZR, 1 Stb in die Schlinge der Knospe, 1 Stb in 1 ZR, je 1 Stb in die nächsten 5 Stb, ab * fortlfd. wdh.; enden mit je 1 Stb in die nächsten 5/3/5 Stb, 1 Stb in die 2. von 2 Lm (= 39/43/47 M). Wenden.

Knospenmuster

Grundreihe: 1 Lm, 1 fM in das 1. Stb, * 1 Stb üb-spr., 2 fM in das folg. Stb, ab * fortlfd. wdh.; enden mit 2 fM in die 2. der 2 Lm (= 19,5/21,5/23,5 MS). Wenden.
Musterreihe: 1 Lm, 1 fM in die 1. fM, * 1 fM üb-spr., 2 fM in die folg. fM, ab * fortlfd. wdh.; enden mit 2 fM in die letzte fM (jedes fM-Paar wird in die 2. fM des entspr. Paars in der Vor-R gearbeitet). **
Die Muster-R fortlfd. wdh., bis das Rückenteil 22/25/27 cm lang ist. Mit einer Rück-R enden.

KNOSPENMUSTER (x+ = 2fM; werden paarweise gehäkelt)

→ 0+ x+ x+ x+ x+ x+ x+ x+
+x +x +x +x +x +x +x +0 ← Muster-R

Knopfleiste: 1. Seite

Mit Häkel-Nd Nr. 4 weiterarb.
1. Reihe: 1 Lm, 1 fM in die 1. fM, je 1 fM in die nächsten 10/12/12 fM, 2 fM zus. abm. über den folg. 2 fM. Wenden.
2. Reihe: 1 Lm, 2 zus. abgem. fM üb-spr., je 1 fM in die nächsten 11/13/13 fM. Wenden.
3. Reihe: 1 Lm, 1 fM in die 1. fM, 1 fM in jede fM bis R-Ende. Faden abschneiden und sichern.

2. Seite

Von der rechten Seite der Arbeit 13/13/17 M in der Mitte des Rückens üb-spr. und mit Häkel-Nd Nr. 4 den Faden in der folg. fM anschlingen.
1. Reihe: 1 Lm, je 1 fM in die nächsten 12/14/14 fM bis R-Ende. Wenden.
2. Reihe: 1 Lm, 1 fM in die 1. fM, je 1 fM in die nächsten 9/11/11 fM, 2 fM zus. abm. über den letzten 2 fM (= 11/13/13 M). Wenden.
3. Reihe: 1 Lm, 1 fM in die 1. fM, 1 fM in jede fM bis R-Ende. Faden abschneiden und sichern.

VORDERTEIL

Bis ** wie das Rückenteil arb. Die Muster-R fortlfd. wdh., bis das Vorderteil am Beginn der Knopfleiste 8/8/10 R weniger als das Rückenteil aufweist. Mit einer Rück-R enden.

Vorderer Halsausschnitt: 1. Seite

1. Reihe: 1 Lm, 1 fM in die 1. fM, (1 fM üb-spr., 2 fM in die folg. fM) 7/8/8 x (= 15/17/17 M). Wenden.
2. Reihe: 1 Lm, die 1. fM üb-spr., (1 fM üb-spr., 2 fM in die folg. fM) 7/8/8 x (= 14/16/16 M). Wenden.
3. Reihe: 1 Lm, 1 fM in die 1. fM, (1 fM üb-spr., 2 fM in die folg. fM) 6/7/7 x (= 13/15/15 M). Wenden.
4. Reihe: 1 Lm, die 1. fM üb-spr., (1 fM üb-spr., 2 fM in die folg. fM) 6/7/7 x (= 12/14/14 M). Wenden.
5. Reihe: 1 Lm, 1 fM in die 1. fM, (1 fM üb-spr., 2 fM in die folg. fM) 5/6/6 x (= 11/13/13 M). Wenden.
Weitere 3/3/5 Muster-R mit diesen M arb., bis die Länge des Rückens am Beg. der Knopfleiste entspricht. Mit einer Rück-R enden.
1. Knopflochblende Mit Häkel-Nd Nr. 4 weiterarb.
1. Reihe: 1 Lm, 1 fM in die 1. fM, je 1 fM in die nächsten 10/12/12 fM. Wenden.
2. Reihe: 1 Lm, 1 fM in die 1. fM, 2 Lm, 2 fM üb-spr., je 1 fM in die

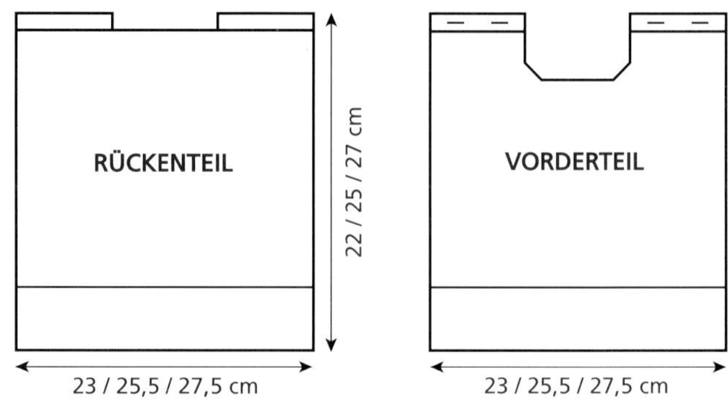

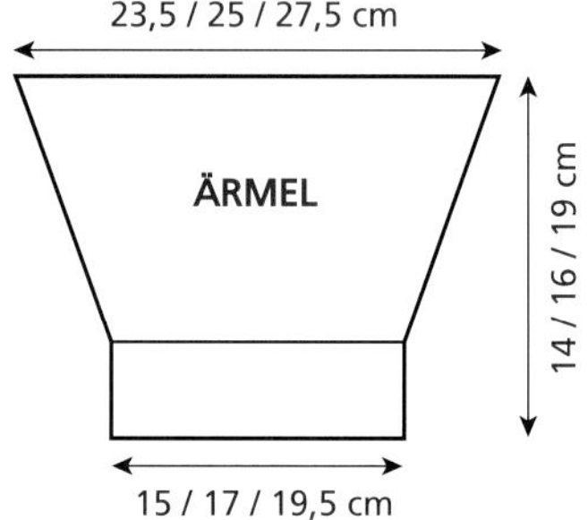

nächsten 3/5/5 fM, 2 Lm, 2 fM üb-spr., 1 fM in jede der 3 fM bis R-Ende. Wenden.
3. Reihe: 1 Lm, 1 fM in jede fM und 2 fM in jeden 2-Lm-ZR bis R-Ende. Faden abschneiden und sichern.

Vorderer Halsausschnitt: 2. Seite

Von der re. Seite der Arbeit in der Mitte des Vorderteils 9/9/13 M üb-spr. und mit Nd Nr. 4,5 den Faden in der folg. fM anschlingen.
1. Reihe: 1 Lm, die fM an der Unterkante dieser Lm üb-spr., (1 fM üb-spr., 2 fM in die folg. fM) 7/8/8 x bis R-Ende (= 14/16/16 M). Wenden.
2. Reihe: 1 Lm, 1 fM in die 1. fM, (1 fM üb-spr., 2 fM in die folg. fM) 6/7/7 x (= 13/15/15 M). Wenden.
3. Reihe: 1 Lm, die 1. fM üb-spr., (1 fM üb-spr., 2 fM in die folg. fM) 6/7/7 x bis R-Ende (= 12/14/14 M). Wenden.
4. Reihe: 1 Lm, 1 fM in die 1. fM, (1 fM üb-spr., 2 fM in die folg. fM) 5/6/6 x (= 11/13/13 M). Wenden.
Weitere 4/4/6 Muster-R mit diesen M arb., bis die Höhe der 1. Seite erreicht ist. Mit einer Rück-R enden.
2. Knopflochblende Mit Häkel-Nd Nr. 4 weiterarb.
1. Reihe: Wie 1. Reihe der 1. Knopflochblende arb.
2. Reihe: 1 Lm, 1 fM in die 1. fM, je 1 fM in die nächsten 2 fM, 2 Lm, 2 fM üb-spr., je 1 fM in die nächsten 3/5/5 fM, 2 Lm, 2 fM üb-spr., 1 fM in die letzte fM. Wenden.
3. Reihe: Wie die 3. R der 1. Knopflochblende arb. Faden abschneiden und sichern.

ÄRMEL (2 x arbeiten)
28/32/36 Lm mit Häkel-Nd Nr. 4,5 anschl.

Rosenknospenbordüre

1. Reihe (Rück-R): 1 Stb in die 3. Lm ab Nd, 1 Stb in jede Lm bis R-Ende (= 27/31/35 M). Wenden.
2. Reihe: 2 Lm, das 1. Stb üb-spr., je 1 Stb in die nächsten 2/4/2 Stb, * 2 Stb üb-spr., 3 Stb zus. abm. in das folg. Stb; 1 Stb in jedes der 2 üb-spr. Stb, dabei die Nd hinter den 3 zus. abgem. Stb. einstechen; 1 Stb in dieselbe Einstichstelle wie die 3 zus. abgem. Stb, je 1 Stb in die nächsten 2 Stb; 3 Stb zus. abm., dabei die Nd in dieselbe Stelle im unteren M-Glied der 3 zus. abgem. Stb einstechen, je 1 Stb in die nächsten 3 Stb, ab * fortlfd. wdh.; enden mit je 1 Stb in die nächsten

2/4/2 Stb, 1 Stb in die 2. der 2 Lm (= 3/3/4 Paar Blätter). Wenden.

3. Reihe: 2 Lm, das 1. Stb üb-spr., je 1 Stb in die nächsten 2/4/2 Stb., * die 3 zus. abgem. Stb üb-spr., 1 Stb in das folg. Stb, 1 Lm, 1 Stb üb-spr., 1 Knospe in das folg. Stb, 1 Lm, 1 Stb üb-spr., 1 Stb in das folg. Stb, die 3 zus. abgem. Stb üb-spr., je 1 Stb in die nächsten 3 Stb, ab * fortlfd. wdh.; enden mit je 1 Stb in die nächsten 2/4/2 Stb, 1 Stb in die 2. von 2 Lm (= 3/3/4 Motive). Wenden.

4. Reihe: 2 Lm, das 1. Stb üb-spr., je 1 Stb in die nächsten 3/5/3 Stb, * 1 Stb in jeden ZR, 1 Stb in die Abschlussschlinge der Knospe, 1 Stb in 1 ZR, je 1 Stb in die nächsten 5 Stb, ab * fortlfd. wdh.; enden mit je 1 Stb in die nächsten 3/5/3 Stb, 1 Stb in die 2. der 2 Lm (= 27/31/35 M). Wenden. Damit ist die Rosenknospenbordüre abgeschlossen.

Zunahme-Reihe: 1 Lm, 1 fM in das 1. Stb, (je 1 fM in die nächsten 6/7/8 Stb, 2 fM in das folg. Stb) 3 x, je 1 fM in die nächsten 4/5/6 Stb, 1 fM in die 2. der 2 Lm (= 30/34/38 fM). Wenden.

Knospenmuster

Muster-Reihe: 1 Lm, 1 fM in die 1. fM, * 1 fM üb-spr., 2 fM in die folg. fM, ab * fortlfd. wdh.; enden mit 2 fM in die letzte fM (= 31/35/39 fM). Wenden.

Die Muster-R noch 1/3/3 x wdh. (= 3/5/5 R ab der letzten R der Bordüre), mit einer Rück-R enden.

1. Zunahme-Reihe: 1 Lm, 3 fM in die 1. fM, * 1 fM üb-spr., 2 fM in die folg. fM, ab * fortlfd. wdh.; enden mit 2 fM in die letzte fM. Wenden.

2. Zunahme-Reihe: Wie die 1. Zunahme-R arb. (= 35/39/43 fM).

3. – 6. Zunahme-Reihe: Wie die Muster-R arb.

Die 1. und 2. Zunahme-R noch 1 x wdh. (= 39/43/47 fM). Die Muster-R fortlfd. wdh., bis der Ärmel 14/16/19 cm lang ist oder die gewünschte Länge minus 1,5 cm hat. Faden abschneiden und sichern.

FERTIGSTELLUNG

An beiden Schultern die Knopflochleiste über die Knopfleiste legen und an den Armausschnitten zusammennähen. An Vorder- und Rückenteil ab Unterkante jeder Leiste je 20/22/24 R abwärts abzählen und am Seitenrand markieren.

Die Oberkanten der Ärmel zwischen den Markierungen einnähen. Seiten- und Ärmelnähte schließen.

Ärmeleinfassung (an beiden Ärmeln arbeiten)

Von der re. Seite der Arbeit mit Häkel-Nd Nr. 4 den Faden in das untere M-Glied einer Lm der Ärmelnaht anschlingen.

Pikot-Bordüre

1. Runde: 1 Lm, 1 fM in das unterste M-Glied jeder Lm; enden mit 1 fM um 1 Lm am Beginn der Runde.

2. Runde: 2 Lm, 1 fM in die 1. fM, * 2 Lm, 1 Km in die zuletzt gearb. fM, je 1 fM in die nächsten 2 fM, ab * fortlfd. wdh.; enden mit 1 Km in die 1. fM der Runde. Faden abschneiden und sichern.

Unterkante des Pullovers

Von der rechten Seite der Arbeit mit Häkel-Nd Nr. 4 den Faden im unteren M-Glied einer Lm an einer der beiden Seitennähte anschlingen; 2 Runden der Pikot-Bordüre wie bei der Ärmelunterkante arb.

Hinterer Halsausschnitt

Von der rechten Seite der Arbeit mit Häkel-Nd Nr. 4 den Faden in der Ecke der Knopfleiste der 1. Seite anschlingen

1. Reihe: 1 Lm, 20/22/24 fM gleichmäßig verteilt entlang dem hinteren Halsausschnitt häkeln. Wenden.

2. Reihe: 1 Lm, 1 fM in die 1. fM, 1 fM in jede folg. fM, dabei in jeder Ecke 2 fM zus. abm. (= 18/20/22 fM). Wenden.

3. Reihe: 1 Lm, 1 fM in die 1. fM, * 2 Lm, 1 Km in die zuletzt gehäkelte fM, je 1 fM in die nächsten 2 fM, ab * fortlfd. wdh. bis R-Ende (= 9/10/11 Pikots). Faden abschneiden und sichern.

Vorderer Halsausschnitt

Von der rechten Seite der Arbeit mit Häkel-Nd Nr. 4 den Faden in der Ecke der Knopflochleiste der 1. Seite anschlingen.

1. Reihe: 1 Lm, 30/34/38 fM gleichmäßig verteilt entlang dem vorderen Halsausschnitt häkeln. Wenden.

2. Reihe: 1 Lm, 1 fM in die 1. fM, 1 fM in jede folg. fM, dabei in gleichmäßigen Abständen 4 x 2 fM zus. abm. (= 26/30/34 fM). Wenden.

3. Reihe: Wie die 3. Reihe des hinteren Halsausschnitts arb. (= 13/15/17 Pikots). Faden abschneiden und sichern. Knöpfe annähen.

SCHLAFSACK

DER SCHLAFSACK IST SO GROSSZÜGIG GESCHNITTEN, DASS ER ÜBER DER KLEIDUNG GETRAGEN WERDEN KANN UND GENÜGEND PLATZ ZUM STRAMPELN BIETET. DARIN FÜHLT SICH BABY WOHL.

GRÖSSEN

für Länge	65 – 71	75 – 81 cm
für Oberweite	41 – 46	51 – 56 cm
fertig gestrickte Oberweite	65	75 cm
Länge bis Schulter	53,5	63 cm
Unterarmlänge (umgeschl. Mansch.)	15	18 cm

RÜCKENTEIL

54/62 Lm mit Häkel-Nd Nr. 4 in Fb A anschl.

Grundreihe (Hin-R): 1 Stb in die 4. Lm ab Nd, 1 Stb in jede Lm bis R-Ende (= 52/60 M) (die ersten 3 Lm zählen als 1. Stb). Wenden.

MATERIAL

300/350 g *Patons Fairytale DK* (LL 147 m/50 g) in Fb A (6344 Lapislazuli)

50 g *Patons Fairytale DK* in Fb B (6300 Schneeweiß)

Häkelnadeln Nr. 3,5 und 4

12/14 Knöpfe

MASCHENPROBE

16 Stb/8,75 R mit Häkel-Nd Nr. 4 in Stäbchenreihen gehäkelt = 10 x 10 cm

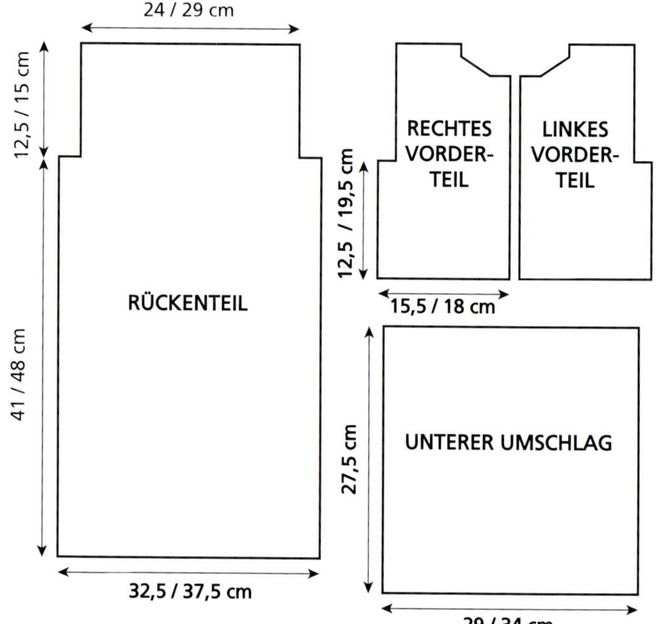

STÄBCHENREIHEN

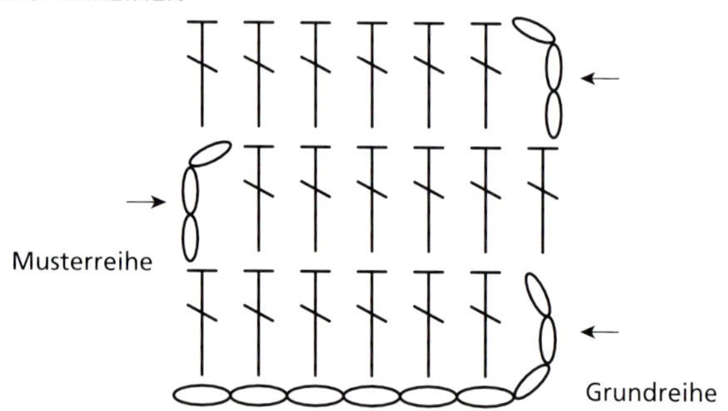

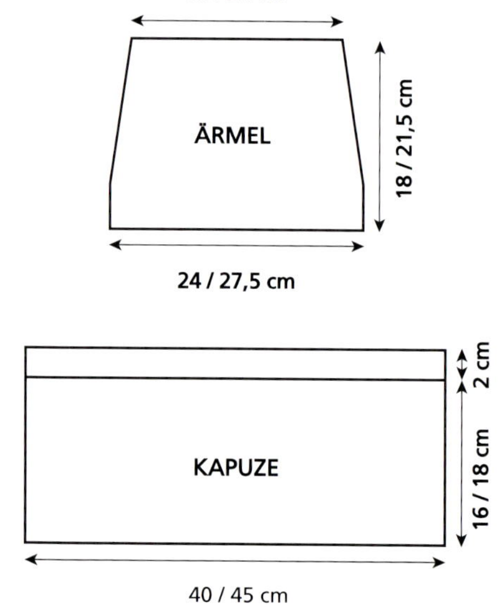

Muster-Reihe: 3 Lm, das 1. Stb üb-spr., 1 Stb in jedes Stb; enden mit 1 Stb in die 3. der 3 Lm am Beginn der Vor-R. Wenden.

Die Muster-R noch 34/40 x wdh.; enden mit einer Rück-R (= 36/42 R insges.). Faden abschneiden und sichern.

Armausschnitte

Von der rechten Seite der Arbeit die ersten 7 Stb üb-spr. und den Faden im nächsten Stb anschl.

Nächste Reihe: 3 Lm, 1 Stb in das folg. Stb, je 1 Stb in die nächsten 36/44 Stb (= 38/46 M). Wenden.

Die Muster-R noch 10/12 x wdh.; enden mit einer Hin-R (= 47/55 R insges.). Faden abschneiden und sichern.

UNTERER UMSCHLAG

Von der rechten Seite der Arbeit mit Häkel-Nd Nr. 4 in Fb A den Faden an der Unterkante des Rückens anschlingen. Die unteren M-Glieder der ersten 3 Stb üb-spr., den Faden im unteren M-Glied des folg. Stb anschlingen.

1. Reihe: 3 Lm, je 1 Stb in das untere M-Glied der nächsten 45/53 Stb (= 46/54 M). Wenden.

Die Muster-R wie beim Rücken 5 x wdh.

Mond-Motiv

In Intarsientechnik nach Zählmuster arb. (siehe S. 13).

1. Reihe: 3 Lm mit Fb A arb., das 1. Stb üb-spr., je 1 Stb in die nächsten 6/9 Stb, 26 Stb ab R 1 des Zählmusters (von rechts nach links lesen) in den angegebenen Fb arb., dabei mit Fb A je 1 Stb in die nächsten 12/17 Stb, 1 Stb in die 3. der 3 Lm. Wenden.

2. Reihe: 3 Lm mit Fb A arb., das 1. Stb üb-spr., je 1 Stb in die nächs-ten 12/17 Stb, 26 Stb ab R 2 des Zählmusters (von links nach rechts lesen) in den angegebenen Fb arb., dabei mit Fb A je 1 Stb in die nächsten 6/9 Stb, 1 Stb in die 3. der 3 Lm. Wenden.

Auf diese Weise in den folgenden R die R 3 – 14 des Zählmusters arb. (= 20 R insges.). Mit Fb A weiterarb. Die Muster-R noch 4 x wdh. (= 24 R insges.). Faden abschneiden und sichern.

LINKES VORDERTEIL

27/31 Lm mit Häkel-Nd Nr. 4 in Fb A anschl.

Die Grund-R (= Rück-R) und die Muster-R wie beim Rückenteil häkeln (= 25/29 M).

Die Muster-R noch 9/15 x wdh., mit einer Rück-R enden (= 11/17 R insges.). ** Faden abschneiden und sichern.

Armausschnitt

Von der rechten Seite der Arbeit die ersten 7 Stb üb-spr. und den Faden im nächsten Stb anschlingen.

MOND MOTIV

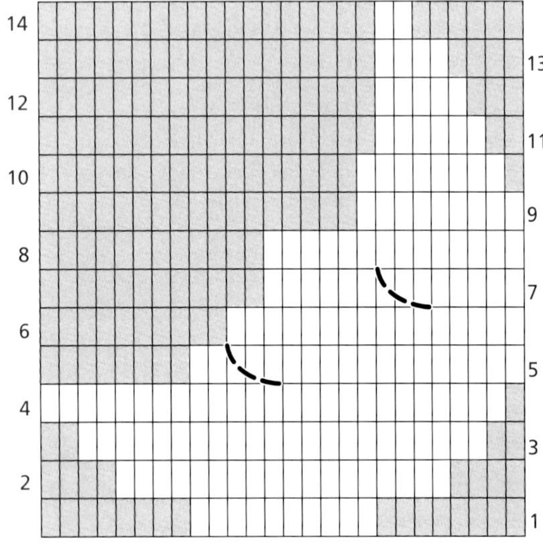

Fb A

Fb B

Kettstich in Fb A

Nächste Reihe: 3 Lm, 1 Stb in das 1. Stb, dann 1 Stb in jedes Stb; enden mit 1 Stb in die 3. von 3 Lm (18/22 M).

Die Muster-R noch 5/7 x wdh., mit einer Rück-R enden.

Halsausschnitt

1. Reihe: 3 Lm, das 1. Stb. üb-spr., je 1 Stb in die nächsten 13/15 Stb, 2 Stb zus. abm. über den folg. 2 Stb. Wenden.

2. Reihe: 2 Lm, 2 zus. abgem. Stb üb-spr., 1 Stb in jedes Stb; enden mit 1 Stb in die 3. der 3 Lm. Wenden.

3. Reihe: 3 Lm, das 1. Stb üb-spr., je 1 Stb in die nächsten 11/13 Stb, 2 Stb zus. abm. über den letzten 2 Stb. Wenden.

4. Reihe: Wie die 2. R arb. (= 12/14 M).

Die Muster-R noch 1 x wdh. Faden abschneiden und sichern.

RECHTES VORDERTEIL

Bis ** wie das linke Vorderteil arb.

Armausschnitt

Nächste Reihe: 3 Lm, 1 Stb in das 1. Stb, je 1 Stb in die nächsten 16/20 Stb (= 18/22 M). Wenden.

Die Muster-R noch 5/7 x wdh, mit einer Rück-R enden. Faden abschneiden und sichern.

Halsausschnitt

Von der rechten Seite der Arbeit die ersten 2/4 Stb üb-spr. und den Faden im folg. Stb anschlingen.

1. Reihe: 2 Lm, je 1 Stb in die nächsten 14/16 Stb, 1 Stb in die 3. der 3 Lm. Wenden.

2. Reihe: 3 Lm, das 1. Stb üb-spr., je 1 Stb in die nächsten 12/14 Stb, 2 Stb zus. abm. über den letzten 2 Stb. Wenden.

3. Reihe: 2 Lm, 2 zus. abgem. Stb. üb-spr., 1 Stb in jedes Stb; enden mit 1 Stb in die 3. von 3 Lm. Wenden.

4. Reihe: 3 Lm, das 1. Stb üb-spr., je 1 Stb in die nächsten 10/12 Stb, 2 Stb zus. abm. über den letzten 2 Stb (= 12/14 M). Wenden.

Die Muster-R noch 1 x wdh. Faden abschneiden und sichern.

ÄRMEL (2 x arbeiten)

Schulternähte schließen. An der Schulterkante beginnen:

Von der re. Seite der Arbeit mit Häkel-Nd Nr. 4 in Fb A den Faden an der inneren Ecke der Ärmelöffnung anschlingen, 3 Lm, 38/44 M gleichm. verteilt entlang des Armausschnitts arb. Wenden.

Die Muster-R noch 3/5 x wdh. (= 4/6 R insges.).

Abnahmen

1. Abnahme-Reihe: 2 Lm, das 1. Stb üb-spr., 1 Stb in jedes Stb; enden mit 1 Stb in die 3. der 3 Lm. Wenden.

2. Abnahme-Reihe: 2 Lm, das 1. Stb üb-spr., 1 Stb in jedes Stb bis zum letzten Stb, die 2 Lm auslassen. Wenden.

3. Abnahme-Reihe: 3 Lm, das 1. Stb üb-spr., 1 Stb in jedes Stb bis zum letzten Stb, die 2 Lm auslassen. Wenden.

4. Abnahme-Reihe: 3 Lm, das 1. Stb üb-spr., 1 Stb in jedes Stb; enden mit 1 Stb in die 3. der 3 Lm (= 36/42 M). Wenden.

Diese 4 R noch 2 x wdh. (= 32/38 M; 16/18 R insges.).

Nur 2. Größe

Die Muster-R noch 1 x wdh.

Beide Größen

16/19 R insges. Faden abschneiden und sichern.

Bündchen

Die Ärmelnähte schließen, dabei die ersten 4 R in die Armausschnitte einpassen.

Mit Häkel-Nd Nr. 3,5 in Fb A den Faden an der Unterkante der Ärmelnaht anschlingen.

1. Runde: 1 Lm, 1 fM in das 1. Stb, 1 fM in jedes Stb; enden mit 1 Km in die 1. fM der Rd.

2. Runde: 1 fM in jede fM der Rd, dabei (2 fM zus. abm. über 2 fM) 4 x in gleichmäßigen Abständen arb.

3. Runde: 1 fM in jede fM.
Die 3. Rd noch 5 x wdh., an der Ärmelnaht mit 1 Km in die 1. fM der Vor-Rd enden (= 8 Rd insges.). Faden abschneiden und sichern.

KAPUZE
66/74 Lm mit Häkel-Nd Nr. 4 in Fb A anschl.
Die Grund- und Muster-R wie beim Rückenteil arb. (= 64/72 M).
Die Muster-R 12/14 x wdh. (= 14/16 R insges.).

Einfassung
Mit Häkel-Nd Nr. 3,5 weiterarb.
Abnahme-Reihe: 1 Lm, 1 fM in das 1. Stb, je 1 fM in die nächsten 2/3 Stb, (2 fM zus. abm. über den folg. 2 Stb, je 1 fM in die nächsten 6/7 Stb) 7 x, 2 fM zus. abm. über den folg. 2 Stb, je 1 fM in die letzten 2 Stb, 1 fM in die 3. von 3 Lm (= 56/64 M). Wenden.
Nächste Reihe: 1 Lm, 1 fM in die 1. fM, 1 fM in jede fM bis R-Ende. Wenden.
Diese R noch 2 x wdh. Faden abschneiden und sichern.
Die Unterkante der Kapuze zur Hälfte zusammenlegen und zusammennähen (= hintere Mittelnaht).
Die Seitenkanten an den Halsausschnitt nähen und dabei gleichmäßig entlang den Kanten des vorderen Halsausschnitts einhalten.

VORDERE BLENDEN
Seitennähte schließen, dabei sollen die R unter den Armausschnitten übereinstimmen.

Knopfleiste
Von der rechten Seite der Arbeit mit Häkel-Nd Nr. 3,5 einen Faden in Fb A an der unteren Ecke des Rückenteils anschlingen.
1. Reihe: 1 Lm, 2 fM in die Seitenkante jeder R bis zur Ecke, 3 fM zus. abm. in der Ecke, 1 fM in das untere M-Glied jedes Stb entlang der Unterkante des rechten Vorderteils, 3 fM in dieselbe Stelle in der Ecke, 2 fM in die Seitenkante jeder R bis zum Beginn des Halsausschnitts. Wenden.
2. Reihe: 1 Lm, 1 fM in die 1. fM, dann 1 fM in jede fM, 3 fM in die 2. der 3 fM in der Außenecke und 3 fM zus. abm. in der Innenecke; so fortfahren bis R-Ende. Wenden.
3. und 4. Reihe: Wie die 2. R arb. Faden abschneiden und sichern.

Knopflochblende
Die Stellen für die 4 Knöpfe an der rechten Vorderleiste wie folgt markieren: der oberste Knopf 2 M unterhalb des Halsausschnitts, 1 Knopf in die Ecke der rechten Vorderseite und 2 weitere in gleichmäßigen Abständen dazwischen.
Von der rechten Seite der Arbeit mit Häkel-Nd Nr. 3,5 einen Faden in Fb A an der Oberkante der rechten Vorderseite anschlingen.
1. Reihe: 1 Lm, 2 fM in die Seitenkante jeder R bis zur Ecke, 2 fM in dieselbe Stelle in der Ecke, 1 fM in das untere M-Glied jedes Stb entlang der Unterkante des linken Vorderteils, 3 fM zus. abm. in der Ecke, 2 fM in die Seitenkante jeder R abwärts bis zur unteren Ecke des Rückenteils. Wenden.
2. Reihe: 1 Lm, 1 fM in die 1. fM, dann 1 fM in jede fM, dabei 3 fM in die 2. von 3 fM in der Außenecke und 3 fM zus. abm. in der Innenecke; so fortfahren bis R-Ende. Wenden.
Die Platzierungen der 4 Knopflöcher entsprechend der Platzierung der Knöpfe auf der Knopfleiste des rechten Vorderteils markieren.
3. Reihe: Wie die 2. R arb., dabei entsprechend jeder Markierung 1 Knopfloch wie folgt arb.: 2 Lm, 2 fM üb-spr.
4. Reihe: Wie die 2. R arb., dabei 2 fM in jeden 2-Lm-ZR arb. Faden abschneiden und sichern.
In den unteren Ecken des Rückenteils die Blende zur vorderen Mitte einschlagen und die Seitenkanten der Leiste in die unteren M-Glieder von 3 Stb an den Seiten des unteren Umschlags nähen.

Einfassung des unteren Umschlags
Von der rechten Seite der Arbeit mit Häkel-Nd Nr. 3,5 einen Faden in Fb A in der rechten unteren Ecke des unteren Umschlags anschlingen.
1. Reihe: 1 Lm, 2 fM in die Seitenkante jeder R bis zur Ecke, 3 fM in dieselbe Einstichstelle an der Ecke, 1 fM in jedes Stb entlang der Oberkante des unteren Umschlags, 3 fM in dieselbe Einstichstelle an der Ecke, 2 fM in die Seitenkanten jeder R abwärts bis zur unteren linken Ecke. Wenden.
2. Reihe: 1 Lm, 1 fM in die 1. fM, 1 fM in jede fM und 3 fM in die 2. von 3 fM in jeder Ecke; so fortfahren bis R-Ende. Wenden.
Die Platzierungen für 9/11 Knopflöcher wie folgt markieren:
1 Knopfloch in der oberen Mitte entsprechend dem unteren Knopf der Vorderkante, 1 Knopfloch in jeder Ecke des Unterteils, 2 weitere in gleichmäßigen Abständen an der Oberkante; 2/3 in gleichmäßigen Abständen an jeder Seite des unteren Umschlags.
3. Reihe: Wie die 2. R arb., dabei die Knopflöcher so anlegen, dass sie den jeweiligen Markierungen entsprechen. Für jedes Knopfloch 2 Lm, 2 fM üb-spr.
4. Reihe: Wie die 2. R arb., dabei jeweils 2 fM in jeden 2-Lm-ZR arb.
Faden abschneiden und sichern.
In jeder unteren Ecke den Seitenrand der Leiste abnähen.
Die Knöpfe annähen.

STERN (3 x arbeiten)
5 Lm mit Häkel-Nd Nr. 3,5 in Fb B anschl. und mit 1 Km in die 1. Lm zum Ring schließen.
1. Runde: *3 Lm, 1 fM in die 2. Lm ab Nd, 1 hStb in die folg. Lm, 1 Km in die folg. Lm des Rings, ab * noch 4 x wdh.; enden mit der letzten Km in das untere M-Glied der 1. Sternspitze. Faden abschneiden und sichern.
Die Sterne wie auf dem Foto gezeigt auf der unteren Vorderseite des Schlafsacks anordnen und aufnähen. Mit Fb A Mund und Auge des Mondes im Kettstich aufsticken (siehe Zählmuster).

FESTTAGSJÄCKCHEN

FÜR FESTLICHE ANLÄSSE: EIN HÜBSCHES JÄCKCHEN AUS KÜHLEM, WEICHEM BAUMWOLLGARN.

GRÖSSEN

für Oberweite	51	56	61 cm
fertig gestrickte Oberweite	59	63	67 cm
Länge bis Schulter	27	32	37 cm
Unterarmlänge	20	25	29 cm

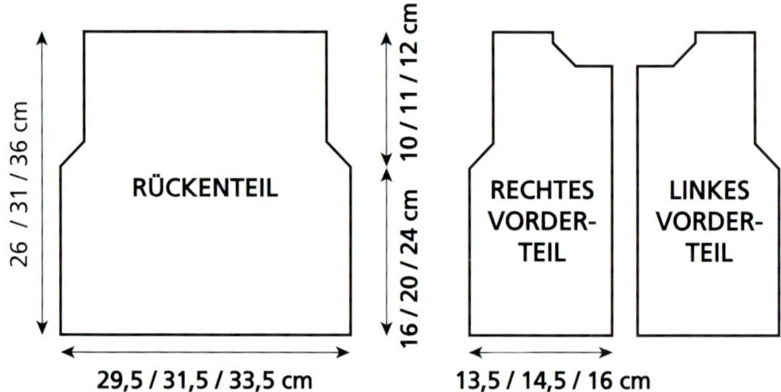

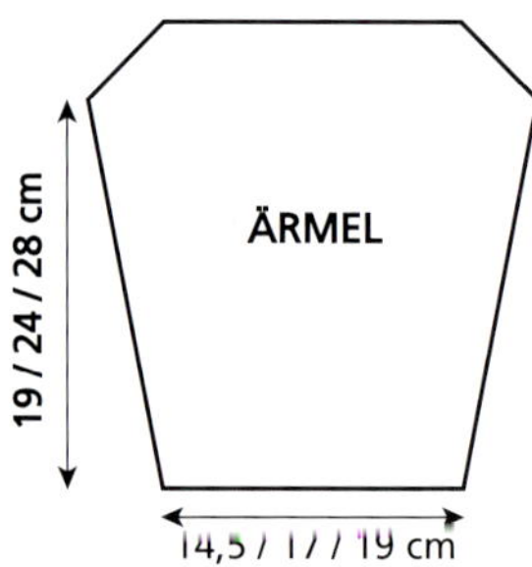

RÜCKENTEIL
86/92/98 Lm mit Häkel-Nd Nr. 2,5 anschl.

MATERIAL

150/175/225 g *Twilley's Lyscordet 3-fädig* (LL 200 m/50 g) in Ecru (Fb 21)
Häkel-Nd Nr. 2 und 2,5
4/5/6 kleine Knöpfe

MASCHENPROBE
9,5 MS/17 R mit Häkel-Nd Nr. 2,5 im Spitzenmuster gehäkelt = 10 x 10 cm

Grundreihe: 1 hStb in die 3. Lm ab Nd, * 1 Lm, 1 hStb in die folg. Lm, 1 Lm üb-spr., 1 hStb in die folg. Lm, ab * fortlfd. wdh.; enden mit 1 hStb in die letzte Lm (= 28/30/32 MS). Wenden.

Spitzenmuster

Muster-Reihe: 2 Lm, * 2 hStb üb-spr., (1 hStb, 1 Lm, 1 hStb) in den folg. ZR, ab * fortlfd. wdh., am Schluss das letzte hStb üb-spr., 1 hStb in die 2. von 2 Lm. Wenden. Die Muster-R fortlfd. wdh., bis das Rückenteil 16/20/24 cm hoch ist. Mit einer Rück-R enden.

Armausschnitte

Beg. und Ende der letzten R markieren.

SPITZENMUSTER

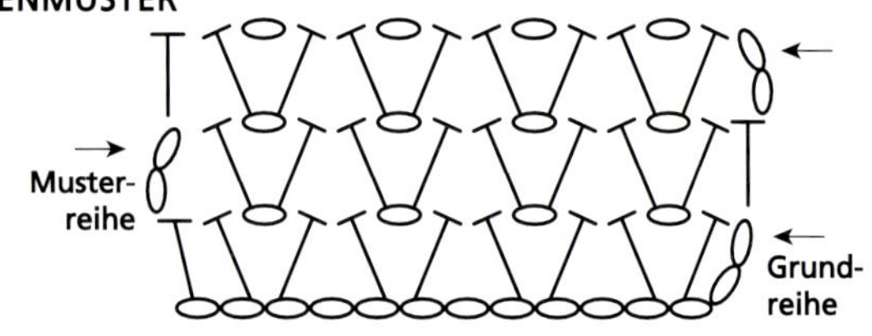

1. Abnahme-Reihe: 2 Lm, 1 hStb in den 1. ZR, im Spitzenmuster weiter; enden mit 2 hStb zus. abm. über dem letzten ZR und der 2. der 2 Lm (= 26/28/30 MS). Wenden.

2. Abnahme-Reihe: 2 Lm, (1 hStb, 1 Lm, 1 hStb) in jeden ZR; enden mit 1 hStb in das letzte hStb. Wenden.

Diese beiden R noch 3 x wdh. (= 20/22/24 MS).

Die Muster-R fortlfd. wdh., bis das Rückenteil 26/31/36 cm hoch ist. Mit einer Rück-R enden. Faden abschneiden und sichern.

LINKES VORDERTEIL

41/44/47 Lm mit Häkel-Nd Nr. 2,5 anschl. Grund- und Muster-R wie beim Rückenteil häkeln (= 13/14/15 MS). Die Muster-R fortlfd. wdh., bis das linke Vorderteil am Beginn des Armausschnitts genauso hoch ist wie das Rückenteil. Mit einer Rück-R enden.

Armausschnitt

Das Ende der letzten R markieren.

1. Abnahme-Reihe: 2 Lm, 1 hStb in den 1. ZR, im Spitzenmuster weiter bis R-Ende (= 12/13/14 MS).

2. Abnahme-Reihe: Im Spitzenmuster arb.; enden mit 1 hStb in das letzte hStb. Wenden. Diese beiden R noch 3 x wdh. (= 9/10/11 MS).

Die Muster-R fortlfd. wdh., bis das linke Vorderteil 8/8/10 R weniger aufweist als das Rückenteil. Mit einer Rück-R enden.

Vorderer Halsausschnitt

1. Reihe: 2 Lm, 7/7/8 MS im Spitzenmuster arb., 1 hStb. in den folg. ZR. Wenden.

2. Reihe: Wie die Muster-R arb.
3. Reihe: Im Spitzenmuster bis zum letzten ZR, 1 hStb. in den letzten ZR. Wenden.
4. Reihe: Wie die Muster-R arb.
Die 3. und 4. R noch 1 x wdh. (= 5/5/6 MS).
Die Muster-R noch 2/2/4 x wdh., bis das Vorderteil ebenso hoch ist wie das Rückenteil. Faden abschneiden und sichern.

RECHTES VORDERTEIL
Bis ** wie das linke Vorderteil arbeiten.

Armausschnitt
Den Beg. der letzten R markieren.
1. Abnahme-Reihe: Im Spitzenmuster bis zum letzten ZR, 2 hStb zus. abm. über dem letzten ZR und der 2. der 2 Lm (= 12/13/14 MS). Wenden.
2. Abnahme-Reihe: 2 Lm, (1 hStb, 1 Lm, 1 hStb) in jeden ZR; enden mit 1 hStb in die 2. der 2 Lm. Wenden.
Diese beiden R noch 3 x wdh. (= 9/10/11 MS). Die Muster-R fortlfd. wdh., bis das linke Vorderteil 8/8/10 R weniger aufweist als das Rückenteil. Mit einer Rück-R enden. Faden abschneiden und sichern.

Vorderer Halsausschnitt
Den Faden im 2./3./3. ZR der letzten R wieder anschlingen.
1. Reihe: 2 Lm, 7/7/8 MS im Spitzenmuster bis R-Ende. Wenden.
2. Reihe: Wie die Muster-R arb.
3. Reihe: 1 Km in den 1. ZR, im Spitzenmuster bis R-Ende. Wenden.
4. Reihe: Wie die Muster-R arb.
Die 3. und 4. R noch 1 x wdh. (= 5/5/6 MS).
Die Muster-R 2/2/4 x wdh., bis das Vorderteil ebenso hoch ist wie das Rückenteil. Faden abschneiden und sichern.

ÄRMEL (2 x arbeiten)
44/50/56 Lm mit Häkel-Nd Nr. 2,5 anschl.
Die Grund- und Muster-R wie beim Rückenteil häkeln (= 14/16/18 MS).
Die Muster-R noch 2/4/4 x wdh. (= 4/6/6 R).
1. Zunahme-Reihe: 3 Lm, 1 hStb in die Grund-M dieser 3 Lm, im Spitzenmuster weiter; enden mit (1 hStb, 1 Lm, 1 hStb) in die 2. der 2 Lm. Wenden.
2. Zunahme-Reihe: 3 Lm, 1 hStb in den 1. ZR, im Spitzenmuster weiter; enden mit (1 hStb, 1 Lm, 1 hStb) in den 3-Lm-ZR. Wenden.
3./3. und 4./3. – 5. Zunahme-Reihe: Wie die 2. Zunahme-R arb.
4./5./6. Zunahme-Reihe: 2 Lm, (1 hStb, 1 Lm, 1 hStb) in den 1. ZR, im Spitzenmuster weiter; enden mit (1 hStb, 1 Lm, 1 hStb) in den letzten ZR, 1 hStb in die 2. der 3 Lm (= 16/18/20 MS). Wenden.
5. und 6./6. – 8./7. – 10. Zunahme-Reihe: Wie die Muster-R arb. (= 10/14/16 R insges.).
Die 1. – 6./1. – 8./1. – 10. Zunahme-R noch 2 x wdh. (= 20/22/24 MS; 22/30/36 R).
Die 1. – 4./1. – 5./1. – 6. Zunahme-R noch 1 x wdh. (= 22/24/26 MS).
Die Muster-R fortlfd. wdh., bis der Ärmel 19/24/28 cm lang ist.

Armkugel
Beg. und Ende der letzten R markieren.
1. Abnahme-Reihe: 2 Lm, 1 hStb in den 1. ZR, im Spitzenmuster weiter; enden mit 2 hStb zus. abm. über dem letzten ZR und der 2. von 2 Lm (= 20/22/24 MS). Wenden.
2. Abnahme-Reihe: Wie die Muster-R arb.
Diese beiden R noch 3 x wdh. (= 14/16/18 MS). Faden abschneiden und sichern.

FERTIGSTELLUNG
Schulternähte schließen. Ärmel so einsetzen, dass die Abnahme-R mit den Markierungen übereinstimmen. Seiten- und Ärmelnähte von der li. Seite schließen.

Kragen

Von der re. Seite der Arbeit mit Häkel-Nd Nr. 2 den Faden an der Oberkante des re. Vorderteils anschlingen.

1. Reihe: Rings um den Halsausschnitt arb. wie folgt: 1 Lm, 1 fM in jedes hStb und jeden ZR, 3 fM in die Seitenkante von jeweils 2 R, dabei 3 fM zus. abm. in jeder Ecke des hinteren Halsausschnitts; so fortfahren bis zur Oberkante des linken Vorderteils. Wenden.

2. Reihe: 1 Lm, 1 fM in die 1. fM, 1 fM in jede M bis R-Ende. Wenden. Die 2. R noch 2 x wdh.

5. Reihe: Wie die 2. R arb., dabei ein- oder mehrmals in gleichm. Abständen 2 fM zus. abm., sodass 51/57/63 M übrig bleiben. Wenden.

6. Reihe: 2 Lm, die 1. fM üb-spr., * (1 hStb., 1 Lm, 1 hStb) in die folg. fM, 1 fM üb-spr., ab * fortlfd. wdh.; enden mit (1 hStb, 1 Lm, 1 hStb) in die folg. fM, 1 hStb in die letzte fM. Wenden.

7. Reihe: 2 Lm, * 2 hStb üb-spr., (1 hStb, 1 Lm, 1 hStb) in den folg. ZR, ab * fortlfd. wdh, am Schluss das letzte hStb üb-spr., 1 hStb in die 2. von 2 Lm (= 25/28,31 MS). Wenden.

Die 7. R noch 4/6/8 x wdh. Faden abschneiden und sichern.

Ärmeleinfassung (an beiden Ärmeln arbeiten)

Von der rechten Seite der Arbeit her mit Häkel-Nd Nr. 2 den Faden an der Unterkante der Ärmelnaht anschlingen.

Muschelborte

1. Runde: 1 Lm, * 1 fM in den folg. ZR, 2 fM zus. abm. in das untere M-Glied der folg. 2 hStb, 1 fM in den folg. ZR, 1 fM in das untere M-Glied der folg. 2 hStb, ab * fortlfd. wdh.; enden mit 1 Km in die Lm am Rd-Beg.

2. Runde: 1 Lm, 1 fM üb-spr., * (1 fM, 1 hStb, 1 fM) in die nächste fM, 1 Km in die folg. fM, 1 fM üb-spr., ab * fortlfd. wdh.; enden mit 1 Km in 1 Lm am Rd-Beg. Faden abschneiden und sichern.

Anmerkung: Möglicherweise muss die Maschenzahl der 2. Rd geändert werden, damit die Muschelmotive vollständig sind. Dazu vor der Kettmasche nach Bedarf eine oder mehrere feste Masche/n überspringen.

Einfassung der Kanten

Von der rechten Seite der Arbeit mit Häkel-Nd Nr. 2 den Faden an der linken vorderen Unterkante des Kragens anschlingen.

1. Reihe: 1 Lm, 3 fM in die Seitenkante von jeweils 4 R abwärts entlang der Vorderkante arb., 3 fM in dieselbe Einstichstelle in der Ecke, entlang der Unterkante ebenso wie bei der 1. Rd. der Ärmeleinfassung, 3 fM in dieselbe Stelle in der Ecke; aufwärts entlang der rechten Vorderkante ebenso wie bei der linken Vorderkante bis zur Unterkante des Kragens arb. Wenden.

Knopflochblende: 1 Lm, 1 fM in die 1. fM, * 2 Lm, 2 fM üb-spr., je 1 fM in die nächsten 10 fM, ab * 2/3/4 x wdh. 2 Lm, 2 fM üb-spr., 1 fM in jede fM bis zur 2. von 3 fM in der ersten Ecke, wenden und rückwärts weiter: 1 Lm, 1 fM in jede fM und 2 fM in jeden ZR bis R-Ende (= 4/5/6 Knopflöcher).

2. Reihe: 1 Lm, 1 fM in jede fM bis zur Ecke, 3 fM in dieselbe Einstichstelle, 1 fM in die Seitenkante jeder R der Knopflochleiste, 1 fM in jede fM entlang der Unterkante, 3 fM in die 2. von 3 fM in der Ecke, 1 fM in jede fM bis R-Ende. Wenden.

Knopfleiste: 1 Lm, 1 fM in jede fM bis zur 2. von 3 fM in der 1. Ecke, wenden; rückwärts weiter: 1 Lm, 1 fM in jede fM bis R-Ende. Wenden.

Muschel-Reihe: 1 Lm, die 1. fM üb-spr., * (1 fM, 1 hStb, 1 fM) in die nächste fM, 1 Km in die folg. fM, 1 fM üb-spr., ab * fortlfd. wdh., * enden mit 1 Km oben in die rechte Vorderkante. Faden abschneiden und sichern.

Anmerkung: Möglicherweise muss die Maschenzahl ebenso geändert werden wie bei der Ärmeleinfassung, damit an jeder Vorderkante gleich viele Muschelmotive erscheinen.

Einfassung des Kragens

Von der Unterseite des Kragens mit Häkel-Nd Nr. 2 den Faden an der oberen Ecke der Knopflochleiste anschlingen.

1. Reihe: 1 Lm, 3 fM entlang der Oberkante der Leiste, 3 fM zus. abm. in der Ecke, 1 fM in die Seitenkante jeder fM-R, 3 fM in die Seitenkante von jeweils 4 Muster-R bis zur Ecke, 3 fM in dieselbe Einstichstelle in der Ecke, 1 fM in jedes hStb und jeden ZR entlang der Oberkante des Kragens, 3fM in dieselbe Stelle in der Ecke; an der 2. Seite des Kragens abwärts ebenso arbeiten wie bei der 1. Seite; 3 fM zus. abm. in der Ecke, 3 fM entlang der Oberkante der Leiste, 1 Km in die 1. M des Muschelmotivs in der Ecke. Wenden.

Muschel-Reihe (M-Zahl ggf. anpassen, wie zuvor beschrieben): 1 Lm, 1 fM in jede fM bis zur Ecke, 2 fM zus. abm. in der Ecke, * 1 fM üb-spr., (1 fM, 1 hStb, 1 fM) in die folg. fM, 1 Km in die folg. fM, ab * fortlfd. wdh.; enden an der Oberkante der Leiste, 2 fM zus. abm. in der Ecke, 1 fM in jede fM, 1 Km in die 1. M der Muschelreihe an der Vorderkante. Faden abschneiden und sichern. Die Knöpfe annähen. Das Jäckchen gemäß der Anweisung auf der Garnbanderole bügeln.

WESTE MIT KAPUZE

AUS DICKEM BAUMWOLLGARN SCHNELL GEHÄKELT MIT BEQUEMER KAPUZE UND PFIFFIGEN ZUGKORDELN.

GRÖSSEN

für Oberweite	51	56	61 cm
fertig gestrickte Oberweite	60	66	71 cm
Länge bis Schulter	32	37	42 cm

RÜCKENTEIL

44/48/52 Lm mit Häkel-Nd Nr. 4,5 anschl.

MATERIAL

200/250/300 g *Sirdar Country Style DK* (LL 159 m/50 g) in Fb A (477 Rostrot)
50 g *Sirdar Country Style DK* (LL 159 m/50 g) Fb B (411 Creme)
Häkelnadeln Nr. 4 und 4,5
Teilbarer Reißverschluss in Creme, Länge 25/30/35 cm
160/170/180 cm dünne Kordel in Rot
4 Kordelstopper oder passende Perlen

MASCHENPROBE

7 MS/12 R mit Häkel-Nd Nr. 4,5 im Grundmuster gehäkelt = 10 x 10 cm

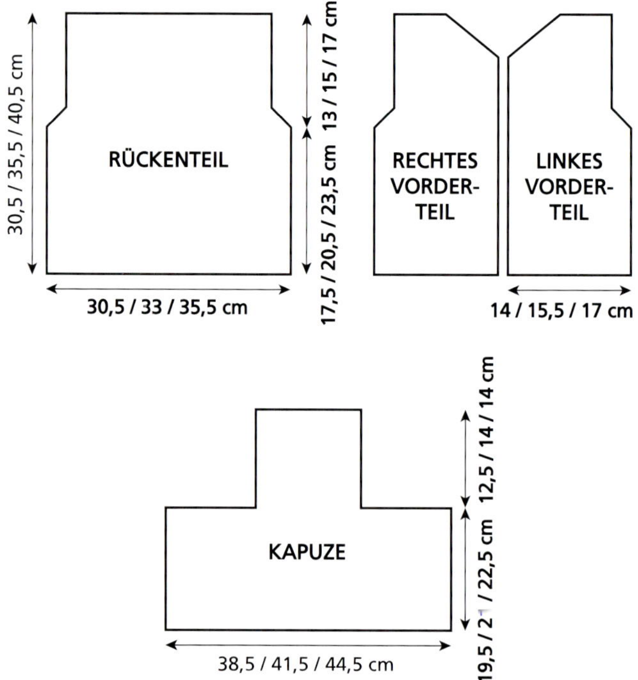

Grundreihe (Hin-R): (1 Stb, 1 hStb) in die 4. Lm ab Nd, * 1 Lm üb-spr., (1 Stb, 1 hStb) in die nächste Lm, ab * fortlfd. wdh. bis R-Ende (= 21/23/25 MS). Wenden.

Grundmuster

1. Reihe: 2 Lm, * 1 MS üb-spr., (1 Stb, 1 hStb) in den ZR vor dem nächsten MS, ab * fortlfd. wdh.; enden mit (1 Stb, 1 hStb) in 2-Lm-ZR. Wenden. Diese R fortlfd. wdh., bis das Rückenteil 17,5/20,5/23,5 cm hoch ist. Mit einer Rück-R enden.

Armausschnitte

1. Abnahme-Reihe: 1 hStb üb-spr., 1 Km in 1 Stb, 2 Lm, im Grundmuster bis zum letzten MS, 1 hStb üb-spr., 1 hStb in das folg. Stb. (= 19/21/23 MS). Wenden.

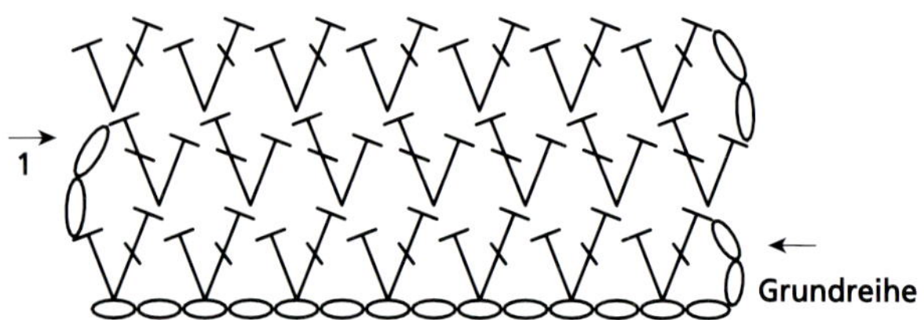

GRUNDMUSTER

2. Abnahme-Reihe: 2 Lm, im Grundmuster bis zum letzten MS, 1 hStb üb-spr., 1 hStb in das folg. Stb (= 18/20/22 MS). Wenden. Die 2. R noch 5 x wdh. (= 13/15/17 MS).
Im Grundmuster weiter, bis das Rückenteil 30,5/35,5/40,5 cm hoch ist. Faden abschneiden und sichern.

LINKES VORDERTEIL

** 22/24/26 Lm mit Häkel-Nd Nr. 4,5 in Fb A anschl.
Grund-R und 1. R wie beim Rückenteil arbeiten (= 10/11/12 MS).
Im Grundmuster weiter, bis das Vorderteil 17,5/20,5/23,5 cm hoch ist. Mit einer Rück-R enden. **

Armausschnitt

1. Abnahme-Reihe: 1 hStb üb-spr., 1 Km in 1 Stb, 2 Lm, im Grund-muster bis R-Ende (= 9/10/11 MS). Wenden.

2. Abnahme-Reihe: 2 Lm, im Grundmuster bis zum letzten MS, 1 hStb üb-spr., 1 hStb in das folg. Stb (= 8/9/10 MS). Wenden.

3. Abnahme-Reihe: Im Grundmuster arb. Wenden.
Die 2. und 3. R noch 2 x wdh. (= 6/7/8 MS).
Im Grundmuster arb., bis das Vorderteil 25,5/30,5/35,5 cm hoch ist. An der Vorderkante mit einer Hin-R enden.

Vorderer Halsausschnitt

1. Reihe: 2 Lm, 1 MS üb-spr., 1 hStb in den ZR vor dem nächsten

MS, im Grundmuster weiter bis R-Ende (= 5/6/7 ganze MS). Wenden.
2. Reihe: 2 Lm, im Grundmuster bis zum letzten kompletten MS, 1 hStb in den ZR vor dem MS, 1 hStb in die 2. von 2 Lm (= 4/5/6 MS). Wenden.
Die 1./1. und 2./1. und 2. R noch 1 x wdh. (= 3/3/4 MS).
Im Grundmuster weiter, bis das Vorderteil 30,5/35,5/40,5 cm hoch ist. Faden abschneiden und sichern.

RECHTES VORDERTEIL

Von ** bis ** wie das linke Vorderteil arbeiten.

Armausschnitt

1. Abnahme-Reihe: Im Grundmuster bis zum letzten MS, 1 hStb üb-spr., 1 hStb in das folg. Stb. (= 9/10/11 MS). Wenden.
2. Abnahme-Reihe: 2 Lm, im Grundmuster bis R-Ende. Wenden.
Diese beiden R noch 3 x wdh. (= 6/7/8 MS).
Im Grundmuster weiter, bis das Vorderteil 25,5/30,5/35,5 cm lang ist. Beim Armausschnitt mit einer Hin-R enden.

Vorderer Halsausschnitt

1. Reihe: 2 Lm, im Grundmuster bis zum letzten MS, 1 hStb in den ZR vor dem hStb, 1 hStb in die 2. der 2 Lm (= 5/6/7 MS). Wenden.

2. Reihe: 2 Lm, 1 MS üb-spr., 1 hStb in den ZR vor dem folg. MS, im Grundmuster bis R-Ende (= 4/5/6 MS). Wenden. Die 1./1. und 2./1.und 2. R noch 1 x wdh. (= 3/3/4 MS). Im Grundmuster weiter, bis das Vorderteil 30,5/35,5/40,5 cm hoch ist. Faden abschneiden und sichern.

KAPUZE

Schulternähte schließen. Von der rechten Seite der Arbeit mit Häkel-Nd Nr. 4,5 am Beginn des Halsausschnitts der rechten Vorderseite einen Faden in Fb A anschlingen.
1. Reihe: 2 Lm, (1 Stb, 1 hStb) in dieselbe Einstichstelle 9/9/10 x aufwärts entlang dem rechten vorderen Halsausschnitt bis zur Schulternaht, 7/9/9 MS im Grundmuster entlang dem hinteren Halsausschnitt, (1 Stb, 1 hStb) in dieselbe Einstichstelle 9/9/10 x abwärts entlang dem linken vorderen Halsausschnitt, den letzten MS um 2 Lm am Beginn der 1. Halsausschnitt-R (= 25/27/29 MS). Wenden.
2. Reihe: 2 Lm, 8/8/9 MS im Grundmuster, 2 MS in den folg. ZR, 7/9/9 MS im Grundmuster, 2 MS in den folg. ZR, 8/8/9 MS bis R-Ende (= 27/29/31 MS). Im Grundmuster weiter, bis die Kapuze ab Halsausschnitt 19,5/21/22,5 cm lang ist. Faden abschneiden und sichern.
Nächste Reihe: Von derselben Seite der Arbeit den Faden im ZR nach dem 9./10./10. MS anschlingen, 2 Lm, 9/9/11 MS im Grundmuster, 9/10/10 MS am Ende der R frei lassen. Wenden.
Im Grundmuster weiter über 12,5/14/14 cm. Faden abschneiden und sichern.

Nähte an der Oberkante der Kapuze und unter den Armausschnitten schließen.

FERTIGSTELLUNG

Einfassung der Armausschnitte

(an beiden Ärmeln arbeiten)
Von der rechten Seite der Arbeit mit Häkel-Nd Nr. 4 an der Oberkante der Unterarmnähte einen Faden in Fb B anschlingen.
1. Runde: 1 Lm, 3 fM in die Seitenkante von je 2 R ringsum, mit 1 Km in die 1. fM der Rd enden.
2. Runde: 1 Lm, 1 fM in jede fM; enden mit 1 Km in die 1. fM der Rd. Faden abschneiden und sichern.

Einfassung der Kanten

Die Kordel halbieren. Auf jedes Ende einen Kordelstopper oder eine Perle auffädeln.
Von der rechten Seite der Arbeit her mit Häkel-Nd Nr. 4 einen Faden in Fb B an der unteren Ecke des linken Vorderteils anschl.
1. Runde: 1 Lm, 1 fM in das untere M-Glied jeder Lm entlang der Unterkante bis zur Ecke, 3 fM in dieselbe Einstichstelle in der Ecke, 3 fM in die Seitenkante von je 2 R aufwärts entlang der Vorderkante, 1 fM in jede M entlang der Oberkante der Kapuze, 3 fM in die Seitenkante von je 2 R; enden mit 2 fM in dieselbe Ecke wie die 1. fM, 1 Km in die 1. fM der Rd.
Den Faden beim Häkeln nicht zu straff ziehen:
2. Runde: 1 Lm, *1 fM um die 1. Kordel und in die nächste fM, ab * fortlfd. wdh.; enden in der 1. der 3 fM in der folg. Ecke, das Kordelende auf der rechten Seite der Arbeit belassen; 3 fM in die folg. fM, 1 fM in jede fM aufwärts entlang der rechten Vorderkante bis zum Beginn des Halsausschnitts. Das zweite Kordelende auf der rechten Seite belassen und über die zweite Kordel hinweg entlang der Kante der Kapuze bis zum Beginn des Halsausschnitts am linken Vorderteil arb., das Kordelende auf der rechten Seite belassen; 1 fM in jede fM abwärts entlang der linken Vorderkante; enden mit 3 fM in die letzte fM, 1 Km in die 1. fM der Rd. Faden abschneiden und sichern.
Den Reißverschluss entlang der Kanten der Vorderteile feststecken und heften, sodass die Zähnchen direkt an die letzte Häkelrunde anstoßen. Mit Fb B oder farblich passendem Garn mit Rückstichen in jede fM einnähen. Am Halsausschnitt die Reißverschlussenden nach innen einschlagen und so akkurat wie möglich festnähen.
Die Weste entsprechend der Anweisung auf der Garnbanderole bügeln.

Nicht nur für Buben: eine Variante in königsblauem Baumwollgarn (Fb 449) mit passender blauer Kordel.

EISBÄRENJACKE

DER EISBÄR IN INTARSIENTECHNIK UND AUFGESETZTE SCHNEEFLOCKEN ZIEREN EINE MOLLIG WARME JACKE, DIE GUT GEGEN WINTERKÄLTE SCHÜTZT.

GRÖSSEN (siehe S. 58)

für Oberweite	56	61	66 cm
fertig gehäkelte Oberweite	60	65	70 cm
Länge bis Schulter	34	39	44 cm
Unterarmlänge mit umgeschlagenen Manschetten	25	29	33 cm

RÜCKENTEIL

50/54/58 Lm mit Häkel-Nd Nr. 4,5 in Fb A anschl.

MATERIAL

200/250/300 g *Sirdar Country Style DK* (LL 159 m/50 g) in Fb A (429 Lupine)
50 g *Sirdar Country Style DK* in Fb B (412 Weiß)
Häkelnadeln Nr. 4 und 4,5; 5 mittelgroße Knöpfe

MASCHENPROBE
16 M/12 R mit Häkel-Nd Nr. 4,5 in halben Stäbchen gehäkelt = 10 x 10 cm

SPEZIELLE ABKÜRZUNG
1 Krebs-M (1 Krebsmasche = von links nach rechts gearb. fM) = Von links nach rechts arb. (für Rechtshänder); die Nd in die nächste fM rechts von der Nd einstechen, dabei soll die Nd schräg nach unten zeigen. Den Faden durchziehen, die Nd wieder in normaler Stellung halten; 1 Umschlag, den Faden durch die 2 Schlingen auf der Nd ziehen.

HALBE STÄBCHEN IN REIHEN

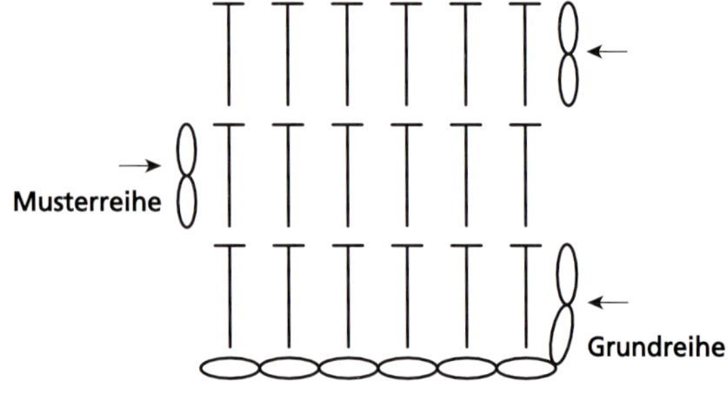

Grundreihe (Hin-R): 1 hStb in die 3. Lm ab Nd, 1 hStb in jede Lm bis R-Ende (= 48/52/56 hStb). Wenden.
Muster-Reihe: 2 Lm (nicht als M rechnen), 1 hStb in das 1. hStb, 1 hStb in jedes hStb bis R-Ende. Wenden

Die Muster-R noch 6/8/12 x wdh. (= 8/10/14 R insges.).

Eisbärenmotiv
In Intarsientechnik arb. (siehe S. 13).
1. Reihe: 2 Lm in Fb A anschl., 1 hStb in das 1. hStb, dann je 1 hStb in die nächsten 6/8/10 hStb, 33 hStb gemäß der 1. R des Zählmusters von rechts nach links in den angegebenen Farben arb., je 1 hStb in Fb A in die 8/10/12 hStb bis R-Ende. Wenden.
2. Reihe: 2 Lm in Fb A, 1 hStb in das 1. hStb, dann je 1 hStb in die nächsten 7/9/11 hStb, 33 hStb gemäß der 2. R des Zählmusters von links nach rechts in den angegebenen Farben arb., je 1 hStb in Fb A in die 7/9/11 hStb bis R-Ende arb. Wenden.
In gleicher Weise die weiteren R des Zählmusters bis R 14/16/18 arb. (Rück-R). Das Ende der letzten R markieren.

Armausschnitte
Gemäß Zählmuster weiterarb., dabei die Seitenränder wie folgt gestalten:
1. Abnahme-Reihe: 1 Lm, das 1. hStb üb-spr., 1 hStb in jedes hStb bis auf das letzte hStb, das letzte hStb auslassen. Wenden.
Diese R noch 3 x wdh. bis zu Zählmuster-R 18/20/20 (= 40/44/48 M). Die restl. 6/4/4 R des Zählmusters gemäß Vorlage arb.
Anschließend nur mit Fb A weiterarb. Die Muster-R noch 6/10/12 x wdh. (= 38/44/50 R insges.). Faden abschneiden und sichern.

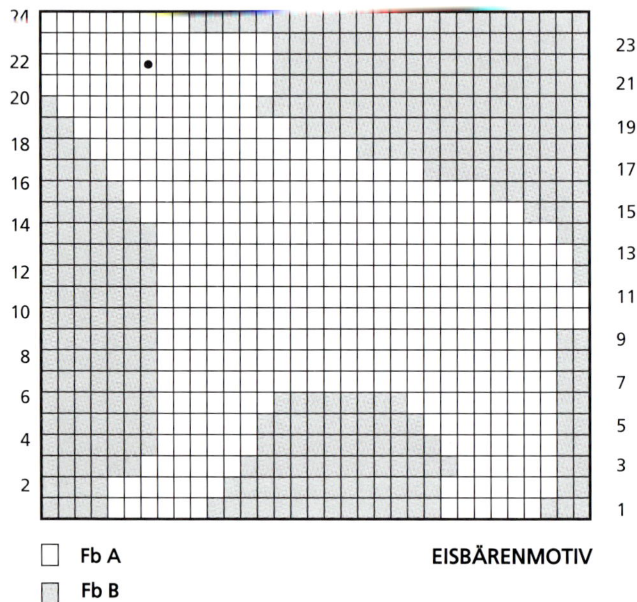

LINKES VORDERTEIL

** 25/27/29 Lm in Fb A mit Häkel-Nd Nr. 4,5 anschl.
Die Grund- und Muster-R wie beim Rückenteil arb. (= 23/25/27 hStb).

Die Muster-R noch 20/24/28 x wdh. (= 22/26/30 R insges.). **
Das Ende der letzten R markieren.

Armausschnitt

1. Abnahme-Reihe: 1 Lm, das 1. hStb üb-spr., 1 hStb. in jedes hStb bis R-Ende. Wenden.

2. Abnahme-Reihe: 2 Lm, 1 hStb in das 1. hStb, dann 1 hStb in jedes hStb bis auf das letzte hStb, das letzte hStb üb-spr. Wenden.

Diese beiden R 1 x wdh. (= 19/21/23 hStb). Die Muster-R 6/8/10 x wdh. (= 32/38/44 R insges.).

Vorderer Halsausschnitt

1. Reihe: 2 Lm, 1 hStb in das 1. hStb, 1 hStb in jedes der folg. 14/15/16 hStb. Wenden.

2. Reihe: 1 Lm, das 1. hStb üb-spr., 1 hStb in jedes hStb bis R-Ende. Wenden.

3. Reihe: 2 Lm, 1 hStb in das 1. hStb, dann 1 hStb in jedes hStb bis auf das letzte hStb, das letzte hStb auslassen. Wenden.

4. Reihe: Wie die 2. R arb. (= 12/13/14 hStb).

Die Muster-R noch 2 x wdh. (= 38/44/50 R insges.). Faden abschneiden und sichern.

RECHTES VORDERTEIL

Von ** bis ** wie das linke Vorderteil arb. Den Beginn der letzten R markieren.

Armausschnitt

1. Abnahme-Reihe: 2 Lm, 1 hStb in das 1. hStb, dann 1 hStb in jedes hStb bis auf das letzte hStb, das letzte hStb auslassen. Wenden.

2. Abnahme-Reihe: 1 Lm, das 1. hStb üb-spr., 1 hStb in jedes hStb bis R-Ende. Wenden.

Diese beiden R noch 1 x wdh. (= 19/21/23 hStb).

Die Muster-R noch 6/8/10 x wdh. (= 32/38/44 R). Faden abschneiden und sichern.

Halsausschnitt

Von der rechten Seite der Arbeit einen Faden in Fb A im 4./5./6. hStb anschlingen.

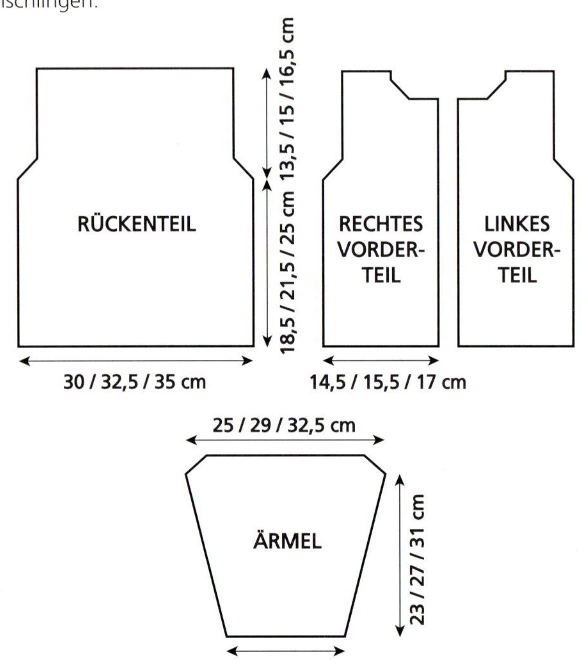

1. Reihe: 1 Lm, 1 hStb in das nächste hStb, dann 1 hStb in jedes hStb bis R-Ende. Wenden.

2. Reihe: 2 Lm, 1 hStb in das 1. hStb, dann 1 hStb in jedes hStb bis auf das letzte hStb, das letzte hStb auslassen. Wenden.

3. Reihe: 1 Lm, das erste hStb auslassen, 1 hStb in jedes hStb bis R-Ende. Wenden.

4. Reihe: Wie die 2. R arb. (= 12/13/14 hStb).

Die Muster-R noch 2 x wdh. (= 38/44/50 R insges.). Faden abschneiden und sichern.

ÄRMEL (2 x arbeiten)

32/36/38 Lm mit Häkel-Nd Nr. 4 in Fb A anschl.

Die Grund- und Muster-R wie beim Rückenteil arb. (= 30/34/36 hStb).

Nur 2. und 3. Größe

Die Muster-R noch 2 x wdh.

Alle Größen

2/4/4 R

1. Zunahme-Reihe: 2 Lm, 1 hStb in das 1. hStb, 1 hStb in jedes hStb bis R-Ende, 1 hStb in die 2. der 2 Lm am Beginn der Vor-R. Wenden.

2. Zunahme-Reihe: Wie die 1. Zunahme-R arb.

3. und 4. Zunahme-Reihe: Wie die Muster-R arb. (= 32/36/38 hStb; 6/8/8 R).

Diese 4 R noch 4/5/7 x wdh. (= 40/46/52 hStb; 22/28/36 R).

Die Muster-R fortlfd. wdh., bis der Ärmel 23/27/31 cm lang ist. Mit einer Rück-R enden. Die letzte R an beiden Enden markieren.

Armkugel

1. Abnahme-Reihe: 1 Lm, das 1. hStb üb-spr., 1 hStb in jedes hStb bis auf das letzte hStb, das letzte hStb üb-spr. Wenden.

Diese R noch 3 x wdh. (= 32/38/44 hStb). Faden abschneiden und sichern.

FERTIGSTELLUNG

Schulternähte schließen. Die Armkugeln so in die Armausschnitte einsetzen, dass die Markierungen und R übereinstimmen. Seiten- und Ärmelnähte schließen.

Einfassung von Vorder- und Unterkanten

Von der rechten Seite der Arbeit her mit Häkel-Nd Nr. 3,5 einen Faden in Fb A in der Halsausschnittecke des linken Vorderteils anschlingen.

1. Reihe: 1 Lm, 3 fM in die Seitenkante von je 2 R abwärts entlang der Vorderkante bis zur Ecke, 3 fM in dieselbe Einstichstelle in der Ecke, 1 fM in das untere M-Glied jeder Lm entlang der Unterkante bis zur Ecke, 3 fM in dieselbe Einstichstelle in der Ecke, 3 fM in die

Seitenkante von je 2 R aufwärts entlang der Vorderkante bis zum Beginn des Halsausschnitts. Wenden.
2. Reihe: 1 Lm, 1 fM in die 1. fM, 1 fM in jede fM und 3 fM in die 2. der 3 fM in jeder Ecke bis R-Ende. Wenden.
3. Reihe: 1 Lm, 1 fM in die 1. fM, (2 Lm, 2 fM üb-spr., je 1 fM in die nächsten 7/8/9 fM) 4 x, 2 Lm, 2 fM üb-spr., weiter wie 2. R.
4. Reihe: Wie die 2. R arb., dabei 2 fM in jeden 2-Lm-ZR arb. Faden abschneiden und sichern.
Die Knöpfe entsprechend den Knopflöchern annähen.

Kragen

Von der rechten Seite der Arbeit mit Häkel-Nd Nr. 4 einen Faden in Fb A in der Mitte der Oberkante der Knopfleiste am rechten Vorderteil anschlingen.
1. Reihe: 1 Lm, 2 fM in die Oberkante der Leiste, 11/13/14 fM entlang dem vorderen Halsausschnitt, 3 fM zus. abm. in der Ecke zum hinteren Halsausschnitt, 1 fM in jedes hStb entlang dem hinteren Halsausschnitt, 3 fM zus. abm. in der Ecke, 11/13/14 fM entlang der Kante des vorderen Halsausschnitts und 2 fM entlang der Oberkante der Leiste bis zu deren Mitte. Wenden.
2. Reihe: 1 Lm, 1 fM in die 1. fM, dann 1 fM in jede fM bis R-Ende. Wenden.
3. Reihe: 1 Lm, 1 fM in die 1. fM, *(2 fM in die folg. fM, je 1 fM in die nächsten 2 fM) 4 x, 2 fM in die folg. fM *, 1 fM in jede fM bis auf die letzten 14 fM, von * bis * noch 1 x wdh., 1 fM in die letzte fM (= Zunahme um 10 M).
4. Reihe: Wie die 2. R arb.
Diese R 8/10/12 x wdh., am Ende der letzten R nicht wenden.
Abschluss-Reihe: 1 Krebs-M in jede fM bis R-Ende. Faden abschneiden und sichern.

Kragenrand links

Von der rechten Seite der Arbeit mit Häkel-Nd Nr. 3,5 einen Faden in Fb A in der oberen Ecke der linken Vorderleiste anschlingen. 1 Lm, 1 fM in die Oberkante der Leiste, 3 fM zus. abm. in der Ecke, 1 fM in die Seitenkante jeder R des Kragens bis zur Ecke. Faden abschneiden und sichern.

Kragenrand rechts

Wie den linken Kragenrand arb. In der Ecke des Kragens beginnen und in der Ecke der rechten Vorderleiste enden.

Ärmelbündchen

(an beiden Ärmeln arbeiten)
Von der rechten Seite der Arbeit mit Häkel-Nd Nr. 3,5 einen Faden in Fb A am unteren Ende der Ärmelnaht anschlingen.
1. Runde: 1 Lm, 1 fM in das untere M-Glied jeder Lm, enden mit 1 Km in die 1. fM der Rd (= 30/34/36 fM).
2. Runde: 1 Lm, 1 fM in die 1. fM, je 1 fM in die nächsten 4/5/6 fM, (2 fM zus. abm. über den folg. 2 fM, je 1 fM in die nächsten 4/5/5 fM) 3 x, 2 fM zus. abm. über den folg. 2 fM, 1 fM in jede fM bis Rd-Ende.
3. Runde: 1 fM in jede M der Rd.
Die 3. Rd noch 6 x wdh., enden mit 1 Km in 1 fM an der Ärmelnaht.
Rand-Runde: 1 Krebs-M in jede fM, enden mit 1 Km in die 1. Krebs-M der Rd. Faden abschneiden und sichern.

Schneeflocke

(14 Stück arbeiten)
4 Lm mit Häkel-Nd Nr. 3,5 in Fb B anschl. und mit 1 Km in die 1. Lm zum Ring schließen.
1. Runde (über das Fadenende arbeiten): 2 Lm, 1 Stb in den Ring (= 1. Zacke), * 2 Lm, 1 Km um die 2 vorderen Fäden der darunter liegenden Zackenspitze, 2 Lm, 2 Stb zus. abm. in den Ring, ab * noch 4 x wdh. (= 6 fertige Zacken), 2 Lm, 1 Km in die 2 vorderen Fäden der darunter liegenden Zackenspitze, 2 Lm, 1 Km in die Spitze der 1. Zacke. Faden sichern, jedoch 25 cm lang belassen.
Den Fadenanfang vorsichtig straffen und so die Mitte der Schneeflocke zusammenziehen. Restlichen Faden abschneiden und sichern.
Die Schneeflocken auf der Jacke anordnen (siehe Foto) und mit dem langen Fadenende aufnähen (3 Flocken auf dem Rückenteil, 5 vorn und 3 pro Ärmel).
Mit Fb A gemäß Zählmuster einen Knötchenstich für das Auge des Eisbären arbeiten.
Eventuell in Fb B Kettstiche rings um die Konturen des Eisbären sticken (siehe Foto). Die fertige Jacke entsprechend der Anweisung auf der Garnbanderole bügeln.

LATZHOSE

DER ROTE TRAKTOR WIRD SEPARAT GEHÄKELT UND AUFGENÄHT, KANN ABER AUCH DURCH EIN ANDERES MOTIV ERSETZT WERDEN.

GRÖSSEN

für Oberweite	51	56	61 cm
für Körpergröße	76–81	86–91	97–102 cm
Länge bis Taille mit umgeschlagenem Bein	40	45	50 cm
Innennaht Bein	26	30	34 cm

MATERIAL

200/250/300 g *Sirdar Calypso 4-fädig* (LL 106 m/50 g) in Fb A (654 Jeansblau)
Reste entsprechender Garne in Fb B (Rot) und Fb C (Schwarz)
Häkelnadeln Nr. 3 und 3,5
2 mittelgroße Knöpfe
1 cm breites Gummiband in passender Länge für die Taille plus 2,5 cm

MASCHENPROBE
19 M/23 R mit Häkel-Nd Nr. 3,5 in fMR gehäkelt = 10 x 10 cm

RECHTES HOSENBEIN
47/49/51 Lm mit Häkel-Nd Nr. 3,5 in Fb A anschl.
Grundreihe: (Hin-R): 1 fM in die 2. Lm ab Nd, 1 fM in jede Lm bis R-Ende (= 46/48/50 fM). Wenden.

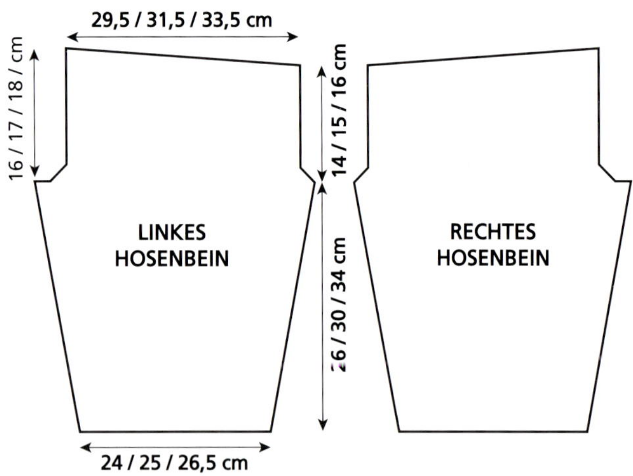

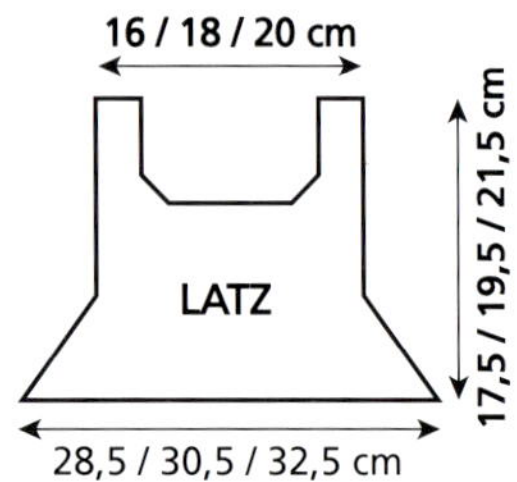

Muster-Reihe: 1 Lm, 1 fM in die 1. fM, 1 fM in jede fM bis R-Ende. Wenden. Die Muster-R noch 2/6/8 x wdh. (= 4/8/10 R insges.).
1. Zunahme-Reihe: 1 Lm, 2 fM in die 1. fM, 1 fM in jede fM bis R-Ende. Wenden.
2. Zunahme-Reihe: Wie die 1. Zunahme-R arb.
3. und 4. Zunahme-Reihe: Wie die Muster-R arb. (= 48/50/52 fM; 8/12/14 R). Diese 4 R noch 10/11/12 x wdh. (= 68/72/76 fM; 48/56/62 R). Die Muster-R fortlfd. wdh., bis die Arbeit 26/30/34 cm hoch ist. Mit einer Rück-R enden. * Das Ende der letzten R markieren.
Schritt
1. Reihe: 1 Lm, 2 fM zus. abm. über den ersten 2 fM, 1 fM in jede fM bis auf die letzten 6 fM, 2 fM zus. abm. über den nächsten 2 fM, die letzten 4 fM auslassen. Wenden.
2. Reihe: 1 Lm, 2 fM zus. abm. über den 2 zus. abgem. fM und der 1. fM, 1 fM in jede fM bis auf die letzten 2 M, 2 fM zus. abm. über der letzten fM und den 2 zus. abgem. fM. Wenden.
Die 2. R noch 2 x wdh. (= 56/60/64 M). Die Muster-R fortlfd. wdh., bis die Arbeit 40/45/50 cm hoch ist. Mit einer Hin-R enden.
Taille
1. Reihe: 1 Lm, 1 fM in die 1. fM, je 1 fM in die nächsten 36/38/40 fM, 1 Km in die nächste fM. Wenden.
2. Reihe: 1 fM in jede fM bis R-Ende. Wenden.
3. Reihe: 1 Lm, 1 fM in die 1. fM, je 1 fM in die nächsten 17/18/19 fM, 1 Km in die nächste fM. Wenden.
4. Reihe: Wie die 2. R arb.
5. Reihe: 1 Lm, 1 fM in die 1. fM, 1 fM in jede fM und Km bis R-Ende. Faden abschneiden und sichern.

LINKES HOSENBEIN
Bis * wie das rechte Hosenbein arb. Faden abschneiden und sichern. Den Beginn der letzten R markieren.
Schritt
Von der rechten Seite der Arbeit den Faden in der 4. fM der letzten R anschlingen.
1. Reihe: 1 Lm, 2 fM zus. abm. über den nächsten 2 fM, 1 fM in jede fM bis auf die letzten 2 fM, 2 fM zus. abm. über den letzten 2 fM. Wenden.
2. Reihe: 1 Lm, 2 fM zus. abm. über den 2 zus. abgem. fM und der ersten fM, 1 fM in jede fM bis auf die letzten 2 M, 2 fM zus. abm. über der letzten fM und den 2 zus. abgem. fM. Wenden.
Die 2. R noch 2 x wdh. (= 56/60/64 M). Die Muster-R fortlfd. wdh., bis die Länge am Beginn der Taille dem rechten Bein entspricht. Mit einer Hin-R enden.

Taille
Eine Rück-R arb. Die 1.– 4. Taillen-R wie beim rechten Bein arb. Faden abschneiden und sichern.

Tunnel für das Gummiband
Die Vordernaht von der Taillenkante bis zu den Markierungen schließen. Von der rechten Seite der Arbeit mit Häkel-Nd Nr. 3,5 den Faden in der 1. fM ab Taillenrand anschlingen.

1. Reihe: 1 Lm,1 fM in die 1. fM, 1 fM in jede fM und Km bis R-Ende (= 112/120/128 fM). Wenden.

2. Reihe: 1 Lm, 1 fM nur ins hintere M-Glied (von Ihnen aus gesehen) jeder fM bis R-Ende. Wenden.

3. – 6. Reihe: Wie die Muster-R arb. Faden abschneiden und sichern. Von der linken Seite der Arbeit den Faden erneut in das noch freie M-Glied der 1. fM der 2. R anschlingen. 2 Lm, * 1 Stb in das nächste vordere M-Glied, 1 Lm, 1 vorderes M-Glied üb-spr., ab * bis R-Ende fortlfd. wdh. Wenden.

Nächste Reihe: Durch beide Lagen arb., sodass der Tunnelzug für das Gummiband entsteht. 1 Lm, 1 fM ins hintere M-Glied der 1. fM der 6. R zus. mit dem vorderen M-Glied des 1. Stb dahinter, * 1 fM in die hintere Schlinge der nächsten fM zus. mit dem vorderen M-Glied der Lm dahinter, 1 fM ins hintere M-Glied der folg. fM zus. mit dem vorderen M-Glied des Stb dahinter, ab * fortlfd. wdh., die letzte fM zus. mit der 2. der 2 Lm dahinter zusammenhäkeln. Faden abschneiden und sichern.

LATZ
Von der rechten Seite der Arbeit mit Häkel-Nd Nr. 3,5 einen Faden in Fb A in der 29./31./33. fM der letzten R des Tunnels anschlingen.

1. Reihe: 1 Lm, 1 fM in die nächste fM, je 1 fM in die nächsten 52/56/60 fM, 2 fM zus. abm. über den nächsten 2 fM (= 54/58/62 M). Wenden.

2. Reihe: 1 Lm, 2 fM zus. abm. über den 2 zus. abgem. fM und der nächsten fM, 1 fM in jede fM bis auf die letzten 2 M, 2 fM zus. abm. über der letzten fM und den 2 zus. abgem. fM (= 52/56/60 M), Wenden. Die 2. R noch 8 x wdh. (= 36/40/44 M).

Nächste Reihe: 1 Lm, 1 fM in 2 zus. abgem. fM, 1 fM in jede fM, enden mit 1 fM in die 2 zus. abgem. fM. Wenden.

Folg. Reihe: 1 Lm, 2 fM zus. abm. über den ersten 2 fM, 1 fM in jede fM bis auf die letzten 2 fM, 2 fM zus. abm. über den letzten 2 fM (= 34/38/42 M). Wenden. Diese 2 R noch 2 x wdh. (= 30/34/38 M). Die Muster-R fortlfd. wdh., bis der Latz ab Oberkante Bund 10/12/13,5 cm hoch ist. Mit einer Rück-R enden.

Halsausschnitt: 1. Seite

1. Reihe: 1 Lm, 1 fM in die 1. fM, je 1 fM in die nächsten 9 fM, 2 fM zus. abm. über den nächsten 2 fM. Wenden.

2. Reihe: 1 Lm, 2 fM zus. abm. über den 2 zus. abgem. fM und der nächsten fM, 1fM in jede fM bis R-Ende. Wenden.

3. Reihe: 1 Lm, 1 fM in die 1. fM, 1 fM in jede fM bis auf die letzte fM und 2 zus. abgem. fM, 2 fM zus abm. über den letzten 2 M. Wenden.

4. Reihe: Wie die 2. R arb. (= 8 M).

** Die Muster-R fortlfd. wdh., bis der Latz ab Oberkante Bund 17/19/21 cm hoch ist. Mit einer Rück-R enden.

Nächste Reihe: 1 Lm, 2 fM zus. abm. über den ersten 2 fM, je 1 fM in die nächsten 4 fM, 2 fM zus. abm. über den letzten 2 fM. Faden abschneiden und sichern.

2. Seite
Von der rechten Seite der Arbeit 5/9/13 fM in der Mitte üb-spr. und mit Häkel-Nd Nr. 3,5 einen Faden in Fb A in der folg. fM an-schlingen.

1. Reihe: 1 Lm, 2 fM zus. abm. über den nächsten 2 fM, je 1 fM in die nächsten 10 fM bis R-Ende. Wenden.

2. Reihe: 1 Lm, 1 fM in die 1. fM, 1 fM in jede fM bis auf die letzte fM und 2 zus. abgem. fM, 2 fM zus. abm. über den letzten 2 M. Wenden.

3. Reihe: 1 Lm, 2 fM zus. abm. über den 2 zus. abgem. fM und der nächsten fM, 1 fM in jede fM bis R-Ende. Wenden.

4. Reihe: Wie die 2. R arb.

Von ** bis R-Ende wie die erste Seite vervollständigen.

1. TRÄGER
Von der rechten Seite der Arbeit mit Häkel-Nd Nr. 3,5 einen Faden in Fb A in der 10./11./12. fM der letzten R des Tunnels anschlingen.
***** 1. Reihe:** 1 Lm, je 1 fM in die nächsten 8 fM. Wenden. Die Muster-R fortlfd. wdh., bis der Träger 20/22/24 cm lang ist oder die gewünschte Länge hat. (Anm.: Träger auf dem Rücken verkreuzt.)
Knopfloch-Reihe: 1 Lm, 1 fM in jede der ersten 3 fM, 2 Lm, 2 fM üb-spr., 1 fM in jede der 3 fM bis R-Ende. Wenden.
Nächste Reihe: Wie die Muster-R arb., dabei 2 fM in jeden 2-Lm-ZR arb. Die Muster-R noch 1 x wdh.
Folg. Reihe: 1 Lm, 2 fM zus. abm. über den ersten 2 fM, je 1 fM in die nächsten 4 fM, 2 fM zus. abm. über den letzten 2 fM. Faden abschneiden und sichern.

2. TRÄGER
Von der rechten Seite der Arbeit mit Häkel-Nd Nr. 3,5 einen Faden in Fb A in die 10./11./12. fM nach dem Latz in die letzte R des Tunnels anschlingen. Von *** bis R-Ende wie den anderen Träger arb.

FERTIGSTELLUNG
Rückwärtige Naht und Innennähte der Beine schließen.
Einfassung von Latz und Trägern
Von der rechten Seite der Arbeit mit Häkel-Nd Nr. 3 einen Faden in Fb A in der Mitte der hinteren Naht anschlingen.
1. Runde: 1 Lm, 1 fM in jede fM entlang dem Bund bis zur Ecke des Trägers, 3 fM zus. abm. in der Ecke, 1 fM in die Seitenkante jeder R bis R-Ende des Trägers, (2 fM in 2 zus. abgem. fM, 1 fM in jede fM, 2 fM in 2 zus. abgem. fM) über das Trägerende, 1 fM in die Seitenkante jeder R bis zur Ecke, 3 fM zus. abm. in der Ecke, 1 fM in jede fM bis zum Beginn des Latzes, 1 fM in die Seitenkante jeder R bis zur Schulteroberkante, entlang der Schulteroberkante ebenso arb. wie über das Trägerende, 1 fM in die Seitenkante jeder R abwärts entlang dem Halsausschnitt, 2 fM zus. abm. in der Ecke, 1 fM in jede fM entlang der vord. Mitte, 2 fM zus. abm. in der Ecke, dann die 2. Hälfte der Randeinfassung ebenso wie die 1. Hälfte vervollständigen, in der rückw. Mitte mit 1 Km in die 1. fM der Rd enden. Faden abschneiden und sichern.
Knöchelbündchen (an beiden Hosenbeinen arbeiten)
Von der rechten Seite der Arbeit mit Häkel-Nd Nr. 3 einen Faden in Fb A an der Unterkante der inneren Beinnaht anschlingen.
1. Runde: 1 Lm, 1 fM in das untere M-Glied jeder Lm, enden mit 1 fM in die 1. fM der Rd.
2. Runde: 1 fM in jede fM ringsum.
Die 2. Rd noch 4 x wdh., enden mit 1 Km in die 1. fM an der Beininnenseite. Faden abschneiden und sichern.
Traktormotiv
Spezielle Abkürzung:
1 Dreifach-Stb (1 Dreifach-Stäbchen) = 3 U, Nd einstechen, 1 U, Faden nur durch die Arbeit ziehen (1 U, durch 2 Schlingen ziehen) 4 x.
Karosserie (siehe Häkelschrift)
9 Lm mit Häkel-Nd Nr. 3,5 in Fb B anschl.
1. Reihe: 1 fM in die 2. Lm ab Nd, 1 fM in jede Lm bis R-Ende (= 8 fM). Wenden. **2. Reihe:** 2 Lm, 1 fM in jede fM bis R-Ende. Wenden.
3. Reihe: 2 Lm, 1 fM in jede fM, enden mit 2 fM um 2 Lm (= 10 fM). Wenden. **4. Reihe:** 3 Lm, 1 fM in die 2. Lm ab Nd, 1 fM in die nächste Lm, 1 fM in jede fM, enden mit 2 fM um 2 Lm (= 14 fM). Wenden.
5. Reihe: 4 Lm, 1 fM in die 3. Lm ab Nd, 1 fM in die nächste Lm, 1 fM in jede fM bis R-Ende (= 16 fM). Wenden.
6. Reihe: 1 Lm, 1 fM in jede fM, enden mit 1 fM um 2 Lm (= 17 fM). Wenden.
7. Reihe: 6 Lm, die ersten 3 fM üb-spr., 1 Dreifach-Stb in die nächste fM, 3 Lm, 4 fM üb-spr., 1 Dreifach-Stb in die nächste fM. Wenden.
8. Reihe: 2 Lm, 1 fM in 1 Dreifach-Stb, je 1 fM in die nächsten 3 Lm,

TRAKTOR-KAROSSERIE

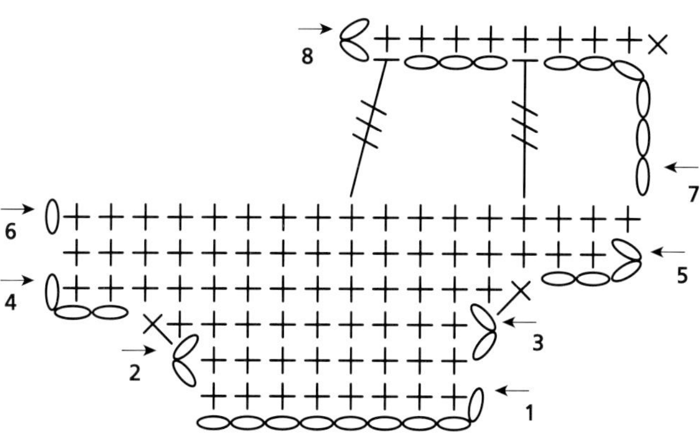

KLEINES RAD

GROSSES RAD

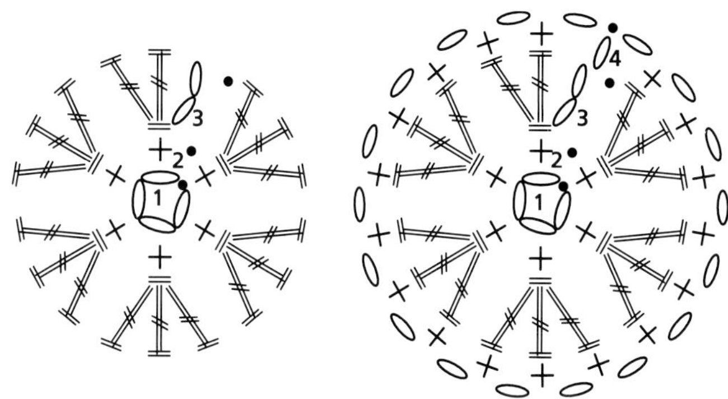

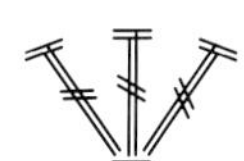 = 3 Stb zus. abm. in das hintere M-Glied

1 fM in 1 Dreifach-Stb, je 1 fM in die nächsten 2 Lm, 2 fM in die nächste Lm. Faden abschneiden und sichern, jedoch lang belassen.
Großes Rad (siehe Häkelschrift)
4 Lm mit Häkel-Nd Nr. 3,5 in Fb B anschl. und mit 1 Km in die 1. Lm zum Ring schließen.
1. Runde (über das Fadenende arb.): 6 fM in den Ring, 1 Km in die 1. fM der Rd. Faden abschneiden und sichern.
Einen Faden in Fb C im hinteren M-Glied der ersten fM anschlingen.
2. Runde (über beide Fadenenden arb.): 2 Lm, 2 Stb in das hintere M-Glied derselben fM, 3 Stb in das hintere M-Glied jeder der folg. 5 fM, 1 Km in die 2. der 2 Lm am Beginn der Rd.
3. Runde: 2 Lm, * 1 fM in das nächste Stb, 1 Lm, ab * fortlfd. wdh., enden mit 1 Km in die 1. von 2 Lm. Faden abschneiden und sichern, jedoch lang belassen.
Kleines Rad (siehe Häkelschrift)
Bis zum Ende der 2. Rd wie das große Rad arb. Faden abschneiden und sichern, jedoch lang belassen.
Mit den langen Fadenenden Traktor und Räder auf den Latz nähen (siehe Foto), dabei die Ränder mit Rückstichen erfassen. Die Knöpfe entsprechend den Knopflöchern an den Trägern auf die Schulter-Vorderseiten nähen. Die Träger auf dem Rücken verkreuzen und die Knöpfe schließen. Die Kreuzungsstelle mit Rückstichen rautenförmig zusammennähen. Gummiband durch den Tunneldurchzug in der Taille ziehen, die Enden 2,5 cm überlappen und fest zusammennähen. Knöchelbündchen bei Bedarf umschlagen. Die fertige Hose entsprechend der Anweisung auf der Garnbanderole bügeln.

TOP UND TASCHE MIT BLUMENMOTIV

PASSEND ZUM LUFTIGEN TOP GIBT ES EIN NIEDLICHES TÄSCHCHEN FÜR ALLERLEI KRIMSKRAMS.

GRÖSSEN

TOP			
für Oberweite	51	56	61 cm
fertig gehäkelte Oberweite	57	63	69 cm
Länge bis Schulter	31,5	37,5	41,5 cm
Unterarmlänge	4,5	5,5	6,5 cm
TASCHE	12,5 x 12,5 cm		

MATERIAL

200/200/250 g Mikrofasergarn *Patons Crystal DK* (LL 120 m/50 g) in Fb A (02673 Blossom)
50 g *Patons Crystal DK* in Fb B (02671 Creme)
Häkelnadeln Nr. 3 und 3,5
2 Knöpfe (Top)
1 Knopf (Tasche)

MASCHENPROBE
20 M/10 R mit Nd Nr. 3,5 in Stäbchen gehäkelt = 10 x 10 cm

TOP

RÜCKENTEIL
55/63/71 Lm mit Häkel-Nd Nr. 3,5 in Fb A anschl.

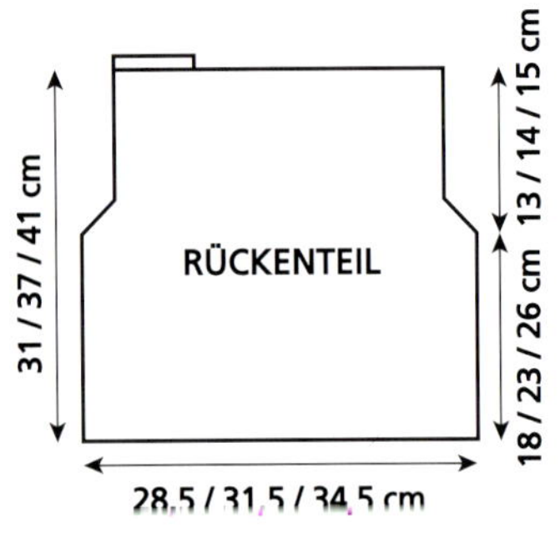

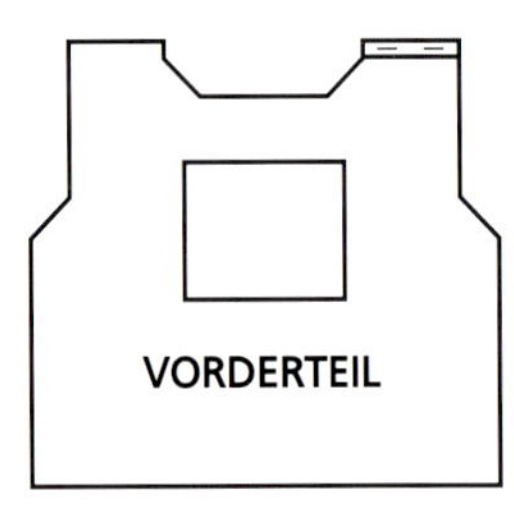

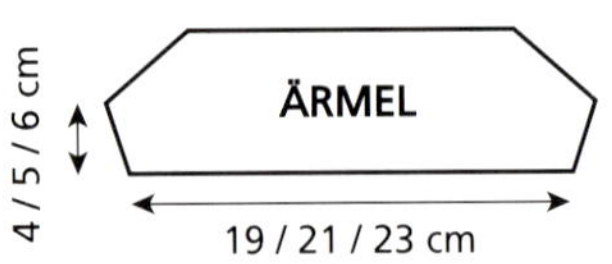

Grundreihe (Hin-Reihe): 1 Stb in die 4. Lm ab Nd, 1 Stb in jede Lm bis R-Ende (= 57/63/69 M) Wenden. (Die ersten 3 Lm zählen als 1. M). **Stäbchen-Reihe:** 3 Lm, das 1. Stb üb-spr., 1 Stb in jedes Stb; enden mit 1 Stb in die 3. der 3 Lm. Wenden.* Diese R noch 16/21/24 x wdh., insgesamt 18/23/26 R. Das Ende der letzten R markieren.

Armausschnitte

1. Abnahme-Reihe: 2 Lm, das 1. Stb üb-spr., 2 Stb zus. abm. über den folg. 2 Stb, 1 Stb in jedes Stb bis auf das letzte Stb und die 3 Lm, 2 Stb zus. abm. über den letzten 2 M (= 55/61/67 M). Wenden.

2. Abnahme-Reihe: 2 Lm, 2 Stb zus. abm., 2 Stb zus. abm. über den folg. 2 M, 1 Stb in jedes Stb bis auf die letzten 2 zus. abgem. Stb und 2 Lm, 2 Stb zus. abm. über den letzten 2 M (= 53/59/65 M). Wenden. Die 2. R noch 2 x wdh. (= 49/55/61 M). Noch 9/10/11 weitere Stb-R ohne Abnahme häkeln, insgesamt 31/37/41 R. Mit einer Hin-R enden.

Knopfleiste

Nächste Reihe: 1 Lm, 1 fM in das 1. Stb, je 1 fM in die nächsten 14/16/18 Stb. Wenden. **Folg. Reihe:** 1 Lm, 1 fM in jede fM bis R-Ende. Wenden. Diese R noch 2 x wdh. Faden abschneiden und sichern.

MOTIV

1 Km in die Kante des „Fensters"

VORDERTEIL
Bis * wie das Rückenteil arb. Die Stb-R noch 11/16/19 x wdh. (= 13/18/21 R insges.), mit einer Hin-R/Rück-R/Hin-R enden.

„Fenster" für das Motiv: 1. Seite

Nächste Reihe: 3 Lm, das 1. Stb üb-spr., je 1 Stb in die nächsten 17/20/23 Stb (= 18/21/24 M). Wenden.

Noch 4 weitere R mit diesen M arb., am Rand der Öffnung enden (= 18/23/26 R insges.). Die Seitenkante der letzten R markieren.

Armausschnitt

1. Abnahme-Reihe: 3 Lm, das 1. Stb üb-spr., 1 Stb in jedes Stb bis auf das letzte Stb und 3 Lm, 2 Stb zus. abm. über den letzten 2 M (= 17/20/23 M). Wenden. **2. Abnahme-Reihe:** 2 Lm, 2 zus. abgem. Stb üb-spr., 2 Stb zus. abm. über den nächsten 2 Stb, 1 Stb in jedes Stb; enden mit 1 Stb in die 3. der 3 Lm (= 16/19/22 M). Wenden.

3. Abnahme-Reihe: 3 Lm, das 1. Stb üb-spr., 1 Stb in jedes Stb bis auf die letzten 2 zus. abgem. Stb und 2 Lm, 2 Stb zus. abm. über den letzten 2 M (= 15/18/21 M). Wenden.

4. Abnahme-Reihe: Wie die 2. R arb. (= 14/17/20 M). Die Stb-R noch 1 x wdh. (= 23/28/31 R insges.), mit einer Hin-R/Rück-R/Hin-R enden. Faden abschneiden und sichern.

„Fenster" für das Motiv: 2. Seite

21 Stb in der vorderen Mitte üb-spr., einen Faden in Fb A im folg. Stb anschlingen.

Nächste Reihe: 3 Lm, 1 Stb in jedes Stb; enden mit 1 Stb in die 3. der 3 Lm (= 18/21/24 M). Wenden. Noch 4 weitere R mit diesen M arb. (= 18/23/26 R insges.). Die Seitenkante der letzten R markieren.

Armausschnitt

1. Abnahme-Reihe: 2 Lm, das 1. Stb üb-spr., 2 Stb zus. abm. über den nächsten 2 Stb, 1 Stb in jedes Stb; enden mit 1 Stb in die 3. der 3 Lm (= 17/20/23 M). Wenden.

2. Abnahme-Reihe: 3 Lm, das 1. Stb üb-spr., 1 Stb in jedes Stb bis auf die letzten 2 zus. abgem. Stb und 2 Lm, 2 Stb zus. abm. über den letzten 2 M (= 16/19/22 M). Wenden.

3. Abnahme-Reihe: 2 Lm, 2 zus. abgem. Stb üb-spr., 2 Stb zus. abm. über den nächsten 2 M, 1 Stb in jedes Stb; enden mit 1 Stb in die 3. der 3 Lm (= 15/18/21 M). Wenden.

4. Abnahme-Reihe: Wie die 2. Abnahme-R arb. (= 14/17/20 M). Noch 1 weitere Stb-R arb. (= 23/28/31 R insges.), mit einer Hin-R/Rück-R/Hin-R enden; dann 21 Lm, 1 Km in die obere Ecke der gegenüberliegenden Seite der Öffnung. Faden abschneiden und sichern. Von der li./re./li. Seite der Arbeit einen Faden in Fb A im letzten Stb der letzten R der 1. Seite anschlingen.

Nächste Reihe: 3 Lm, das 1. Stb üb-spr., je 1 Stb in die nächsten 13/16/19 Stb, je 1 Stb in die nächsten 21 Lm, je 1 Stb in die nächsten 13/16/19 Stb, 1 Stb in die 3. der 3 Lm (= 49/55/61 M). Wenden. Die Stb-R noch 2/3/4 x wdh. (= 26/32/36 R insges.). Mit einer Rück-R enden.

Halsausschnitt: 1. Seite

1. Reihe: 3 Lm, das 1. Stb üb-spr., je 1 Stb in die folg. 16/18/20 Stb, 2 Stb zus. abm. über den folg. 2 Stb (= 18/20/22 M). Wenden.

2. Reihe: 2 Lm, die 2 zus. abgem. Stb üb-spr., 2 Stb zus. abm. über den nächsten 2 Stb, 1 Stb in jedes Stb; enden mit 1 Stb in die 3. der 3 Lm (= 17/19/21 M). Wenden.

3. Reihe: 3 Lm, das 1. Stb üb-spr., 1 Stb in jedes Stb bis auf die letzten 2 zus. abgem. Stb und 2 Lm, 2 Stb zus. abm. über den letzten 2 M (= 16/18/20 M). Wenden.

4. Reihe: Wie die 2. R arb. (= 15/17/19 M; 30/36/40 R insges.). Mit einer Rück-R enden.

Knopflochblende Mit Häkel-Nd Nr. 3 weiterarb.

1. Reihe: 1 Lm, 1 fM in das 1. Stb, je 1 fM in die nächsten 14/16/18 M. Wenden.

2. Reihe: 1 Lm, 1 fM in jede fM bis R-Ende. Wenden.

3. Reihe: 1 Lm, 1 fM in die 1. fM, je 1 fM in die nächsten 4/5/6 fM, 2 Lm, 2 fM üb-spr., je 1 fM in die nächsten 5/6/7 fM, 2 Lm, 2 fM üb-spr., 1 fM in die letzte fM. Wenden.

4. Reihe: 1 Lm, 1 fM in die 1. fM, 2 fM in jeden 2-Lm-ZR und 1 fM in jede fM bis R-Ende. Faden abschneiden und sichern.

Halsausschnitt: 2. Seite

Von der rechten Seite der Arbeit 11/13/15 Stb in der Mitte des Vorderteils üb-spr. und mit Häkel-Nd Nr. 3,5 einen Faden in Fb A im folg. Stb anschlingen.

1. Reihe: 2 Lm, 2 Stb zus. abm. über den nächsten 2 Stb, 1 Stb in jedes Stb; enden mit 1 Stb in die 3. der 3 Lm (= 18/20/22 M). Wenden.

2. Reihe: 3 Lm, das 1. Stb üb-spr., 1 Stb in jedes Stb bis auf die letzten 2 zus. abgem. Stb und 2 Lm, 2 Stb zus. abm. über den letzten 2 M (= 17/19/21 M). Wenden.

3. Reihe: 2 Lm, 2 zus. abgem. Stb üb-spr., 2 Stb zus. abm. über den nächsten 2 Stb, 1 Stb in jedes Stb; enden mit 1 Stb in die 3. der 3 Lm (= 16/18/20 M). Wenden.

4. Reihe: Wie die 2. R arb.

Eine weitere Stb-R über diese M arb. (= 31/37/41 R insges.; letzte R = Hin-R). Faden abschneiden und sichern.

Einfassung des „Fensters"
Von der rechten Seite der Arbeit mit Häkel-Nd Nr. 3 einen Faden in Fb A im 1. Stb in der rechten unteren Ecke der Öffnung anschlingen.
Einfassungs-Runde: 1 Lm, je 1 fM in die nächsten 19 Stb, 2 fM zus. abm. in der Ecke, 19 fM gleichm. verteilt aufwärts entlang der Kante; enden mit 2 fM zus. abm. in die folg. Ecke, 1 fM um jede der folg. 19 Lm, 2 fM zus. abm. in die folg. Ecke, 19 fM gleichm. verteilt abwärts entlang der Kante; enden mit 1 Km um 1 Lm am Rd-Beg. Faden abschneiden und sichern.
Motiv
In Rd arb. wie folgt: 4 Lm mit Häkel-Nd Nr. 3,5 in Fb B anschl. und mit 1 Km in die 1. Lm zum Ring schließen. Nach Häkelschrift (Seite 64) weiterarb. (1. Rd in Fb B, 2. Rd in Fb B, weiter in Fb B). Nach dem Ende der 5. Rd mit Häkel-Nd Nr. 3 weiterarb. Das Motiv von der rechten Seite der Arbeit und des Motivs her wie folgt einsetzen:
6. Runde: * 3 Lm in die Eck-Schlinge, 1 Km in 2 zus. abgem. fM in einer Ecke der Öffnung (Nd von hinten nach vorn einstechen), 3 fM in dieselbe Einstichstelle in der Eck-Schlinge, (3 fM in den nächsten 5-Lm-ZR, 4 fM entlang der Kante der Öffnung üb-spr., 1 Km um die folg. fM, 3 fM in denselben 5-Lm-ZR) 3 x; ab * fortlfd. wdh.; enden mit 1 Km in die 1. fM der Rd. Faden abschneiden und sichern. Fadenanfang vorsichtig straffen, um die Motivmitte zusammenzuziehen.

ÄRMEL (2 x arbeiten)
40/44/48 Lm mit Häkel-Nd Nr. 3,5 in Fb A anschl.
Die Grund- und Stb-R wie beim Rückenteil arb. (= 38/42/46 M).
Die Stb-R noch 1/2/3 x wdh. (3/4/5 R). **Zunahme-Reihe:** 3 Lm, 1 Stb in das 1. Stb, dann 1 Stb in jedes Stb; enden mit 2 Stb in die 3. der 3 Lm (= 40/44/48 Stb). Wenden. Beg. und Ende der letzten R markieren.
Armkugel
1. Abnahme-Reihe: 2 Lm, das 1. Stb üb-spr., 2 Stb zus. abm. über den nächsten 2 Stb, 1 Stb in jedes Stb bis auf die letzten 2 Stb und 3 Lm, 2 Stb zus. abm. über den letzten 2 Stb (= 36/40/44 M). Wenden (die 3 Lm bleiben ungehäkelt). **2. Abnahme-Reihe:** 2 Lm, die 2 zus. abgem. Stb üb-spr., 2 Stb zus. abm. über den nächsten 2 Stb, 1 Stb in jedes Stb bis auf die letzten 2 Stb, 2 Stb zus. abm. über den letzten 2 Stb (= 32/36/40 M). Wenden (die 2 zus. abgem. Stb und die 2 Lm bleiben ungehäkelt). Die 2. Abnahme-R noch 2 x wdh. (= 24/28/32 M). Faden abschneiden und sichern.

FERTIGSTELLUNG
Schulternähte schließen.
Einfassung des Halsausschnitts
Von der rechten Seite der Arbeit mit Häkel-Nd Nr. 3 einen Faden in Fb A an der Ecke der Knopflochleiste am Halsausschnitt anschlingen.
1. Reihe: Rings um den Ausschnitt fM arb., dabei 1 fM in die Seitenkante jeder R der Blende arb., 2 fM in die Seitenkante jeder Stb-R, 1 fM in jedes Stb und 2 zus. abgem. fM in jede Innenecke aufwärts bis zur Ecke der Knopfleiste. Wenden.
2. Reihe: 1 Lm, 1 fM in die 1. fM, 1 fM in jede fM bis R-Ende, dabei 2 fM zus. abm. in jeder Innenecke. Faden abschneiden und sichern. Die Knopflochblende über die Knopfleiste legen und am Ärmelrand zusammennähen. Ärmel einnähen, dabei etwas dehnen, damit sie zwischen die Markierungen passen. Ärmel- und Seitennähte schließen, bei Letzteren die unteren 5 R an beiden Seiten offen lassen.
Ärmelunterkanten (an beiden Ärmeln arbeiten)
Von der rechten Seite der Arbeit mit Häkel-Nd Nr. 3 einen Faden in Fb A am unteren Ende der Ärmelnaht anschlingen.
1. Runde: 1 Lm, 1 fM in jede Lm ringsum; enden mit 1 Km in die 1. fM der Rd. Faden abschneiden und sichern.
Unterkante des Tops
Von der rechten Seite der Arbeit mit Häkel-Nd Nr. 3 einen Faden in Fb A in einer Ecke der Unterkante anschlingen.
1. Runde: 1 Lm, ringsum in fM arb.: 1 fM in jede Lm entlang der Unterkanten, 3 fM in dieselbe Einstichstelle an der Außenecke, 2 fM in die Seitenkante jeder R der seitl. Schlitze, 3 fM zus. abm. in die obere Ecke jedes Schlitzes; enden in der ersten Ecke mit 2 fM in derselben Einstichstelle wie die erste M, 1 Km in die 1. fM der Rd. Faden abschneiden und sichern. Knöpfe annähen. Das Top entsprechend der Anweisung auf der Garnbanderole bügeln.

TASCHE

VORDER- UND RÜCKSEITE (2 x arbeiten)
Die 1. – 3. Rd des Motivs mit Häkel-Nd Nr. 3,5 wie beim Top arb.
4. Runde: 1 Km in den 3-Lm-ZR, 5 Lm, 1 Stb in denselben 3-Lm-ZR, * je 1 Stb in die nächsten 11 fM, (1 Stb, 3 Lm, 1 Stb) in den 3-Lm-ZR; ab * noch 2 x wdh., je 1 Stb in die nächsten 11 fM, 1 Km in die 2. der 5 Lm am Rd-Beg.
5. Runde: 1 Km in den 3-Lm-ZR, 5 Lm, 1 Stb in denselben 3-Lm-ZR, * je 1 Stb in die nächsten 13 Stb,

(1 Stb, 3 Lm, 1 Stb) in den 3-Lm-ZR; ab * noch 2 x wdh., je 1 Stb in die nächsten 13 Stb, 1 Km in die 2. der 5 Lm am Rd-Beg. **6. Runde:** 1 Km in den 3-Lm-ZR, 5 Lm, 1 Stb in denselben 3-Lm-ZR, * je 1 Stb in die nächsten 15 Stb, (1 Stb, 3 Lm, 1 Stb) in den 3-Lm-ZR; ab * noch 2 x wdh., je 1 Stb in die nächsten 15 Stb, 1 Km in die 2. der 5 Lm am Rd-Beg. Faden abschneiden und sichern.

FERTIGSTELLUNG
Vorder- und Rückseite links auf links aufeinander legen und mit Häkel-Nd Nr. 3 einen Faden in Fb A im 3-Lm-ZR einer Ecke durch beide Lagen hindurch anschlingen.
Einfassungs-Runde: 110 Lm (oder Lm bis zur gewünschten Länge) für den Trageriemen anschl., 2 fM in den 3-Lm-ZR beider Lagen in die folg. Ecke, * je 1 fM in die nächsten 17 Stb, (2 fM, 2 Lm, 2 fM) in den 3-Lm-ZR der folg. Ecke; ab * noch 1 x wdh., je 1 fM in die nächsten 17 Stb, 2 fM in den 3-Lm-ZR am Beginn des Riemens, 1 fM in jede der 110 Lm des Riemens, 1 Km in die 1. fM der folg. Ecke. Faden abschneiden und sichern.
Einfassung der Öffnung
Von der rechten Seite der Rückseite mit Häkel-Nd Nr. 3 einen Faden in Fb A in das 9. der 17 Stb entlang der Öffnung anschlingen. 7 Lm, 1 Km in das Stb unter diesen 7 Lm, je 1 fM in die nächsten 8 Stb, 1 fM in den 3-Lm-ZR, 1 Km in den Beginn des Riemens, wenden und entlang der anderen Kante der Öffnung weiterarb. wie folgt: 1 fM in den 3-Lm-ZR, je 1 fM in die nächsten 17 Stb, 1 fM in den 3-Lm-ZR, 1 Km in den Beginn des Riemens, wenden und die 1. Kante wie folgt vervollständigen: 1 fM in den 3-Lm-ZR, je 1 fM in die nächsten 8 Stb., 1 fM in das Stb unter der Lm-Schlinge, 10 fM in die Knopfschlinge, 1 Km in die folg. fM. Faden abschneiden und sichern. Knopf annähen und das fertige Täschchen entsprechend der Anweisung auf der Garnbanderole bügeln.

TRÄGERKLEIDCHEN

FRISCH UND NIEDLICH WIRKT DIESES ADRETTE KLEIDCHEN AUS KÜHLER BAUMWOLLE, DAS MIT UND OHNE T-SHIRT DARUNTER GETRAGEN WERDEN KANN.

GRÖSSEN

für Oberweite	51	56	61 cm
fertig gehäkelte Oberweite unter der Achsel	51	57	63 cm
Länge bis Schulter	43	48	53 cm

RÜCKENTEIL

Oberteil

68/76/84 Lm mit Häkel-Nd Nr. 3 in Fb A anschl.

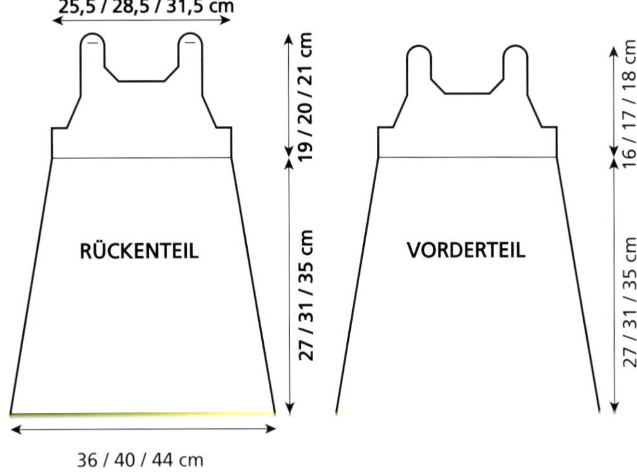

Grundreihe: 3 Lm üb-spr., * 2 fM in die nächste Lm, 1 Lm üb-spr., ab * fortlfd. wdh., enden mit 2 fM in die letzte Lm (= 33/37/41 MS). Wenden.

Grundmuster

Muster-Reihe: 2 Lm, * 1 fM üb-spr., 2 fM in die folg. fM, von * bis R-Ende fortlfd. wdh., enden mit 2 fM in die letzte Lm. Wenden. Diese R noch 4/6/8 x wdh. (6/8/10 R insges.).

Armausschnitte

1. Abnahme-Reihe: Km in die ersten 4 fM, 1 Lm, (1 fM üb-spr., 2 fM in die folg. fM) 28/32/36 x, 1 fM üb-spr., 1 fM in die folg. fM, die letzten 4 fM üb-spr. Wenden.

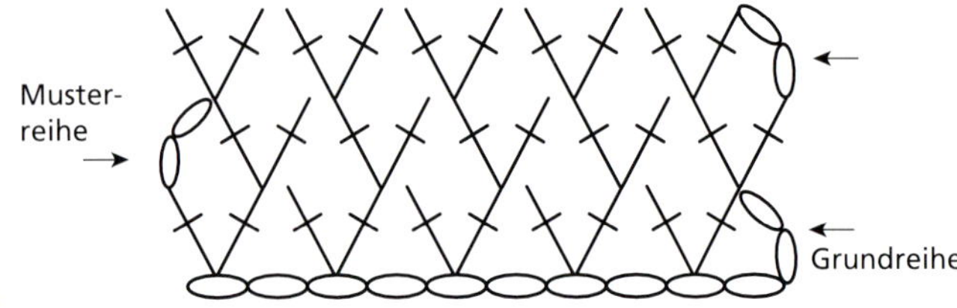

GRUNDMUSTER

MATERIAL

225/250/275 g *Twilleys Lyscordet Nr. 5 4-fädig* (LL 200 m/50 g) in Fb A (78 Weiß)
25 g *Twilleys Lyscordet Nr. 5 4-fädig* in Fb B (87 Hellrosa)
Häkelnadeln Nr. 2,5 und 3
2 Knöpfe

MASCHENPROBEN

26 M/26 R mit Häkel-Nd Nr. 3 im Grundmuster gehäkelt = 10 x 10 cm beim Oberteil
7,5 MS/16 R im Sternmuster gehäkelt = 10 x 10 cm beim Rock

2. Abnahme-Reihe: 1 Lm, 2 fM üb-spr., * 2 fM in die folg. fM, 1 fM üb-spr., ab * fortlfd. wdh., enden mit 1 fM üb-spr., 1 fM in 1 Lm. Wenden.

3. Abnahme-Reihe: 1 Lm, 2 fM üb-spr., * 2 fM in die folg. fM, 1 fM üb-spr., ab * fortlfd. wdh., enden mit 1 fM in die letzte fM. Wenden. Die 3. Abnahme-R noch 7/9/11 x wdh. (= 19/21/23 MS).

Nächste Reihe: 2 Lm, 2 fM üb-spr., * 2 fM in die folg. fM, 1 fM üb-spr., ab * fortlfd. wdh., enden mit 2 fM in die letzte fM. Wenden. ** Die Muster-R fortlfd. wdh., bis die Arbeit ab der letzten Abnahme-R 5 cm misst. Mit einer Rück-R enden.

Halsausschnitt: 1. Seite

1. Reihe: 2 Lm, (1 fM üb-spr., 2 fM in die folg. fM) 6 x, 1 fM üb-spr., 1 fM in die folg. fM. Wenden.

2. Reihe: 1 Lm, 2 fM üb-spr., im Grundmuster bis R-Ende. Wenden.

3. Reihe: 2 Lm, * 1 fM üb-spr., 2 fM in die folg. fM, von * bis zu den letzten 2 fM fortlfd. wdh., 1 fM üb-spr., 1 fM in die letzte fM. Wenden.

4. Reihe: Wie die 2. R arb.

5. und 6. Reihe: Wie die 3. und 2. R arb. (= 4 MS).

*** Im Grundmuster weiter, bis das Oberteil insges. 17/18/19 cm hoch ist. Mit einer Rück-R enden.

Knopfloch-Reihe: 2 Lm, 1 fM üb-spr., 3 fM in die folg. fM, 2 Lm, 5 fM üb-spr., 3 fM in die letzte fM. Wenden.

Nächste Reihe: 2 Lm, * 1 M üb-spr., 2 fM in die folg. M, von * bis R-Ende fortlfd. wdh. Wenden.

Letzte Reihe: 1 Lm, 1 fM üb-spr., 1 fM in die folg. fM, (1 fM üb-spr., 2 fM in die folg. fM) 2 x, 1 fM üb-spr., 1 Km in die folg. fM. Faden abschneiden und sichern.

2. Seite

Von der rechten Seite der Arbeit 11/13/15 fM in der vorderen Mitte üb-spr. und einen Faden in Fb A in der nächsten fM anschlingen.

1. Reihe: 1 Lm, 1 fM üb-spr., (2 fM in die folg. fM, 1 fM üb-spr.) 5 x, 2 fM in die letzte fM. Wenden.

2. Reihe: 2 Lm, (1 fM üb-spr., 2 fM in die folg. fM) 5 x, 1 fM üb-spr., 1 fM in die folg. fM. Wenden.
3. Reihe: 1 Lm, 2 fM üb-spr., 2 fM in die folg. fM, im Grundmuster weiter bis R-Ende. Wenden.
4. Reihe: 2 Lm, (1 fM üb-spr., 2 fM in die folg. fM) 4 x, 1 fM üb-spr., 1 fM in die folg. fM. Wenden.
5. Reihe: Wie die 3. R arb.
6. Reihe: 2 Lm, (1 fM üb-spr., 2 fM in die folg. fM) 4 x. Wenden.
Von *** bis R-Ende wie die 1. Seite arb.

Rock

Von der re. Seite der Arbeit mit Häkel-Nd Nr. 3 einen Faden in Fb A in der Grundschlinge der 1. Lm anschlingen.
Grundreihe: In die Grundschlingen der Lm-R wie folgt arb.: 2 Lm, 2 Stb in die Schlinge am Fuß dieser 2 Lm, * 1 Lm üb-spr., (1 fM, 2 Stb) in die folg. Lm, 2 Lm üb-spr., (1 fM, 2 Stb) in die folg. Lm, ab * bis zu den letzten 4/2/0 M fortlfd. wdh., danach enden wie folgt:
Nur 1. Größe: * 1 Lm üb-spr., (1 fM, 2 Stb) in die folg. Lm, ab * 1 x wdh, 1 fM in die Grund-M der 3 Lm am Beg. der 1. R des Oberteils. Wenden.
Nur 2. Größe: 1 Lm üb-spr., (1 fM, 2 Stb) in die folg. Lm, 1 fM in die Grund-M der 3 Lm am Beginn der 1. R des Oberteils. Wenden.
Nur 3. Größe: 1 fM in die Grund-M der 3 Lm am Beginn der 1. R des Oberteils. Wenden.
Alle Größen 27/30/33 MS

Sternmuster

1. Reihe: 2 Lm, 2 Stb in die fM am Fuß dieser 2 Lm, * 2 Stb üb-spr., (1 fM, 2 Stb) in die folg. fM, ab * fortlfd. wdh., enden mit 2 Stb üb-spr., 1 fM in die 2. der 2 Lm am Beginn der Vor-R. Wenden. Diese R fortlfd. wdh., bis der Rock 29/33/37 cm lang ist oder die gewünschte Länge aufweist. Mit einer Rück-R enden. Faden abschneiden und sichern.

STERNMUSTER

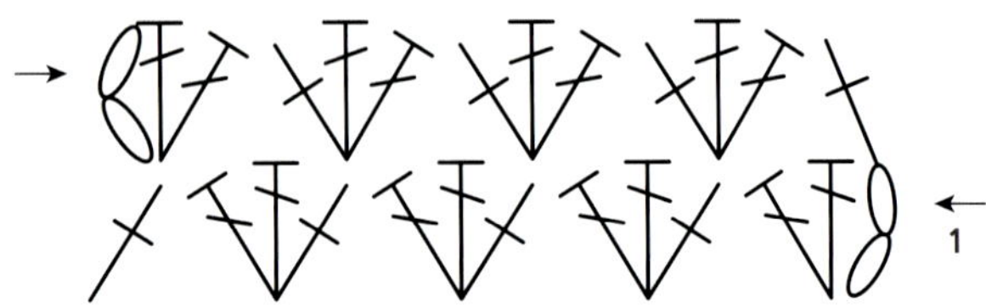

VORDERTEIL

Oberteil

Bis ** wie das Rückenteil arb.
1 Muster-R arb., also mit einer Rück-R enden.

Halsausschnitt: 1. Seite

Die 1.– 6. R wie bei der ersten Seite des hinteren Halsausschnitts arb. **** Im Grundmuster weiter, bis das Oberteil insges. 16/17/18 cm hoch ist.
Letzte Reihe: 1 Lm, 1 fM üb-spr., 1 fM in die folg. fM, (1 fM üb-spr., 2 fM in die folg. fM) 2 x, 1 fM üb-spr., 1 Km in die folg. fM. Faden abschneiden und sichern.

2. Seite

Von der rechten Seite der Arbeit 11/13/15 fM in der Mitte des Vorderteils üb-spr. und einen Faden in Fb A in der folg. fM anschlingen. Die 1. – 6. R wie bei der 2. Seite des hinteren Halsausschnitts arb. Ab **** wie die 1. Seite arb.

Rock

Wie beim Rückenteil beschrieben arb.

FERTIGSTELLUNG

Die Seitennähte von der linken Seite her schließen, dabei darauf achten, dass die Reihenenden übereinstimmen.

Einfassung von Hals- und Armausschnitten

Von der rechten Seite der Arbeit mit Häkel-Nd Nr. 2,5 einen Faden in Fb A an der linken Achselnaht anschlingen. 1 Lm, dann rings um die Oberkante fM arb., jeweils 1 fM in jede M und 1 fM in die Seitenkante jeder R, dabei 3 fM in dieselbe Einstichstelle in den oberen Ecken jedes Schulterträgers, enden mit 1 Km um 1 Lm am Rd-Beg.
Einfassungs-Runde: * (1 Km, 1 Lm, 1 fM) in die folg. fM, 1 fM üb-spr., ab * fortlfd. wdh, enden mit 1 Km um die 1. Lm der Rd. (Gegebenenfalls enden mit 1 Km, 1 Lm, 2 fM zus. abm. über den letzten 2 fM, 1 Km um die 1. Lm der Rd.) Faden abschneiden und sichern.
An der Vorderseite jeder Schulter einen Knopf entsprechend den Knopflöchern annähen.

Unterkante

Von der rechten Seite der Arbeit mit Häkel-Nd Nr. 2,5 einen Faden in Fb A an der Unterkante einer Seitennaht anschlingen. 1 Lm, dann 1 fM in jedes Stb und 1 Km in jede fM arb., rings um die Unterkante, enden mit 1 Km um 1 Lm am Beginn der Rd. Faden abschneiden und sichern.

BLÜTE (ca. 20 Stück arbeiten)
5 Lm mit Häkel-Nd Nr. 2,5 in Fb B anschl. und mit 1 Km in die 1. Lm zum Ring schließen.
1. Runde (über das Fadenende arb.): 1 Lm, 10 fM in den Ring, 1 Km um die Lm am Rd-Beg.
2. Runde: * 2 Lm, 3 Stb in die folg. fM, 2 Lm, 1 Km in die folg. fM, ab * noch 4 x wdh., enden mit der letzten Km in die fM am Fuß der 2 Lm. Faden abschneiden und sichern, jedoch ca. 25 cm lang belassen. Den Fadenanfang vorsichtig straffen, um die Mitte der Blume zusammenzuziehen.
Die Hälfte der Blüten auf der Vorderseite des Trägerkleidchens anordnen (siehe Foto), die andere Hälfte auf der Rückseite. Jede Blume mit dem langen Fadenende mit winzigen Rückstichen rings um den inneren Maschenkranz festnähen. Das Kleidchen entsprechend der Anweisung auf der Garnbanderole bügeln.

JACKE UND BASKENMÜTZE MIT KAROMUSTER

PROBIEREN SIE DOCH EINMAL EIN GEHÄKELTES WEBMUSTER AUS. JACKE UND MÜTZE WERDEN IN EINEM GITTERNETZMUSTER GEHÄKELT, IN DAS ANSCHLIESSEND FÄDEN IN KONTRASTFARBEN EINGEWEBT WERDEN.

GRÖSSEN

JACKE			
für Oberweite	51	56	61 cm
fertig gehäkelte Oberweite	58	64	71 cm
Länge bis Schulter	26	29	34 cm
Unterarmlänge mit umgeschl. Bündchen	20	25	28,5 cm
MÜTZE			
für Kopfumfang	45,5	48	50,5 cm

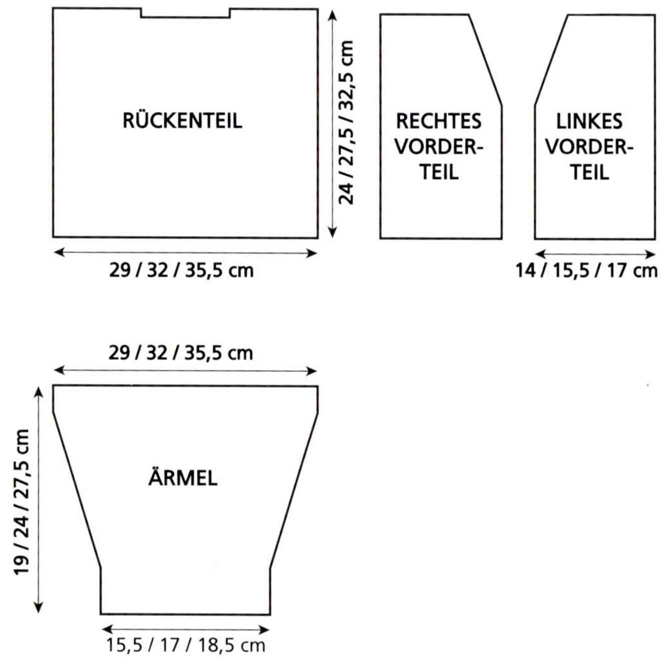

RÜCKENTEIL
24 / 27,5 / 32,5 cm
29 / 32 / 35,5 cm

RECHTES VORDER-TEIL

LINKES VORDER-TEIL
14 / 15,5 / 17 cm

ÄRMEL
29 / 32 / 35,5 cm
19 / 24 / 27,5 cm
15,5 / 17 / 18,5 cm

GITTERNETZMUSTER

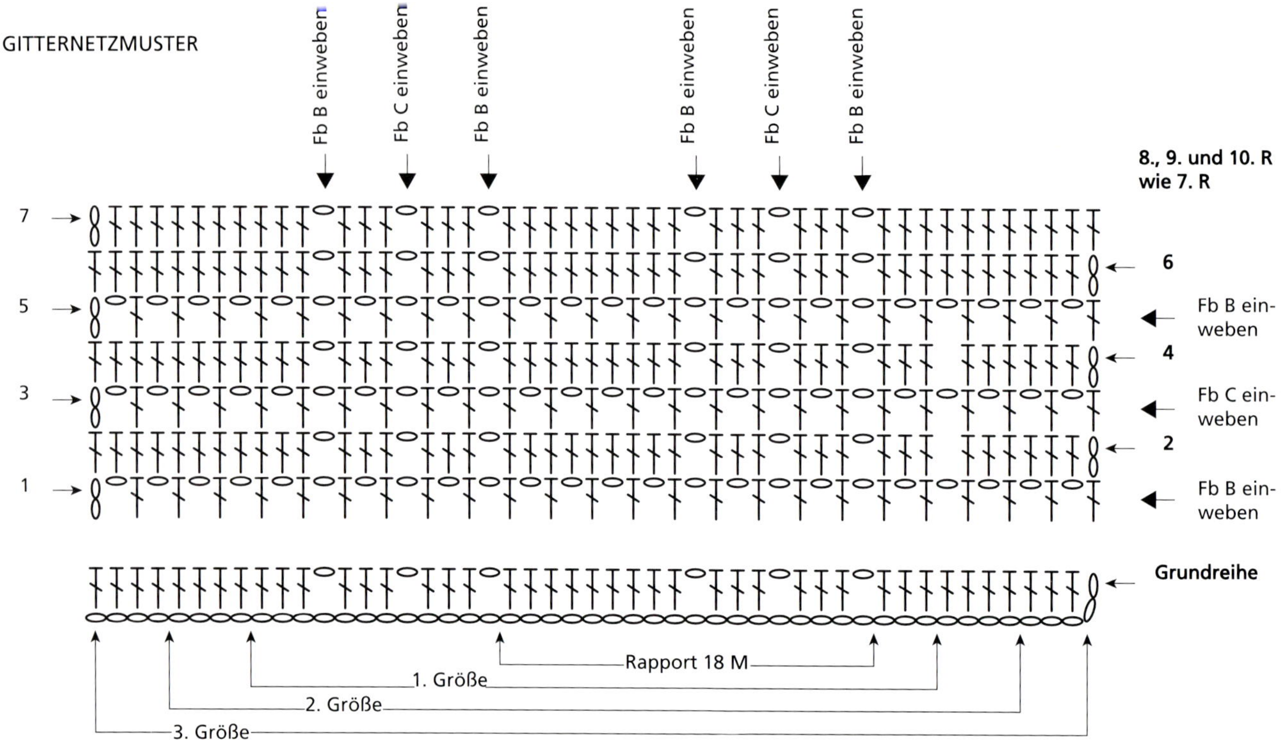

Fb B einweben
Fb C einweben
Fb B einweben
Fb B einweben
Fb C einweben
Fb B einweben

8., 9. und 10. R wie 7. R

7
6
5 Fb B einweben
4
3 Fb C einweben
2
1 Fb B einweben

Grundreihe

Rapport 18 M
1. Größe
2. Größe
3. Größe

MATERIAL

ZWEITEILIGES SET
150/200/200 g *Jaeger Matchmaker Merino 4-fädig* (100% Merinowolle; LL 183 m/50 g) in Fb A (697 Päonie)
Je 50 g *Jaeger Matchmaker Merino 4-fädig* in Fb B (713 Wiesengrün) und Fb C (740 Meerblau)
Häkelnadeln Nr. 2,5 und 3
Sticknadel Nr. 18 ohne Spitze zum Weben
4 Knöpfe für die Jacke

MASCHENPROBE
Jacke: 24 M/12 R mit Häkel-Nd Nr. 3 im Gitternetzmuster gehäkelt = 10 x 10 cm
Mütze: Die ersten 8 Rd haben einen Durchmesser von 10 cm.

SPEZIELLE ABKÜRZUNG
1 Krebs-M (Krebsmasche) = Von links nach rechts arb. (für Rechtshänderinnen); die Nd in die nächste fM rechts von der Nd einstechen, dabei soll die Nd schräg nach unten zeigen. Den Faden durchziehen, die Nd wieder in normaler Stellung halten; 1 U, den Faden durch die 2 Schlingen auf der Nd ziehen.

JACKE

Gitternetzmuster A
1. Reihe: 3 Lm, die ersten 2 Stb üb-spr., * 1 Stb in das folg. Stb, 1 Lm, 1 M üb-spr. (= 1 Stb oder 1 Lm), ab * fortlfd. wdh.; enden mit 1 Stb in die 2. von 2 Lm am Beg. der Vor-R. Wenden.
2. Reihe: 2 Lm, das 1. Stb üb-spr., (1 Stb in 1 ZR, 1 Stb in das folg. Stb) 1/3/5 x, * (1 Lm, 1 Lm üb-spr., 1 Stb in das folg. Stb, 1 Stb in 1 ZR, 1 Stb in das folg. Stb) 2 x, 1 Lm, 1 Lm üb-spr., (1 Stb in das folg. Stb, 1 Stb in 1 ZR) 4 x, 1 Stb in das folg. Stb, ab * fortlfd. wdh.; enden mit (1 Stb in das folg. Stb, 1 Stb in 1 ZR) 1/3/5 x, 1 Stb in die 2. der 3 Lm. Wenden.
3. – 6. Reihe: 1. und 2. R 2 x wdh.
7. Reihe: 2 Lm, das 1. Stb üb-spr., je 1 Stb in die nächsten 2/6/10 Stb, * (1 Lm, 1 Lm üb-spr., je 1 Stb in die nächsten 3 Stb) 2 x, 1 Lm, 1 Lm üb-spr., je 1 Stb in die nächsten 9 Stb, ab * fortlfd. wdh.; enden mit je 1 Stb in die nächsten 2/6/10 Stb, 1 Stb in die 2. der 2 Lm. Wenden.
8., 9. und 10. Reihe: Wie die 7. R arb.
Diese 10 R bilden das Gitternetzmuster A. Im Gitternetzmuster weiterarb. wie folgt:

RÜCKENTEIL
70/78/86 Lm mit Häkel-Nd Nr. 3 in Fb A anschl.
Grundreihe (Hin-R): 1 Stb in die 3. Lm ab Nd, je 1 Stb in die nächsten 1/5/9 Lm, * (1 Lm, 1 Lm üb-spr., je 1 Stb in die nächsten 3 Lm) 2 x, 1 Lm, 1 Lm üb-spr., je 1 Stb in die nächsten 9 Lm, ab * noch 2 x wdh.; die Angaben in Klammern 2 x wdh., 1 Lm, 1 Lm üb-spr., je 1 Stb in die nächsten 3/7/11 Lm bis R-Ende (= 69/77/85 M). Wenden. Mit der 1./7./1. R des Gitternetzmusters A beginnen und weitere 27/31/37 R im Muster arb.; enden mit der 7. R des Gitternetzmusters A (= 28/32/38 R insges.).
Halsausschnitt: 1. Seite
Nächste Reihe: 2 Lm, das 1. Stb üb-spr., je 1 Stb in die nächsten 2/6/10 Stb, (1 Lm, 1 Lm üb-spr., je 1 Stb in die nächsten 3 Stb) 2 x, 1 Lm, 1 Lm üb-spr., je 1 Stb in die nächsten 9/7/5 Stb, 2 Stb zus. abm. über den folg. 2 M. Faden abschneiden und sichern.
2. Seite
Von der rechten Seite des Rückenteils 23/27/31 M in der Mitte üb-spr. und einen Faden in Fb A in der folg. M anschlingen. 1 Lm, 1 Stb in die folg. M, im Grundmuster weiter bis R-Ende. Faden abschneiden und sichern.

LINKES VORDERTEIL
Gitternetzmuster B
1. Reihe: 3 Lm, die ersten 2 Stb üb-spr., * 1 Stb in das folg. Stb, 1 Lm, 1 M üb-spr. (= 1 Stb oder 1 Lm), ab * fortlfd. wdh.; enden mit 1 Stb in die 2. von 2 Lm am Beginn der Vor-R. Wenden.
2. Reihe: 2 Lm, das 1. Stb üb-spr., (1 Stb in 1 ZR, 1 Stb in das folg. Stb) 1/3/5 x, * (1 Lm, 1 Lm üb-spr., 1 Stb in das folg. Stb, 1 Stb in 1 ZR, 1 Stb in das folg. Stb) 2 x, 1 Lm, 1 Lm üb-spr., (1 Stb in das folg. Stb, 1 Stb in 1 ZR) 4 x, 1 Stb in das folg. Stb, ab * fortlfd. wdh.; enden mit 1 Stb in das letzte Stb, 1 Stb in den 3-Lm-ZR, 1 Stb in die 2. der 3 Lm. Wenden.
3. – 6. Reihe: 1. und 2. R 2 x wdh.
7. Reihe: 2 Lm, das 1. Stb üb-spr., je 1 Stb in die nächsten 2 Stb, * (1 Lm, 1 Lm üb-spr., je 1 Stb in die nächsten 3 Stb) 2 x, 1 Lm, 1 Lm üb-spr., je 1 Stb in die nächsten 9 Stb, ab * fortlfd. wdh.; enden mit je 1 Stb in die nächsten 2/6/10 Stb, 1 Stb in die 2. der 2 Lm. Wenden.
8. Reihe: 2 Lm, das 1. Stb üb-spr., je 1 Stb in die nächsten 2/6/10 Stb, * (1 Lm, 1 Lm üb-spr., je 1 Stb in die nächsten 3 Stb) 2 x, 1 Lm, 1 Lm üb-spr., je 1 Stb in die nächsten 9 Stb, ab * fortlfd. wdh.; enden mit je 1 Stb in die nächsten 2 Stb, 1 Stb in die 2. der 2 Lm. Wenden.
9. und 10. Reihe: Wie die 7. und 8. R arb.
Diese 10 R bilden das Gitternetzmuster B. In diesem Muster arb. wie folgt: 34/38/42 Lm mit Häkel-Nd Nr. 3 in Fb A anschl.
Grundreihe (Hin-R): 1 Stb in die 3. Lm ab Nd, je 1 Stb in die nächsten 1/5/9 Lm, * (1 Lm, 1 Lm üb-spr., je 1 Stb in die nächsten 3 Lm) 2 x, 1 Lm, 1 Lm üb-spr., je 1 Stb in die nächsten 9 Lm, ab * fortlfd. wdh.; enden mit 1 Stb in jede von 3 Lm bis R-Ende (= 33/37/41 M). Wenden. Beginnend mit der 1./7./1. R des Gitternetzmusters B noch 15/17/21 R arb.; enden mit der 3. R des Gitternetzmusters B (= Rück-R; 16/18/22 R insges.).
Vorderer Halsausschnitt
Im Gitternetzmuster B weiterarb. wie folgt:
1. Reihe: Im Grundmuster arb.; enden mit 2 Stb zus. abm. über dem letzten ZR und der 2. der 3 Lm. Wenden.
2. Reihe: 1 Lm, 1 Stb in die folg. M (= 2 Stb zus. abm.), im Grundmuster bis R-Ende. Wenden.
3. Reihe: Im Grundmuster weiter; enden mit 2 Stb zus. abm. über den letzten 2 M. Wenden. Die 2. und 3. R noch 4/5/6 x wdh. (= 22/24/26 M; 27/31/37 R insges.). Faden abschneiden und sichern.

RECHTES VORDERTEIL
Gitternetzmuster C
1. Reihe: 3 Lm, die ersten 2 Stb üb-spr., * 1 Stb in das folg. Stb, 1 Lm, 1 M üb-spr. (= 1 Stb oder 1 Lm), ab * fortlfd. wdh.; enden mit 1 Stb in die 2. von 2 Lm am Beginn der Vor-R. Wenden.
2. Reihe: 2 Lm, das 1. Stb üb-spr., 1 Stb in 1 ZR, 1 Stb in das folg. Stb, * (1 Lm, 1 Lm üb-spr., 1 Stb in das folg. Stb, 1 Stb in 1 ZR, 1 Stb in das folg. Stb) 2 x, 1 Lm, 1 Lm üb-spr., (1 Stb in das folg. Stb, 1 Stb in 1 ZR) 4 x, 1 Stb in das folg. Stb, ab * fortlfd. wdh; enden mit (1 Stb in das folg. Stb, 1 Stb in 1 ZR) 1/3/5 x, 1 Stb in die 2. der 3 Lm. Wenden.
3. – 6. Reihe: 1. und 2. R 2 x wdh.
7. Reihe: 2 Lm, das 1. Stb üb-spr., je 1 Stb in die nächsten 2/6/10 Stb, * (1 Lm, 1 Lm üb-spr., je 1 Stb in die nächsten 3 Stb) 2 x, 1 Lm, 1 Lm üb-spr., je 1 Stb in die nächsten 9 Stb, ab * fortlfd. wdh.; enden

mit je 1 Stb in die nächsten 2 Stb, 1 Stb in die 2. der 2 Lm. Wenden.

8. Reihe: 2 Lm, das 1. Stb üb-spr., je 1 Stb in die nächsten 2 Stb, * (1 Lm, 1 Lm üb-spr., je 1 Stb in die nächsten 3 Stb) 2 x, 1 Lm, 1 Lm üb-spr., je 1 Stb in die nächsten 9 Stb, ab * fortlfd. wdh.; enden mit je 1 Stb in die nächsten 2/6/10 Stb, 1 Stb in die 2. von 2 Lm. Wenden.

9. und 10. Reihe: Wie 7. und 8. R arb.

Diese 10 R bilden das Gitternetzmuster C. Dieses arb. wie folgt:. 34/38/42 Lm mit Häkel-Nd Nr. 3 in Fb A anschl.

Grundreihe (Hin-R): 1 Stb in die 3. Lm ab Nd, 1 Stb in die folg. Lm, * (1 Lm, 1 Lm üb-spr., je 1 Stb in die nächsten 3 Lm) 2 x, 1 Lm, 1 Lm üb-spr., je 1 Stb in die nächsten 9 Lm, ab * fortlfd. wdh; enden mit je 1 Stb in die nächsten 3/7/11 Lm bis R-Ende (= 33/37/41 M). Wenden. Beginnend mit der 1./7./1. R des Gitternetzmusters C weitere 15/17/21 R arb.; enden mit der 3. R des Gitternetzmusters C (Rück-R; = 16/18/22 R insges.).

Vorderer Halsausschnitt

Im Gitternetzmuster C weiterhäkeln wie folgt:

1. Reihe: 1 Lm, 1 Stb in die folg. M (= 2 Stb zus. abm.), im Gitternetzmuster weiter bis R-Ende. Wenden.

2. Reihe: Im Gitternetzmuster arb.; enden mit 2 Stb zus. abm. über den letzten 2 M. Wenden.

Die 1. und 2. R noch 4/5/6 x wdh, die 1. R nochmals wdh. (= 22/24/26 M; 27/31/37 R insges.). Faden abschneiden und sichern.

ÄRMEL (2 x arbeiten)

Die Ärmel werden vom oberen Rand abwärts zu den Bündchen gearbeitet. 70/78/86 Lm mit Häkel-Nd Nr. 3 anschl.

Grundreihe (Hin-R): 1 Stb in die 3. Lm ab Nd, je 1 Stb in die nächsten 1/5/9 Lm, * (1 Lm, 1 Lm üb-spr., je 1 Stb in die nächsten 3 Lm) 2 x, 1 Lm, 1 Lm üb-spr., je 1 Stb in die nächsten 9 Lm, ab * noch 2 x wdh., Angaben in Klammern 2 x arb.,1 Lm üb-spr., je 1 Stb in die nächsten 3/7/11 Lm bis R-Ende (= 69/77/85 M). Wenden.

Beginnend mit der 7./1./1. R des Gitternetzmusters A noch 2/4/6 R arb., mit der 8./4./6. R des Gitternetzmusters A enden.

Das Muster weiterarb. wie folgt:

1. Abnahme-Reihe: 1 Lm, das 1. Stb üb-spr., 1 Stb in die folg. M (= 2 Stb zus. abm.), im Gitternetzmuster A weiter; enden mit 2 Stb zus. abm. über der letzten M und der 2. Lm am Beginn der Vor-R (= 67/75/83 M). Wenden.

2. Abnahme-Reihe: 1 Lm, die 2 zus. abgem. Stb üb-spr., im Gitternetzmuster A weiter; enden mit 2 Stb zus. abm. über den letzten 2 M (= 65/73/81 M). Wenden.

Die 2. Abnahme-R noch 14/16/18 x wdh., mit der 4./2./6. R des Gitternetzmusters C enden (= 37/41/45 M; 19/23/27 R insges.). Weitere 4/6/6 R im Grundmuster arb. (= 23/29/33 R insges.). Die Ärmel bei Bedarf länger arb. Faden abschneiden und sichern.

FERTIGSTELLUNG

Die Schulternähte über je 22/24/26 M an beiden Seiten schließen, dabei auf Übereinstimmung der Muster-R achten. An beiden Vorderseiten 17/19/21 R ab Schulternaht abwärts abzählen und jeweils die Seitenkanten markieren. Am Rückenteil 18/20/22 R ab Schulternaht abwärts abzählen und beide Seiten markieren. Die Oberkanten beider Ärmel zwischen den Markierungen einsetzen, sodass die Gitternetze exakt übereinstimmen. Die Jacke entsprechend der Anweisung auf der Garnbanderole bügeln.

Karomuster einweben
Die Arbeit mit der rechten Seite nach oben auf eine glatte Fläche legen. In der senkrechten Lochreihe an einer der beiden Vorderkanten beginnen. Einen Faden in Fb B zuschneiden, der 4,5 x so lang sein soll wie die Lochreihe. Den Faden doppelt legen und beide Enden zusammen in die Nd einfädeln. Die Nd durch das unterste Gitternetzloch und die Schlinge in Fb B stechen. Nun die Nd bis zum Halsausschnitt abwechselnd ober- und unterhalb der Stege herführen, dabei die Arbeit vorsichtig dehnen, damit die Stiche nicht zu straff werden, sonst zieht das Webmuster die Arbeit unter Umständen zusammen. Nun den Faden in umgekehrter Richtung bis zur Unterkante führen, dabei die Lücken füllen. Den Faden auf der linken Seite der Arbeit ausstechen und dort entlang der gewebten Linie vernähen. In Richtung Seitenkante weiter arb.: Die nächste senkrechte Lochreihe in Fb C, die dann folgende wieder in Fb B arb. Diese drei Farben (B, C, B) werden in Dreiergruppen fortlfd. wiederholt. Über die Schulternähte hinweg ohne Unterbrechung von einer Unterkante zur anderen weben. Zuerst alle Linien in senkrechter Richtung weben, auch diejenigen über die Ärmel. Die Seitennähte (nicht jedoch die Ärmelnähte) schließen, dann alle Linien in waagerechter Richtung ebenso weben, sodass das Karomuster entsteht. Ärmelnähte schließen.

Umschlagbündchen (an beiden Ärmeln arbeiten)
Von der linken Seite des Ärmels mit Häkel-Nd Nr. 2,5 einen Faden in Fb A am unteren Ende der Ärmelnaht anschlingen.
1. Runde: 1 Lm, 1 fM in jedes Stb und in jeden ZR ringsum; enden mit 1 Km um 1 Lm am Rd-Beg.
2. Runde: 1 Lm, 1 fM in jede fM; enden mit 1 Km um 1 Lm am Rd-Beg. Die 2. Rd noch 5 x wdh. (7 Rd insges.).
Randabschluss: Wenden und von der li. Seite des Bündchens her 1 Lm, 1 Krebs-M in jede fM; enden mit 1 Km um 1 Lm am Rd-Beg. Faden abschneiden und sichern.

Einfassung von Halsausschnitt und Unterkante
Mit Häkel-Nd Nr. 2,5 einen Faden in Fb A an der Unterkante der rechten Seitennaht anschlingen.
1. Runde: 1 Lm, 1 fM in die Unterkante jedes Stb und 1 fM in jeden ZR; enden mit 3 fM in dieselbe Einstichstelle in der Ecke, 2 fM in die Seitenkante jeder R; enden mit 2 fM zus. abm. in der ersten Hals-Ecke, 1 fM in jede M entlang dem hinteren Halsausschnitt; enden mit 2 fM zus. abm. in der zweiten Hals-Ecke, 2 fM in die Seitenkante jeder R; enden mit 3 fM in dieselbe Einstechstelle der zweiten vorderen Ecke, 1 fM in die Unterkante jedes Stb und 1 fM in jeden ZR rings um die Unterkante; enden mit 1 Km um 1 Lm am Rd-Beg.

MÜTZE

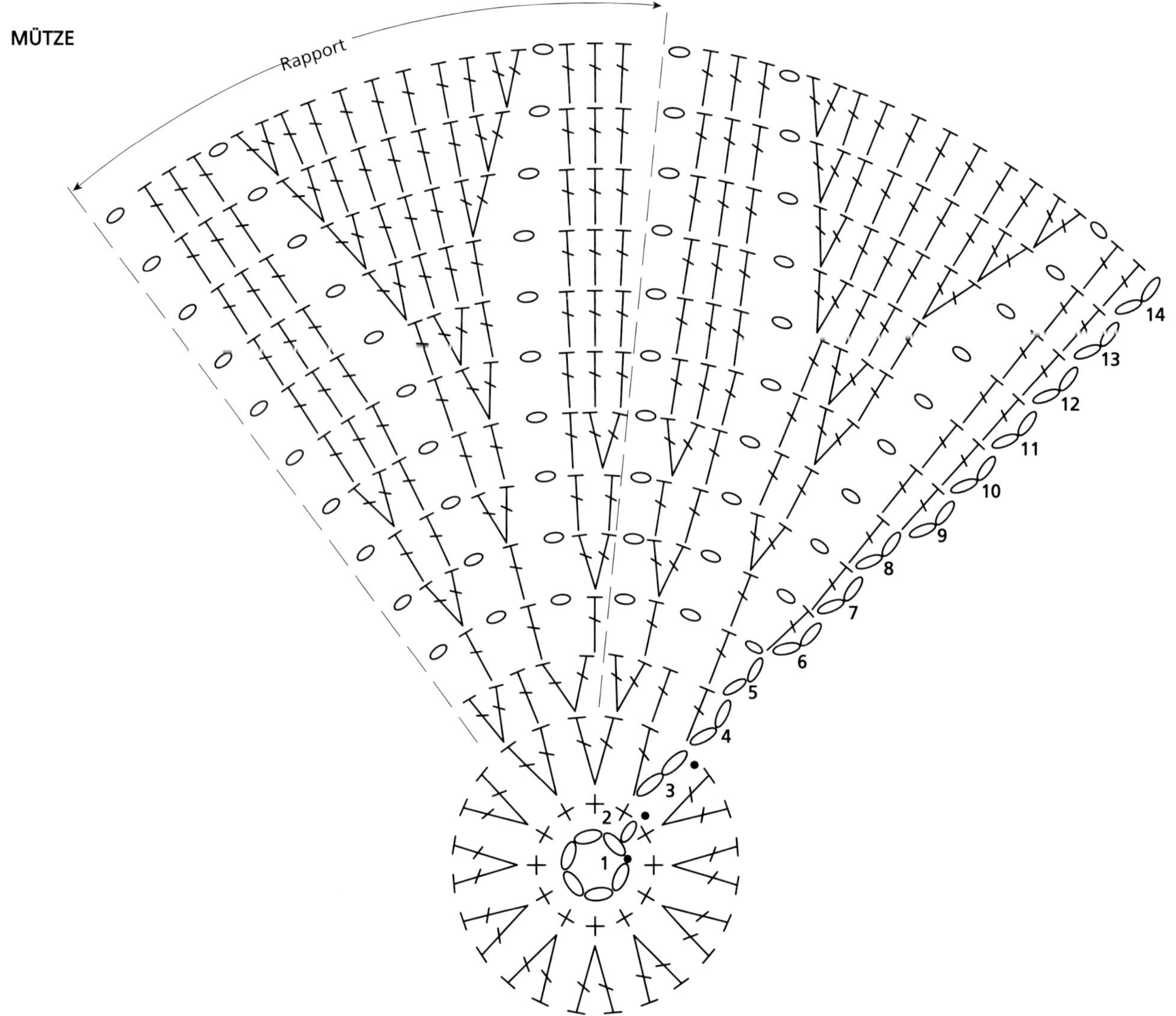

2. Runde: 1 Lm, 1 fM in jede fM, dabei 3 fM in dieselbe Einstichstelle in der Ecke des Halsausschnitts jedes Vorderteils und 2 fM zus. abm. in jeder Ecke des hinteren Halsausschnitts; enden mit 1 Km um 1 Lm am Rd-Beg.
3. Runde: Wie die 2. Rd, jedoch aufwärts entlang der rechten Vorderkante arb. wie folgt: (1 fM in jede von 6/7/9 fM, 2 Lm, 2 Lm üb-spr.) 4 x (wie die 2. Rd vervollständigen).
4. Runde: Wie die 2. Rd arb., dabei 2 fM in jeden 2-Lm-ZR.
5. Runde: Wie die 2. Rd arb.
Randabschluss: Wenden und von der linken Seite der Arbeit wie folgt arb.: 1 Lm, 1 Krebs-M in jede fM; enden mit 1 Km um 1 Lm am Rd-Beg. Faden abschneiden und sichern.
Die Knöpfe entsprechend den Knopflöchern annähen. Die Jacke entsprechend der Anweisung auf der Garnbanderole bügeln.

MÜTZE

1. Runde: 6 Lm mit Häkel-Nd Nr. 3 in Fb A anschl. und mit 1 Km in die 1. Lm zum Ring schließen.
2. Runde (über das Fadenende arbeiten): 1 Lm, 12 fM in den Ring, 1 Km um die Lm am Rd-Beg. (= 12 M).
3. – 12./13./14. Runde: Nach Häkelschrift weiterarb. Nach Beendigung der 8. Rd die Maschenprobe überprüfen.
Alle Größen
128/144/160 M insges. nach der 12./13./14. Rd.
Nächste Runde: 3 Lm, 1 M üb-spr. (= 1 Lm oder 1 Stb), 1 Stb in das folg. Stb, * 1 Lm, 1 M üb-spr., 1 Stb in das folg. Stb, ab * fortlfd. wdh.; enden mit 1 Lm, 1 M üb-spr., 1 Km in die 2. der 3 Lm.
Folg. Runde: 2 Lm, 1 Stb in 1 ZR, 1 Stb in das folg. Stb, * 1 Lm, 1 Lm üb-spr., (1 Stb in das folg. Stb, 1 Stb in 1 ZR) 3/4/5 x, 1 Stb in das folg. Stb, (1 Lm, 1 Lm üb-spr., 1 Stb in das folg. Stb, 1 Stb in 1 ZR, 1 Stb in das folg. Stb) 2 x, ab * fortlfd. wdh.; enden mit 1 Lm, 1 Lm üb-spr., 1 Km in die 2. der 2 Lm.
Diese beiden Rd noch 2 x wiederholen.

Nur 2. und 3. Größe
Nächste Runde: 2 Lm, 1 Stb in jedes Stb und 1 Lm über jeden ZR; enden mit 1 Km in die 2. der 2 Lm.
Nur 3. Größe
Die letzte Rd noch 1 x wiederholen.
Alle Größen
18/20/22 Rd insges.
Abnahme-Runde: 2 Lm, 2 Stb zus. abm. über den folg. 2 Stb, * 1 Lm, 1 Lm üb-spr., 1 Stb in das folg. Stb, (2 Stb zus. abm. über den folg. 2 Stb) 3/4/5 x, (1 Lm, 1 Lm üb-spr., 1 Stb in das folg. Stb, 2 Stb zus. abm. über den folg. 2 Stb) 2 x; enden mit 1 Lm, 1 Lm üb-spr., 1 Km in die 2. der 2 Lm (= 88/96/104 M).
Randabschluss
Mit Häkel-Nd Nr. 2,5 weiterarb.
1. Runde: 1 Lm, 1 fM in jede M (einschl. der ZR); enden mit 1 Km um 1 Lm am Rd-Beg.
2. Runde: 1 Lm, 1 fM in jede fM; enden mit 1 Km um 1 Lm am Rd-Beg.
Die 2. Rd noch 5 x wdh.
Abschlussrunde: Wenden und von der linken Seite der Arbeit weiterarb.: 1 Lm, 1 Krebs-M in jede fM; enden mit 1 Km um 1 Lm am Rd-Beg. Faden abschneiden und sichern.

FERTIGSTELLUNG
Den Fadenanfang vorsichtig straffen, um die Mitte der Mütze zusammenzuziehen.
Mit Fäden in den Farben B und C das Karomuster ebenso wie bei der Jacke weben, dabei in der 4. Rd in der Mitte der Mütze beginnen und an der Außenkante enden.
Aus Fb C eine Troddel anfertigen. Dazu das Garn etwa 20 x um ein 10 cm breites Stück Karton wickeln. Einen separaten Faden am Rand des Kartons unter den Fäden durchführen und fest verknoten; die Fadenenden sollen mind. 20 cm lang sein. Die aufgewickelten Fäden am anderen Ende entlang der Kartonkante durchschneiden (siehe Abb. 1). Mit einem weiteren Faden die Troddel in rund 1,5 cm Abstand vom Knoten umwickeln und abbinden (Abb. 2). Die Troddel mit den langen Fadenenden in der Mitte auf die Mütze nähen.

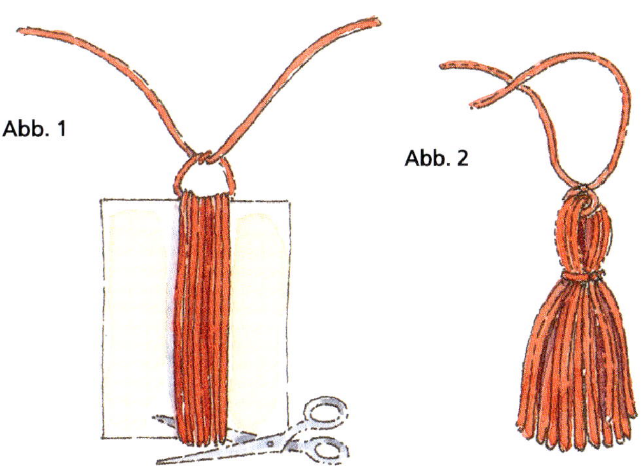

ZWEIFARBIGER PULLOVER

DER LUSTIG BUNTE PULLI WIRD MIT ZWEIFARBIGEN REIHEN GEARBEITET – DA MACHT SCHON DAS HÄKELN SPASS.

GRÖSSEN

für Oberweite	56	61	66 cm
fertig gehäkelte Oberweite	61	66	71 cm
Länge bis Schulter	35	39	45 cm
Unterarmlänge mit umgeschlagenen Bündchen	24	28	33 cm

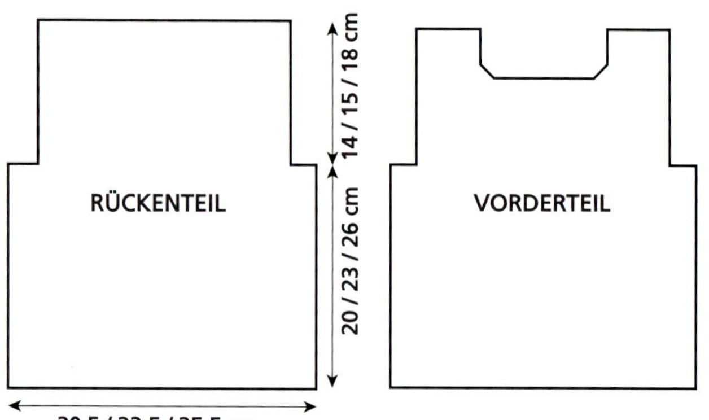

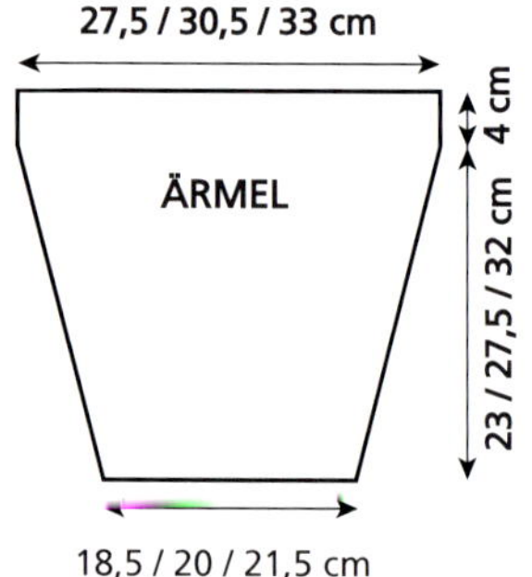

RÜCKENTEIL

48/52/56 Lm mit Häkel-Nd Nr. 4,5 in Fb A anschl.

MATERIAL

150/200/250 g *Sirdar Country Style DK* (LL 159 m/50 g) in Fb A (414 Elfenbein)
50 g *Sirdar Country Style DK* in Fb B (426 Kirschrot)
Häkelnadeln Nr. 4 und 4,5
2 Knöpfe; Hilfsnadel

MASCHENPROBE

15,5 M/10 R mit Häkel-Nd Nr. 4,5 im zweifarbigen Grundmuster gehäkelt = 10 x 10 cm

ANMERKUNG

Der Faden in Fb B wird beim Reihenwechsel locker an der Seitenkante der Arbeit mitgeführt und braucht nicht abgeschnitten zu werden.

Grundreihe: 1 fM in die 2. Lm ab Nd, 1 fM in jede Lm bis R-Ende, 1 Lm (= 47/51/55 fM). Wenden.

Zweifarbiges Muster

1. Reihe (Rück-R): Mit Fb A 2 Lm (nicht als 1. M zählen), 1 hStb in die 1. M, 1 hStb in jede M bis R-Ende. Wenden.

2. Reihe: Mit Fb A 2 Lm, 1 hStb in das 1. hStb, 1 hStb in jede M bis R-Ende. Wenden.

3. Reihe (Rück-R): Weiter mit Fb B; 1 Lm, 1 fM in das 1. hStb, * 1 Lm, 1 hStb üb-spr., 1 fM in das folg. hStb, von * bis R-Ende fortlfd. wdh., dabei die Arbeitsschlinge auf der Hilfs-Nd belassen. Ohne zu wenden die Nd in die 1. fM der Fb B am R-Beg. einstechen, Schlinge in Fb A durchziehen, 1 Lm, 1 fM in dieselbe fM der Fb B, * 1 Stb in das hStb der Fb A unter dem 1. ZR (Lm der Fb B mit erfassen), 1 fM in die folg. fM der Fb B, von * bis R-Ende fortlfd. wdh., 1 Km in die Schlinge der Fb B auf der Hilfs-Nd. Wenden. Hilfs-Nd entfernen.

4. Reihe: Wie die 1. R arb.

5. Reihe: Wie die 2. R arb.

6. Reihe (Hin-R): Weiter mit Fb B; 1 Km in das 1. hStb, 3 Lm, das

ZWEIFARBIGES MUSTER

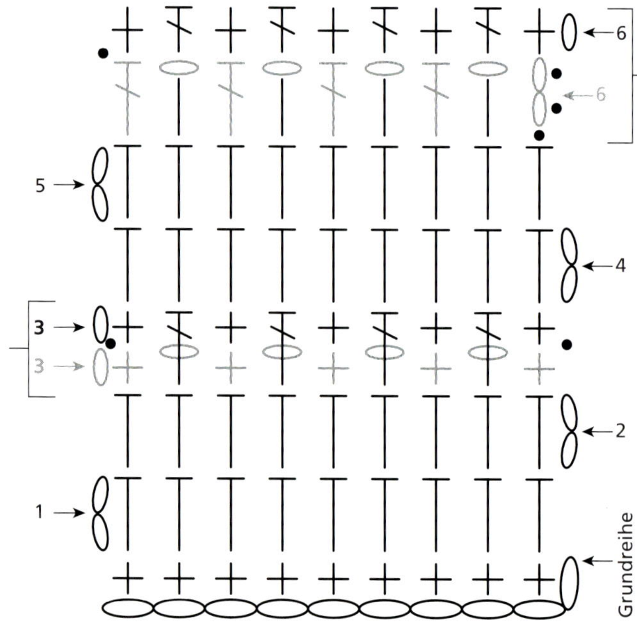

folg. hStb üb-spr., * 1 hStb in das folg. hStb, 1 Lm, 1 hStb üb-spr., ab * fortlfd. wdh.; enden mit 1 Stb in das letzte hStb, dabei die Schlinge auf der Hilfs-Nd belassen.
Ohne zu wenden die Nd in die Lm der Fb B am R-Beg. einstechen, Schlinge in Fb A durchziehen, 1 Km in die folg. Lm der Fb B, 1 Lm, 1 fM in dieselbe Lm der Fb B wie die Km, * 1 Stb hinter der Lm der Fb B in das hStb der Fb A darunter, 1 fM in das folg. Stb der Fb B, von * bis R-Ende fortlfd. wdh., 1 Km in die Schlinge der Fb B auf der Hilfs-Nd. Wenden. Hilfs-Nd entfernen. Diese 6 R bilden das zweifarbige Muster. Sie werden noch 2/2/3 x wiederholt (= 19/19/25 R insges.). Die 1./1. – 4./1. Muster-R nochmals wdh. (= 20/23/26 R insges.). Fäden beider Fb abschneiden und sichern.

Armausschnitte

Von der rechten/linken/rechten Seite der Arbeit einen Faden in Fb A im 7. hStb der letzten R anschlingen.
Nächste Reihe: 2 Lm, 1 hStb in dasselbe hStb, 1 hStb in jedes der folg. 34/38/42 hStb (= 35/39/43 hStb). Wenden (die letzten 6 hStb bleiben ungehäkelt). ** Beginnend mit der 3./6./3. Muster-R noch weitere 13/14/17 Muster-R arb.; enden mit einer 3./1./1. Muster-R. Faden abschneiden und sichern.

VORDERTEIL

Bis ** wie das Rückenteil arb. Ab 3./6./3. Muster-R noch 7/7/10 weitere Muster-R arb.; enden mit der 3./6./6. Muster-R.

Halsausschnitt: 1. Seite

1. Reihe: Mit Fb A 2 Lm, 1 hStb in die 1. M, 1 hStb in jede der folg. 8/10/10 M, 2 hStb zus. abm. über den folg. 2 M (= 10/12/12 M). Wenden.
2. Reihe: 2 Lm, 2 hStb zus. abm. über 2 zus. abgem. hStb und das folg. hStb, 1 hStb in jedes hStb bis R-Ende (= 9/11/11 M). Wenden.
Beginnend mit der 6./3./3. Muster-R noch weitere 4/5/5 R im zweifarbigen Muster arb.; enden mit einer 3./1./1. Muster-R. Faden abschneiden und sichern.

2. Seite

Von der rechten/linken/rechten Seite der Arbeit 12/12/16 M in der Mitte des Vorderteils üb-spr. und einen Faden in Fb A in der folg. M anschlingen.
1. Reihe: 2 Lm, 2 hStb zus. abm. über den folg. 2 M, 1 hStb in jede M bis R-Ende (= 10/12/12 M). Wenden.
2. Reihe: 2 Lm, 1 hStb in das 1. hStb, je 1 hStb in die nächsten 7/9/9 hStb, 2 hStb zus. abm. über dem letzten hStb und den 2 zus. abgem. hStb (= 9/11/11 M). Wenden.
Beginnend mit der 6./3./3. Muster-R noch 4/5/5 weitere R im zweifarbigen Muster arb., mit einer 3./1./1. Muster-R enden. Faden abschneiden und sichern.

ÄRMEL (2 x arbeiten)

30/32/34 Lm mit Häkel-Nd Nr. 4,5 in Fb A anschl.
Die Grund-R wie beim Rückenteil arb. (= 29/31/33 fM).
1. Zunahme-Reihe: Mit Fb A 2 Lm, 2 hStb in die 1. M, 1 hStb in jede M bis R-Ende. Wenden.
2. Zunahme-Reihe: Weiter mit Fb A, 2 Lm, 2 hStb in das 1. hStb, 1 hStb in jedes hStb bis R-Ende. Wenden.

3. Zunahme-Reihe: Wie die 3. R des zweifarbigen Musters arb.
4 und 5. Zunahme-Reihe: Wie die 1. und 2. Zunahme-R arb.
6. Zunahme-Reihe: Wie die 6. R des zweifarbigen Musters arb. (= 33/35/37 M). Diese 6 R noch 2/3/3 x wdh.

Nur 1. und 3. Größe

Die 1. und 2. Zunahme-R noch 1 x wdh.

Alle Größen

43/47/51 M; 21/25/27 R insges., mit der 2./6./2. Zunahme-R enden. Ab 3./1./3. Muster-R das zweifarbige Muster arb., bis der Ärmel insges. 23/27/32 cm lang ist. Faden abschneiden und sichern.
Beg. und Ende der letzten R markieren. Noch weitere 4 Muster-R arb. Faden abschneiden und sichern.

FERTIGSTELLUNG

Halsblende

Linke Schulternaht schließen. Von der rechten Seite der Arbeit mit Häkel-Nd Nr. 4 einen Faden der Fb A an der Kante des Armausschnitts der rechten Schulter des Rückenteils anschlingen.
1. Reihe: 1 Lm, 1 fM in die 1. M, 1 fM in jede M entlang der Oberkante des Rückenteils bis zur Schulternaht, 2 fM zus. abm. in der Ecke, 10/12/12 fM abwärts entlang der Seitenkante der 1. Seite des Halsausschnitts, 2 fM zus. abm. in der Ecke, 1 fM in jede M entlang der vorderen Mitte, 2 fM zus. abm. in der Ecke, 10/12/12 fM aufwärts entlang der Seitenkante des Halsausschnitts bis zur Ecke. Wenden.
2. Reihe: 1 Lm, 1 fM in die 1. fM, 1 fM in jede fM bis auf die letzten 9/11/11 fM. Wenden, dabei die letzten 9/11/11 fM frei lassen; sie bilden die Kante der rückw. Schulter. (Die fM in dieser R zählen: Es muss sich um eine ungerade Zahl handeln. Falls nicht, in der Mitte des Rückenteils 2 fM zus. abm.)
3. Reihe: Weiter mit Fb B, 1 Km in die 1. fM, 3 Lm, die folg. fM üb-spr., * 1 Stb in die folg. fM, 1 Lm, 1 fM üb-spr., ab * fortlfd. wdh.; enden mit 1 Stb in die letzte fM, die Arbeitsschlinge auf der Hilfs-Nd belassen. Ohne zu wenden die Nd in die 1. Lm der Fb B einstechen, 1 Schlinge der Fb A durchziehen, 1 Km in die folg. Lm Fb B, 1 Lm, 1 fM in dieselbe Lm der Fb B wie die Km, * 1 Stb hinter die Lm der Fb B in die fM der Fb A darunter, 1 fM in das folg. Stb der Fb B, von * bis R-Ende fortlfd. wdh.; enden mit 1 Km in die Schlinge Fb B auf der Hilfs-Nd. Wenden. Hilfs-Nd entfernen.
4. Reihe: 1 Lm, 1 Km in jede M bis R-Ende. Faden abschneiden und sichern.

Knopflochblende

Von der rechten Seite der Arbeit mit Häkel-Nd Nr. 4 einen Faden in Fb A in der Ecke der Schulterleiste vorn links anschlingen.
1. Reihe: 1 Lm, 5 fM in die Seitenkante der Schulterleiste, 1 fM in jede der 9/11/11 hStb entlang der Schulterkante (= 14/16/16 fM). Wenden.
2. Reihe: 1 Lm, 1 fM in die 1. fM, 1 fM in jede der folg. 2 fM, (2 Lm, 2 fM üb-spr., 1 fM in jede der folg. 2/3/3 fM) 2 x, 2 Lm, 2 fM üb-spr., 1 fM in die letzte fM. Wenden.
3. Reihe: 1 Lm, 1 fM in die 1. fM, 2 fM in jeden ZR und 1 fM in jede fM bis R-Ende. Faden abschneiden und sichern.
Die Knopflochblende über das Rückenteil klappen, die Seitenkanten der letzten R des Rücken- und Vorderteils übereinander legen und die Seitenkante der Knopflochleiste am Ärmelausschnitt annähen. Ärmel einsetzen. Seiten- und Ärmelnähte schließen, dabei auf übereinstimmende Musterreihen achten.

Ärmelbündchen (an beiden Ärmeln arbeiten)

Von der rechten Seite der Arbeit mit Häkel-Nd Nr. 4 einen Faden in Fb A am unteren Ende der Ärmelnaht anschlingen.
1. Runde: 1 Lm, 1 fM in jede der 29/31/33 Lm, 1 Km in die 1. fM der Rd.
2. Runde: 1 Lm, 1 fM in jede der ersten 3/3/4 fM, (2 fM zus. abm. über den folg. 2 fM, 1 fM in jede der folg. 3/4/4 fM) 4 x, 2 fM zus. abm. über den folg. 2 fM, 1 fM in jede fM; enden mit 1 fM in die 1. fM der Rd (= 5 M abgenommen).
3. Runde: 1 fM in jede fM; enden mit 1 fM in die 1. fM der Rd.
Die 3. Rd noch 6 x wdh. Faden abschneiden und sichern.

Unterkante

Von der rechten Seite der Arbeit mit Häkel-Nd Nr. 4 einen Faden in Fb A an der Unterkante einer Seitennaht im ZR zwischen 2 fM der 1. R anschlingen.
1. Runde: 1 Lm, 1 fM in denselben ZR, 1 fM in jeden ZR zwischen 2 fM der 1. R ringsum; enden mit 1 Km in die 1. fM der Rd.
Faden abschneiden und sichern.
Knöpfe annähen. Den Pullover entsprechend den Pflegehinweisen bügeln.

ZWEI MÜTZEN

AUS EINER GRUNDFORM ENTSTEHEN HIER GLEICH ZWEI MODELLE: EIN HÄSCHEN MIT GESICHT UND OHREN ODER EIN SÜSSES FRÜCHTCHEN MIT STÄNGEL UND KELCHBLÄTTERN.

GRÖSSEN

für Kopfumfang	45,5	48	50,5 cm

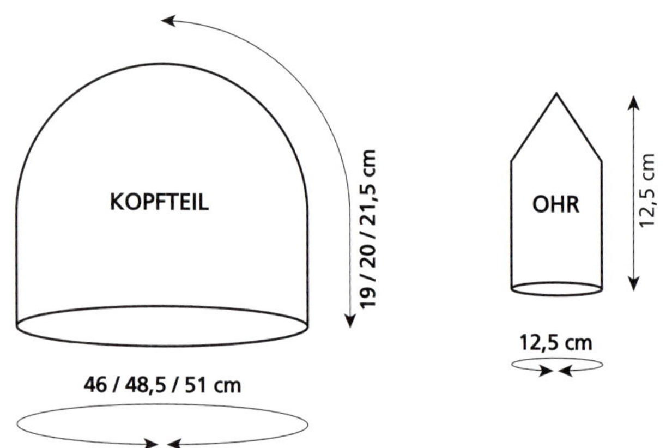

MATERIAL

HASENMÜTZE
100 g *Jaeger Matchmaker Merino 4-fädig* (100% Merinowolle; LL 183 m/50 g) in Fb A (782 Flanell)
Strickgarnreste in Schwarz und Weiß
Häkelnadel Nr. 3
15 x 15 cm Volumenvlies
Wollnadel ohne Spitze für die Stickerei
Stopfnadel; dünner Karton

BEERENMÜTZE
50/100/100 g *Jaeger Matchmaker Merino 4-fädig* (100% Merinowolle; LL 183 m/50 g) in Fb A (715 Thymian)
Restknäuel *Jaeger Matchmaker Merino 4-fädig* in Fb B (713 Grasgrün)
Rest *Jaeger Matchmaker Merino 4-fädig* in Fb C (697 Päonie)
Häkelnadel Nr. 3

Maschenprobe
Die ersten 13 Rd haben einen Durchmesser von 10 cm.

HASENMÜTZE

KOPFTEIL

1. Runde: 6 Lm mit Häkel-Nd Nr. 3 in Fb A anschl. und mit 1 Km in die 1. Lm zum Ring schließen.

2. Runde (über den Anfangsfaden hinweg häkeln): 1 Lm, 12 fM in den Lm-Ring, 1 Km in die 1. fm der Rd (= 12 M).

3. Runde: 1 Lm, 1 fM in die Grund-M dieser Lm, (1 fM in die nächste fM, 2 fM in die folg. fM) 5 x, 1 fM in die nächste fM, 1 Km in die Lm am Rd-Beg. (= 18 M).

4. Runde: 1 Lm, 1 fM in die Grund-M dieser Lm, (je 1 fM in die nächsten 2 fM, 2 fM in die folg. fM) 5 x, je 1 fM in die nächsten 2 fM, 1 Km in die Lm am Rd-Beg. (= 24 M).

5. Runde: 1 Lm, 1 fM in die Grund-M dieser Lm, (je 1 fM in die nächsten 3 fM, 2 fM in die folg. fM) 5 x, je 1 fM in die nächsten 3 fM, 1 Km in die Lm am Rd-Beg. (= 30 M).

6. Runde: 1 Lm, 1 fM in die Grund-M dieser Lm, (je 1 fM in die nächsten 4 fM, 2 fM in die folg. fM) 5 x, je 1 fM in die nächsten 4 fM, 1 Km in die Lm am Rd-Beg. (= 36 M).

7. Runde: 1 Lm, 1 fM in die Grund-M dieser Lm, (je 1 fM in die nächsten 5 fM, 2 fM in die folg. fM) 5 x, je 1 fM in die nächsten 5 fM, 1 Km in die Lm ab Rd-Beg. (= 42 M).

8. Runde: 1 Lm, 1 fM in die Grund-M dieser Lm, (je 1 fM in die nächsten 6 fM, 2 fM in die folg. fM) 5 x, je 1 fM in die nächsten 6 fM, 1 Km in die Lm am Rd-Beg. (= 48 M).

9. Runde: 1 Lm, 1 fM in die Grund-M dieser Lm, (je 1 fM in die nächsten 7 fM, 2 fM in die folg. fM), 5 x, je 1 fM in die nächsten

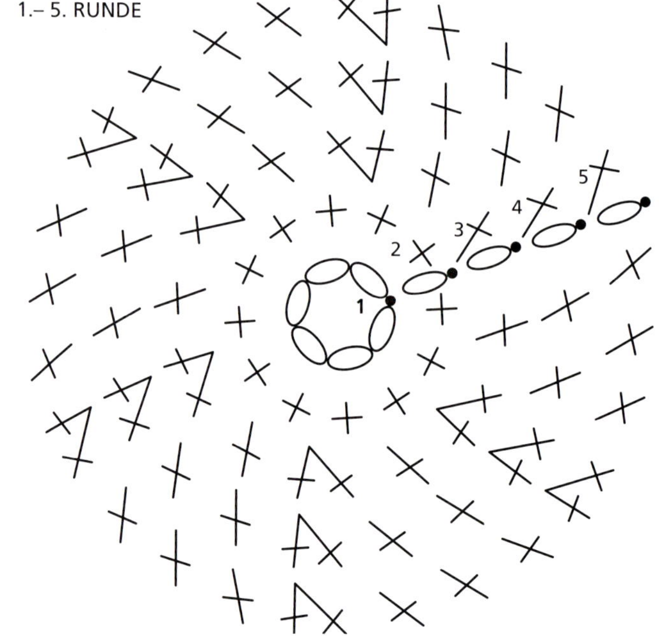

7 fM, 1 Km in die Lm am Rd-Beg. (= 54 M).

10. Runde: 1 Lm, 1 fM in die Grund-M dieser Lm, (je 1 fM in die nächsten 8 fM, 2 fM in die folg. fM) 5 x, je 1 fM in die nächsten 8 fM, 1 Km in die Lm am Rd-Beg. (= 60 M).

11. Runde: 1 Lm, 1 fM in die Grund-M dieser Lm, (je 1 fM in die nächsten 9 fM, 2 fM in die folg. fM) 5 x, je 1 fM in die nächsten 9 fM, 1 Km in die Lm, am Rd-Beg. (= 66 M).

12. Runde: 1 Lm, 1 fM in die Grund-M dieser Lm, (je 1 fM in die nächsten 10 fM, 2 fM in die folg. fM) 5 x, je 1 fM in die nächsten 10 fM, 1 Km in die Lm am Rd-Beg. (= 72 M).

13. Runde: 1 Lm, 1 fM in die Grund-M dieser Lm, (je 1 fM in die nächsten 11 fM, 2 fM in die folg. fM) 5 x, je 1 fM in die nächsten 11 fM, 1 Km in die Lm am Rd-Beg. (= 78 M; hier die M-Probe überprüfen).

14. Runde: 1 Lm, 1 fM in die Grund-M dieser Lm, (je 1 fM in die nächsten 12 fM, 2 fM in die folg. fM) 5 x, je 1 fM in die nächsten 12 fM, 1 Km in die Lm am Rd-Beg. (= 84 M).

15. Runde: 1 Lm, 1 fM in die Grund-M dieser Lm, (je 1 fM in die nächsten 13 fM, 2 fM in die folg. fM) 5 x, je 1 fM in die nächsten 13 fM, 1 Km in die Lm am Rd-Beg. (= 90 M).

16. Runde: 1 Lm, 1 fM in die Grund-M dieser Lm, (je 1 fM in die nächsten 14 fM, 2 fM in die folg. fM) 5 x, je 1 fM in die nächsten 14 fM, 1 Km in die Lm am Rd-Beg. (= 96 M).

17. Runde: 1 Lm, 1 fM in die Grund-M dieser Lm, (je 1 fM in die nächsten 15 fM, 2 fM in die folg. fM) 5 x, je 1 fM in die nächsten 15 fM, 1 Km in die Lm am Rd-Beg. (= 102 M).

Nur 2. und 3. Größe

18. Runde: 1 Lm, 1 fM in die Grund-M dieser Lm, (je 1 fM in die nächsten 16 fM, 2 fM in die folg. fM) 5 x, je 1 fM in die nächsten 16 fM, 1 Km in die Lm am Rd-Beg. (= 108 M).

Nur 3. Größe

19. Runde: 1 Lm, 1 fM in die Grund-M dieser Lm, (je 1 fM in die nächsten 17 fM, 2 fM in die folg. fM) 5 x, je 1 fM in die nächsten 17 fM, 1 Km in die Lm am Rd-Beg. (= 114 M).

Abb. 1

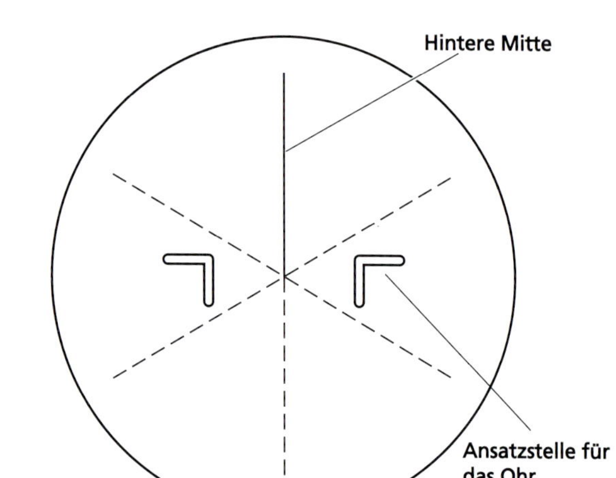

Abb. 2

Alle Größen: 102/108/114 M
18./19./20. Runde: 1 Lm, 1 fM in die Grund-M dieser Lm, 1 fM in jede fM bis zur letzten fM, diese letzte fM üb-spr., 1 Km in die Lm am Rd-Beg.
Die 18./19./20. Rd fortlfd. wdh., bis die Mütze vom Mittelpunkt zum äußeren Rand 15/16,5/18 cm misst. Mit einer vollständigen Rd enden.
Abnahme-Runde: 1 Lm, die fM am Fuß dieser Lm üb-spr., (je 1 fM in die nächsten 15/16/17 fM, 2 fM zus. abm. über den nächsten 2 fM) 5 x, je 1 fM in die nächsten 15/16/17 fM, 1 Km in die Lm am Rd-Beg. (= 96/102/108 M).
Die 18./19./20. Rd fortlfd. wdh, bis die Mütze vom Mittelpunkt bis zum äußeren Rand 19/20/21,5 cm misst. Mit einer vollständigen Rd enden. Faden abschneiden und sichern.
Die Unterkante der Mütze rollt sich zur rechten Seite der Arbeit hin auf.

OHREN (2 x arbeiten)
1. Runde: 30 Lm mit Häkel-Nd Nr. 3 in Fb A mn anschl. und mit 1 Km in die 1. Lm zum Ring schließen.
2. Runde: 1 Lm, 1 fM in die Lm am Fuß dieser Lm, 1 fM in jede Lm bis zur letzten Lm, diese letzte Lm üb-spr., 1 Km in die Lm am Rd-Beg. (= 30 M).
3. Runde: 1 Lm, 1 fM in die M am Fuß dieser Lm, 1 fM in jede fM bis zur letzten fM, diese letzte fM üb-spr., 1 Km in die Lm am Rd-Beg.
Die 3. Rd noch 15 x wdh. (= 18 Rd).
Abnahme-Runde: 1 Lm, die M am Fuß dieser Lm üb-spr., 1 fM in jede fM bis zu den letzten 3 fM, 2 fM zus. abm. über den nächsten 2 fM, 1 fM üb-spr., 1 Km in die Lm am Rd-Beg. (= 28 M).
Nächste Runde: 1 Lm, 1 fM in die M am Fuß dieser Lm, 1 fM in jede fM bis zu den 2 zus. abgem. fM, diese letzte M üb-spr., 1 Km in die Lm am Rd-Beg.
Die letzten 2 Rd noch 2 x wdh. (= 24 M).

Abb. 3

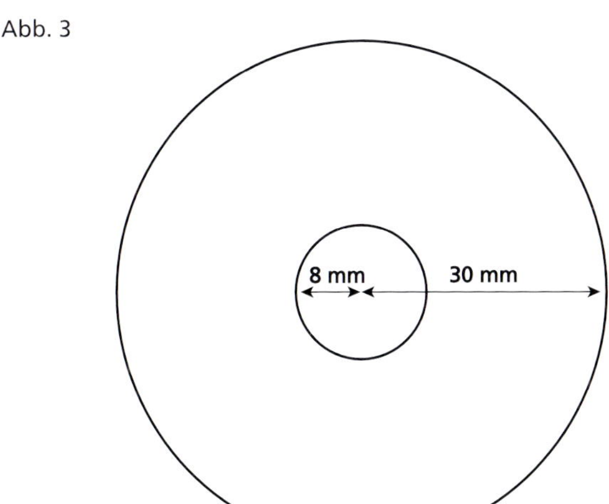

Die Abnahme-Rd noch 9 x wdh. (= 6 M). Faden abschneiden und sichern.

FERTIGSTELLUNG
Die Ohren flach bügeln (Abnahmen in der vorderen Mitte). Zwei Stücke Volumenvlies in Ohrenform schneiden und in die Ohren stecken. Mit Fb A und einer Stopfnadel in Kettstichen (siehe Seite 12) eine senkrechte Linie in der vorderen Mitte der Ohren sticken, um die Abnahmen zu kaschieren. Dabei das Volumenvlies mitfassen, die Rückseite des Ohrs jedoch nicht durchstechen. Die Öffnung an der Unterkante der Ohren mit überwendlichen Stichen schließen. Dann die Unterkante im rechten Winkel falten und die Ohren an den gekennzeichneten Stellen (siehe Abb. 1) auf die Mütze nähen. Das geht leichter, wenn Sie die Mütze über eine Schüssel oder einen Ball ziehen. Das Hasengesicht mit schwarzem Garn aufsticken (siehe Abb. 2).
Mit einem Zirkel zwei Ringe auf Karton aufzeichnen, wie in Abb. 3 gezeigt, und ausschneiden. Die Ringe zusammenlegen und einen Pompon anfertigen, wie auf Seite 108 (Kuschelkissen) beschrieben. Den Pompon in der hinteren Mitte annähen.

BEERENMÜTZE

Das Kopfteil in Fb A arb., wie bei der Hasenmütze beschrieben.

DEKORATION

Beerenkette

9 Lm mit Häkel-Nd Nr. 3 in Fb C anschl.

1. Runde: 7 DStb zus. abm. in die 4. Lm ab Nd, (9 Lm, 7 DStb zus. abm. in die 4. Lm ab Nd) 2 x, mit 1 Km in die 1. Lm zum Ring schließen. Faden abschneiden und sichern.

Stängel

10 Lm mit Häkel-Nd. Nr. 3 in Fb B anschl.

1. Reihe: 1 fM in die 2. Lm ab Nd., je 1 fM in die nächsten 8 Lm (= 9 fM). Wenden.

2. Reihe: 1 Lm, 1 fM in die 1. fM, dann 1 fM in jede fM bis R-Ende. Wenden.

Die 2. R noch 4 x wdh. (= 6 R).

7. Reihe: Die Unterkante zur Oberkante falten und durch beide Lagen hindurch häkeln, sodass eine Röhre entsteht: 1 Lm, (1 Km durch beide Lagen) 9 x.

In Runden weiterhäkeln wie folgt:

1. Runde: 1 Lm, 6 fM gleichmäßig verteilt um das Ende der Röhre (Häkel-Nd von der Außenseite der Röhre nach innen durchstechen); enden mit 1 Km in die 1. fM der Rd.

2. Runde: 1 Lm, 1 fM in die fM am Fuß dieser Lm, je 2 fM in die nächsten 5 fM, 1 Km in die Lm am Rd-Beg. (= 12 M).

3. Runde: 1 Lm, 1 fM in die fM am Fuß dieser Lm, (1 fM in die nächste fM, 2 fM in die folg. fM) 5 x, 1 fM in die letzte fM, 1 Km in die Lm am Rd-Beg. (= 18 M).

Die Beerenkette über den Stängel legen.

4. Runde: 1 Lm, 1 fM in die fM am Fuß dieser Lm und um die Lm zwischen 2 Beeren der Beerenkette; (je 1 fM in die nächsten 2 fM, 2 fM in die folg. fM, je 1 fM in die nächsten 2 fM), dabei gleichzeitig dieselbe Lm-Kette der Beerenkette umfassen; * die Beere auf die rechte Seite der Arbeit drücken; (2 fM in die nächste fM, je 1 fM in die nächsten 2 fM) 2 x, dabei die Lm-Kette zwischen der letzten und der nächsten Beere umfassen; ab * noch 1 x wdh.; die Beere auf die rechte Seite der Arbeit drücken, 1 Km in die Lm am Rd-Beg. (= 24 M).

1. Blatt

1. Reihe: 1 Lm, 1 fM in die fM am Fuß dieser Lm, je 1 fM in die nächsten 2 fM, 2 fM in die nächste fM (= 5 fM). Wenden.

2. Reihe: 1 Lm, je 1 fM in die ersten 4 fM, 2 fM in die letzte fM (= 6 fM). Wenden.

3. Reihe: 1 Lm, 1 fM in die 1. fM, dann 1 fM in jede fM bis R-Ende. Wenden.

Die 3. R noch 7 x wdh. (= 10 R).

11. Reihe: 1 Lm, die 1. fM üb-spr., 1 fM in jede fM bis R-Ende (= 5 fM). Wenden.

Die 11. R noch 3 x wdh. (= 2 fM).

15. Reihe: 1 Lm, die 1. fM üb-spr., 1 fM in die letzte fM (= 1 M). Faden abschneiden und sichern.

2. Blatt

Von der rechten Seite der Arbeit den Faden in Fb B an der nächsten fM der 4. Rd anschlingen und das Blatt arb. wie das 1. Blatt.

Auf dieselbe Weise 4 weitere Blätter arb.; beim letzten Blatt den Faden nicht abschneiden.

Umrandung: 1 Lm, *1 fM in die Seitenkante jeder R des Blattes, 3 fM zus. abm. in der Innenecke, 1 fM in die Seitenkante jeder R des nächsten Blattes, 4 fM in dieselbe Einstichstelle an der äußeren Spitze; ab * fortlfd. rund um alle Blätter wdh.; enden mit 1 Km in die Lm am Rd-Beg. Faden abschneiden und sichern.

Die Dekoration auf die obere Mitte der Mütze nähen, dabei die Blätter gleichmäßig ausbreiten. Mit Fb B im Rückstich rund um die Blätterkanten annähen.

TAUFDECKE

DIE KOSTBARE WEICHE UND LEICHTE DECKE AUS REINEM SEIDENGARN WIRD GANZ BESTIMMT VON GENERATION ZU GENERATION WEITERGEGEBEN.

GRÖSSE

ca. 110 x 110 cm. Dieses Modell wird in der Mitte begonnen und in Runden gearbeitet.

MATERIAL

300 g ungefärbtes 2-fädiges Seidengarn von *Texere Yarns* (100% Seide, LL 400 m/50 g; Art.Nr. SS16); Häkelnadel Nr. 2,5

MASCHENPROBE
Arbeiten Sie das Mittelquadrat bis zur 4. Runde und dämpfen Sie es, wie auf der Garnbanderole angegeben. Ist Ihr Quadrat zu klein, häkeln Sie ein weiteres Probestück mit ei-ner dickeren Nadel; ist es zu groß, mit einer dünneren. Wenn Sie allzu fest häkeln, wirkt die Decke zu steif, häkeln Sie zu locker, hält sie die Form nicht.

SPEZIELLE ABKÜRZUNGEN
3 Stb zus. abm. = *1 U, Häkel-Nd wie gewohnt einstechen, 1 U, Faden durch 1 Schlinge ziehen, 1 U, Faden durch 2 Schlingen ziehen; ab * noch 2 x wdh.; 1 U, Faden durch die 4 Schlingen auf der Nd ziehen.
2 DStb zus. abm. = *2 U, Häkel-Nd wie gewohnt einstechen, 1 U, Faden durch 1 Schlinge ziehen, (1 U, Faden durch 2 Schlingen ziehen) 2 x; ab * noch 1 x wdh.; 1 U, Faden durch die 3 Schlingen auf der Nd ziehen.
3 DStb zus. abm. = *2 U, Häkel-Nd wie gewohnt einstechen, 1 U, Faden durch 1 Schlinge ziehen, (1 U, Faden durch 2 Schlingen ziehen) 2 x; ab * noch 2 x wdh.; 1 U, Faden durch die 4 Schlingen auf der Nd ziehen.
1 Fächer = 1 DStb, 4 Stb in die Fußschlinge dieses DStb; dabei die Häkel-Nd hinter 2 Fäden einstechen.

MITTELQUADRAT: 6 Lm mit Häkel-Nd Nr. 2,5 anschl. und mit 1 Km in die 1. Lm zum Ring schließen.
1. Runde: 1 Lm, 12 fM in den Ring und über das Fadenende, 1 Km um die 1. Lm am Rd-Beg. **2. Runde:** 3 Lm, 1 Stb in die M am Fuß der 3 Lm, je 2 Stb in die übrigen 11 fM; enden mit 1 Km in die 3. der 3 Lm am Rd-Beg. (= 24 M). **3. Runde:** 3 Lm, 2 DStb zus. abm., dabei in jedes der nächsten 2 Stb einstechen; *3 Lm, (3 Stb zus. abm., dabei die Nd in dieselbe Einstichstelle wie bei der letzten M und in jedes der nächsten 2 Stb einstechen, 2 Lm) 2 x, 3 DStb zus. abm, dabei die Nd in dieselbe Einstichstelle wie bei der letzten M und in jedes der nächsten 2 Stb einstechen; ab * noch 2 x wdh.; 3 Lm, 3 Stb zus. abm., dabei die Nd einstechen wie zuvor; 3 Lm, 3 Stb zus. abm., dabei die Nd in dieselbe Einstichstelle einstechen wie bei der letzten M, ins nächste Stb und in die M am Fuß der 3 Lm am Rd-Beg., 3 Lm, 1 Km in die Spitze der 2 zus. abgem. DStb.

4. Runde: 4 Lm, 1 Km in die Spitze der 2 zus. abgem. DStb am Fuß der Lm (= 1. Picot), * 3 fM um 3 Lm, 1 fM in die Spitze der nächsten M-Gruppe, 3 Lm, 1 Km in dieselbe Einstichstelle wie die letzte fM (= 2. Picot); ab * fortlfd. wdh.; enden mit 1 Km in die 1. der 4 Lm am Rd-Beg. (An dieser Stelle die Maschenprobe überprüfen.). **5. Runde:** 1 fM in den Eck-Picot, * 5 Lm, 1 fM in denselben Eck-Picot, 5 Lm, 1 fM in den nächsten Picot, 3 Lm, 1 fM in den nächsten Picot, 5 Lm, 1 fM in den nächsten Eck-Picot; ab * fortlfd. wdh.; enden mit 1 Km in die fM am Rd-Beg. **6. Runde:** (1 fM, 3 Lm, 1 Fächer) um die Lm-Gruppe in der Ecke, * 5 Stb in die 3. der nächsten 5 Lm, 5 Stb in die 2. der nächsten 3 Lm, 5 Stb in die 3. der nächsten 5 Lm, 2 Fächer um die Lm-Gruppe in der Ecke; ab * fortlfd. wdh.; enden mit 4 Stb in die fM am Rd-Beg., 1 Km in die 3. der 3 Lm.

FÄCHERMUSTER

7. Runde: (1 fM, 3 Lm, 1 Fächer) in den Eck-ZR vor dem nächsten Fächer; * 1 Fächer üb-spr., (1 Fächer in den ZR vor den nächsten 5 Stb, 5 Stb üb-spr.) 3 x, 1 Fächer in den ZR vor dem nächsten Fächer, 1 Fächer üb-spr., 2 Fächer in den Eck-ZR; ab * fortlfd. wdh.; enden mit 4 Stb in die fM am Rd-Beg., 1 Km in die 3. der 3 Lm (= 6 Fächer an jeder Seite des Quadrats). **8. Runde:** (1 fM, 3 Lm, 1 Fächer) in den ZR vor dem nächsten Fächer; *(1 Fächer üb-spr, 1 Fächer in den ZR vor dem nächsten Fächer) fortlfd. wdh. bis zur Ecke, 2 Fächer in den Eck-ZR; ab * fortlfd. wdh.; enden mit 4 Stb in die fM am Rd-Beg., 1 Km in die 3. der 3 Lm (= 8 Fächer auf jeder Seite des Quadrats). Die 8. Rd noch 8 x wdh. (= 24 Fächer auf jeder Seite des Quadrats). Faden abschneiden und sichern.

MITTELQUADRAT, 1. – 7. Runde

FÄCHERNETZMUSTER

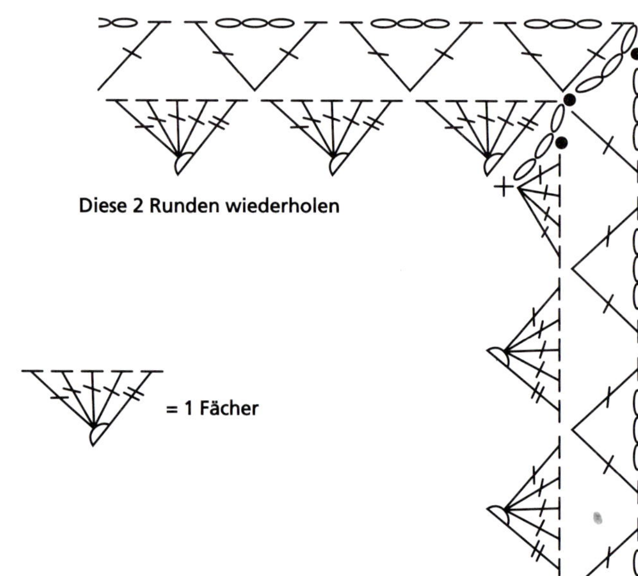

1. RAHMEN AUS QUADRATEN

1. Quadrat: 1. – 3. Rd arb. wie Mittelquadrat.

4. Runde: Wie die 4. Rd des Mittelquadrats arb., doch die 3. Seite mit der letzten Rd des Fächermusters verbinden: Beide Teile mit der rechten Seite nach oben halten und an der 3. Ecke anstelle des Picots aus 3 Lm häkeln wie folgt: (1 Lm, 1 Km zwischen 2 Eck-Fächern, dabei die Nd von der linken zur rechten Seite einstechen, 1 Lm). * Anstelle des nächsten Picots aus 3 Lm häkeln wie folgt: (1 Lm, 1 Km zwischen den nächsten 2 Fächern entlang der Seitenkante, dabei die Nd einstechen wie zuvor, 1 Lm); ab * noch 1 x wdh.; die 4. Ecke wie die 3. arb.; anschl. die Rd wie gewohnt fertig stellen; enden mit 1 Km in die 1. der 4 Lm. Faden abschneiden und sichern.

2. Quadrat: Wie das 1. Quadrat arbeiten, jedoch die 2. Ecke mit der 1. Ecke des vorhergehenden Quadrats verbinden, die 2. Seite mit der 4. Seite des vorhergehenden Quadrats, die 3. Ecke mit demselben ZR wie die 4. Ecke des vorhergehenden Quadrats und die 3. Seite mit der letzten Runde des Fächermusters; dabei im Uhrzeigersinn um die Kante des Hauptteils herum arbeiten. Weitere 34 Quadrate auf dieselbe Weise häkeln und miteinander sowie mit dem Mittelquadrat verbinden (siehe Grafik S. 91). Beachten Sie dabei, dass jedes Eckquadrat mit zwei Quadraten der rechts und links angrenzenden Seiten und nur mit einer Ecke mit dem Hauptteil verbunden wird.

FÄCHERNETZMUSTER

1. Runde: Von der rechten Seite der Arbeit den Faden am Picot in einer Ecke anschlingen und häkeln wie folgt: 4 Lm, 1 Km in denselben Picot, * 5 Lm, 1 fM in den nächsten Picot, 3 Lm, 1 fM in den nächsten Picot, 5 Lm, 2 fM zus. abm. über den 2 verbundenen Picots, [ab * fortlfd. wdh.; enden mit

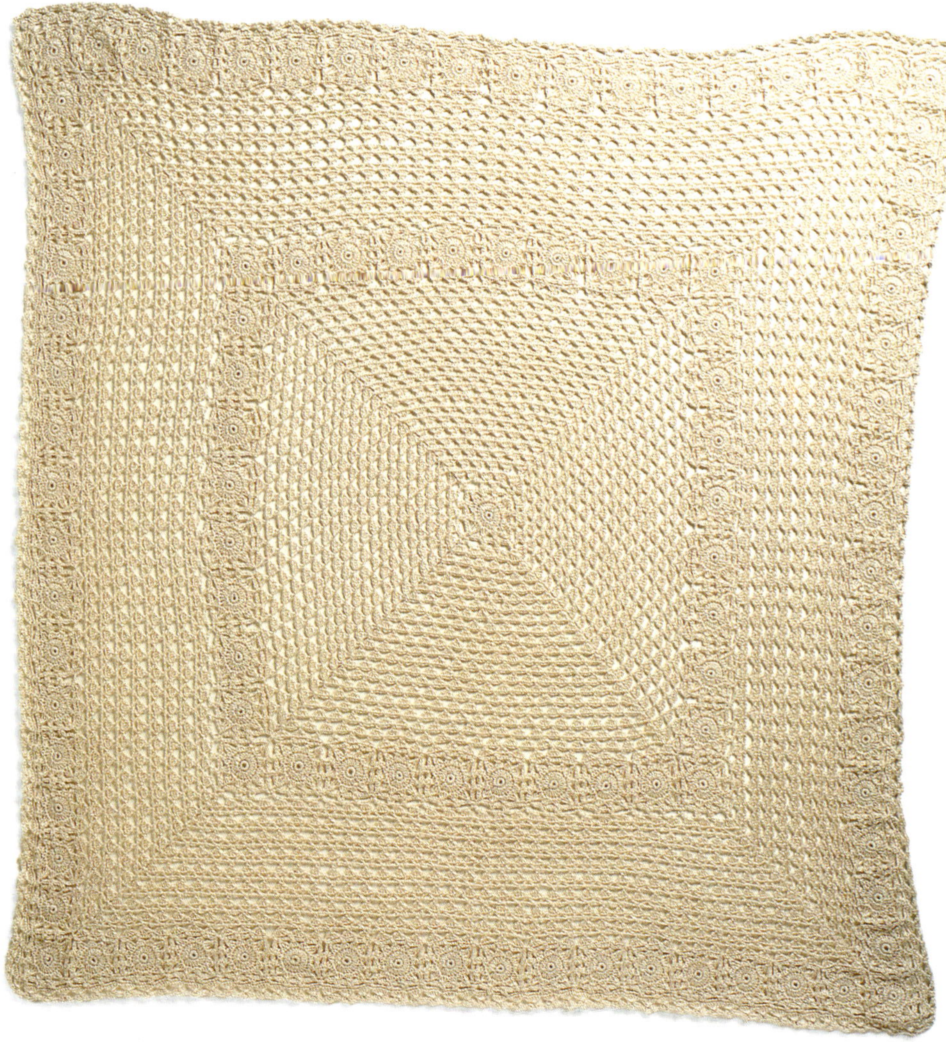

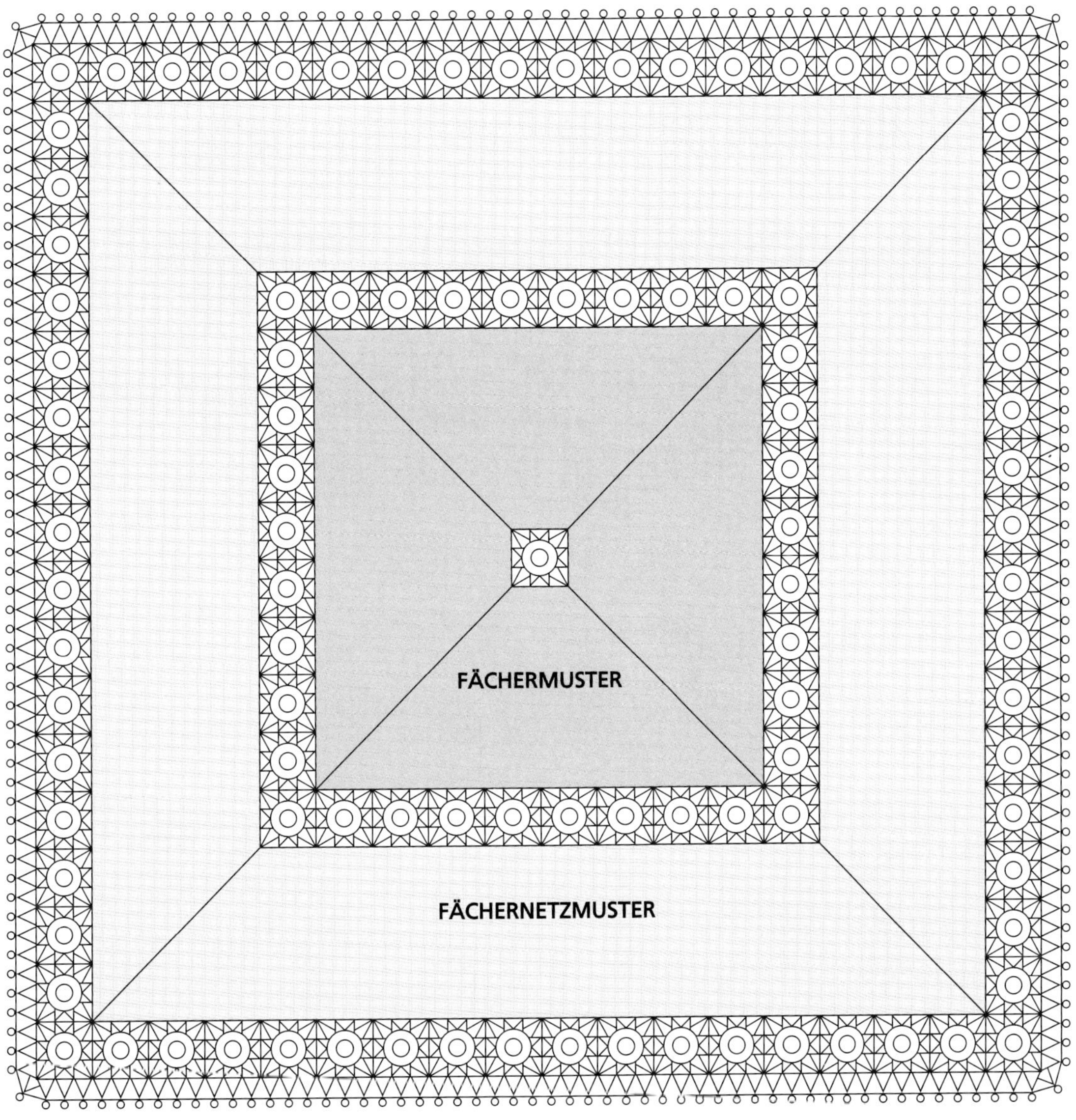

(1 fM, 3 Lm, 1 fM) in den Eck-Picot] 3 x; ab * entlang der 4. Seite wdh.; enden mit 1 Km in die 1. der 4 Lm am Rd-Beg. **2. Runde:** (1 fM, 1 Lm, 1 Fächer) in den Eck-ZR vor dem nächsten Fächer; * 1 Fächer üb-spr., (1 Fächer in den ZR vor den nächsten 5 Stb, 5 Stb üb-spr.) 3 x, 1 Fächer in den ZR vor dem nächsten Fächer, 1 Fächer üb-spr., 2 Fächer in den Eck-ZR; ab * fortlfd. wdh; enden mit 4 Stb in die fM am Rd-Beg., 1 Km in die 3. der 3 Lm. **3. Runde:** 3 Lm, (1 Stb, 3 Lm, 1 Stb) in den Eck-ZR; *5 Stb üb-spr., (1 Stb, 3 Lm, 1 Stb) in den ZR vor den nächsten 5 Stb, [ab * fortlfd. wdh.; die Seite beenden mit (1 Stb, 3 Lm, 1 Stb) 2 x in den Eck-ZR] 3 x; ab * entlang der 4. Seite wdh.; enden mit 1 Stb in den 1. Eck-ZR, 2 Lm, 1 Km in die 3. der 3 Lm am Rd-Beg. **4. Runde:** 1 fM in den ZR vor dem nächsten Stb, 3 Lm, 1 Fächer in denselben Eck-ZR, * üb-spr. (1 Stb, 3 Lm, 1 Stb), 1 Fächer in den ZR vor der nächsten Gruppe, (ab * fortlfd. wdh; die Seite beenden mit 2 Fächern in den Eck-ZR) 3 x; ab * entlang der 4. Seite wdh.; enden mit 4 Stb in die fM am Rd-Beg., 1 Km in die 3. der 3 Lm. **5. Runde:** 1 Km in den Eck-ZR, 3 Lm, (1 Stb, 3 Lm, 1 Stb) in denselben Eck-ZR; * 1 Fächer üb-spr., (1 Stb, 3 Lm, 1 Stb in den ZR vor dem nächsten Fächer, [ab * fortlfd. wdh; enden mit (1 Stb, 3 Lm, 1 Stb) in den Eck-ZR] 3 x; ab * entlang der 4. Seite wdh.; enden mit 1 Stb in den 1. Eck-ZR, 3 Lm, 1 Km in die 3. der 3 Lm am Rd-Beg. Die 4. und 5. Rd noch 6 x wdh., danach die 4. Rd noch 1 x wdh. (= 48 Fächer auf jeder Seite des Quadrats).

2. RAHMEN AUS QUADRATEN (68 Quadrate wie 1. Rahmen)

EINFASSUNG

Von der re. Seite den Faden an einem Eck-Picot anschlingen.

1. Einfassungsrunde: Wie die 1. Rd des Fächernetzmusters arb.

2. Einfassungsrunde: (1 fM, 3 Lm, 1 fM) in den Eck-ZR, 1 fM üb-spr, * (5 fM in den 5-Lm-ZR, 1 fM in die nächste fM, 3 fM in den 3-Lm-ZR, 1 fM in die fM, 5 fM in den 5-Lm-ZR, die 2 zus. abgem. fM üb-spr.) bis zur nächsten Ecke; enden mit 1 fM üb-spr., (1 fM, 3 Lm, 1 fM) in den Eck-ZR; ab * noch 3 x wdh.; enden mit 1 fM, 1 Km in die 1. fM der Rd.

3. Einfassungsrunde: 3 Lm, 4 Stb zus. abm. (dabei die ersten 3 M in den Eck-ZR und die 4. in die nächste fM arb.), 3 Lm, 1 Km in die Spitze der letzten 4 zus. abgem. Stb, 4 Lm; * (5 Stb zus. abm. über den nächsten 5 fM, 3 Lm, 1 Km in die Spitze der letzten 5 zus. abgem. Stb, 4 Lm) bis zur nächsten Ecke; enden mit 5 Stb zus. abm. (dabei die 1. M in die nächste fM, die nächsten 3 M in den Eck-ZR und die 5. M in die nächste fM arb.), 3 Lm, 1 Km in die Spitze der letzten 5 zus. abgem. Stb, 4 Lm; ab * noch 3 x wdh; enden mit 1 Km in die Spitze der 4 zus. abgem. Stb am Rd-Beg. **4. Einfassungsrunde:** 1 fM in den Eck-Picot, * 3 fM in denselben Picot, 2 fM zus. abm. über demselben Picot und dem nächsten Lm-ZR, 2 fM in denselben Lm-ZR, 2 fM zus. abm. über demselben Lm-ZR und dem nächsten Picot; ab * fortlfd. wdh; enden mit 1 Km in die 1. fM der Rd. Faden abschneiden und sichern.

GIRAFFE UND ZEBRA

NIEDLICHE TIERCHEN, AUS RESTKNÄUELN GEHÄKELT.

GRÖSSE

GIRAFFE ca. 31 cm hoch
ZEBRA ca. 22 cm hoch

MATERIAL

Für die Giraffe:
100 g *Patons Knit 'n Save DK* (LL 147 m/50 g) in Fb A (7730 Melon)
Rest derselben Qualität in Fb B (7814 Schwarz)
Häkelnadel Nr. 3,5; Füllwatte
Für das Zebra:
Je 100 g *Patons Knit 'n Save* in Fb A (7814 Schwarz) und Fb B (7813 Schneeweiß)
Rest derselben Qualität in Fb C (7796 Orange)
Häkelnadel Nr. 3,5; Füllwatte

MASCHENPROBE
20 M/20 R mit Häkel-Nd Nr. 3,5 in festen Maschen gehäkelt = 10 x 10 cm
Da es sich nicht um Kleidungsstücke handelt, muss die Maschenprobe nicht hundertprozentig stimmen. Gegebenenfalls werden die Tiere etwas größer oder kleiner. Wenn Sie jedoch zu locker häkeln, bleiben die Tiere nicht in Form.

HINWEIS
Die Anleitung bezieht sich auf das Originalgarn mit der angegebenen Lauflänge. Sie können jedoch nach Belieben dickeres oder dünneres Garn mit einer entsprechenden Häkelnadel verarbeiten. Der gehäkelte Stoff sollte dicht sein. (Wenn Sie ein anderes Garn und eine andere Nadelstärke verwenden, ändert sich auch die Größe der Tiere.)

GIRAFFE

KÖRPERSEITE (2 x arbeiten)
Beim Hinterbein beginnen. 23 Lm mit Fb A und Häkel-Nd Nr. 3,5 anschl.
Grundreihe: 1 fM in die 2. Lm nach der Nd, 1 fM in jede Lm bis R-Ende (= 22 fM). Wenden.
2. Reihe: 3 Lm, 1 fM in die 2. Lm nach der Nd, 1 fM in die nächste Lm, 1 fM in jede fM der Vor-R (= 24 fM). Wenden.
3. Reihe: 1 Lm, 1 fM in die nächsten 23 fM, 2 fM in die letzte fM (= 25 fM). Wenden.
4. Reihe: 1 Lm, 2 fM in die 1. fM, 1 fM in jede der 24 fM (= 26 fM). Wenden.

5. Reihe: 1 Lm, 2 fM in die 1. fM, je 1 fM in die nächsten 24 fM, 2 fM in die letzte fM (= 28 fM). Wenden.
6. Reihe: 1 Lm, 1 fM in die 1. fM, 1 fM in jede fM bis R-Ende. Wenden.
7. Reihe: 1 Lm, je 1 fM in die nächsten 27 fM, 2 fM in die letzte fM (= 29 fM). Wenden.
8. Reihe: Wie die 6. R arb.
9. Reihe: 1 Lm, je 1 fM in die ersten 4 fM, 1 Km in die nächste fM. Faden abschneiden und sichern.
Die nächsten 6 fM üb-spr., Faden an der folg. fM neu anschlingen, je 1 fM in die nächsten 16 fM, 2 fM in die letzte fM der 9. Reihe. Wenden.
10. Reihe: Wie die 6. R arb. (= 18 M).
11. Reihe: 1 Lm, 2 fM zus. abm. über den ersten 2 fM, je 1 fM in die nächsten 15 fM, 2 fM in die letzte fM (= 18 M). Wenden.
12. Reihe: Wie die 6. R arb.
13. – 18. Reihe: Die 11. und 12. R 3 x wdh.
Vorderbein
19. Reihe: 17 Lm, 1 fM in die 2. Lm nach der Nd, je 1 fM in die nächsten 15 Lm, je 1 fM die nächsten 17 fM, 2 fM in die letzte fM (= 35 fM). Wenden.
20. Reihe: Wie die 6. R arb.
21. Reihe: 1 Lm, je 1 fM in die nächsten 34 fM, 2 fM in die letzte fM (= 36 fM). Wenden.

22. Reihe: 1 Lm, 2 fM in die 1. fM, je 1 fM in die nächsten 35 fM (= 37 fM). Wenden. **23. Reihe:** 1 Lm, 2 fM in die 1. fM, je 1 fM in die nächsten 35 fM, 2 fM in die letzte fM (= 39 fM). Wenden. **24. Reihe:** 1 Lm, 2 fM in die 1. fM, je 1 fM in die nächsten 38 fM (= 40 fM). Wenden. **25. Reihe:** 1 Lm, je 1 fM in die nächsten 39 fM, 2 fM in die letzte fM (= 41 fM). Wenden. **26. Reihe:** 1 Lm, 2 fM in die 1. fM, je 1 fM in die nächsten 40 fM (= 42 fM). Wenden. **27. Reihe:** 1 Lm, je 1 fM in die ersten 4 fM, 1 Km in die nächste fM. Faden abschneiden und sichern. Die nächsten 14 fM üb-spr. und den Faden an der folg. fM anschlingen; je 1 fM in die nächsten 21 fM, 2 fM in die letzte fM. Wenden. **28. Reihe:** 1 Lm, 2 fM in die 1. fM, je 1 fM in die nächsten 18 fM (= 20 M). Wenden. (4 M bleiben ungehäkelt.) **29. Reihe:** Die 1. fM üb-spr., 1 Km in die nächste fM, 1 fM in jede fM bis zur letzten fM, 2 fM in die letzte fM (= 19 fM). Wenden. **30. Reihe:** 1 Lm, 2 fM in die 1. fM, 1 fM in jede fM bis zu den letzten 3 fM (= 17 fM). Wenden. **31. Reihe:** Wie die 29. R arb. (= 16 fM). **32. Reihe:** 1 Lm, 2 fM in die 1. fM, 1 fM in jede fM bis zu den letzten 2 fM (= 15 fM). Wenden. **33. und 34. Reihe:** Wie 31. und 32. R arb. (= 13 fM). **35. Reihe:** Die 1. fM üb-spr., 1 Km in die nächste fM, 1 fM in jede fM bis R-Ende (= 11 fM). Wenden. **36. Reihe:** 1 Lm, 2 fM in die 1. fM, 1 fM in jede fM bis zu den letzten 2 fM (= 10 fM). Wenden.

Kopf

37. Reihe: 1 Lm, 2 fM in die 1. fM, 1 fM in jede fM bis R-Ende (= 11 fM). Wenden. **38. Reihe:** 1 Lm, 1 fM in jede fM bis zur letzten fM, 2 fM in die letzte fM (= 12 fM). Wenden. **39. u. 40. Reihe:** Wie 37. und 38. R arb. (= 14 M). **41. Reihe:** 1 Lm, je 1 fM in die nächsten 12 fM, 2 fM zus. abm. über den letzten 2 fM (= 13M). **42. Reihe:** 4 Lm, 1 fM in die 2. Lm nach der Nd, je 1 fM in die nächsten 2 Lm (diese 3 fM bilden das Horn), 2 fM zus. abm. über den nächsten 2 fM, je 1 fM in die nächsten 3 fM, 2 fM zus. abm. über den nächsten 2 fM. Faden abschneiden und sichern.

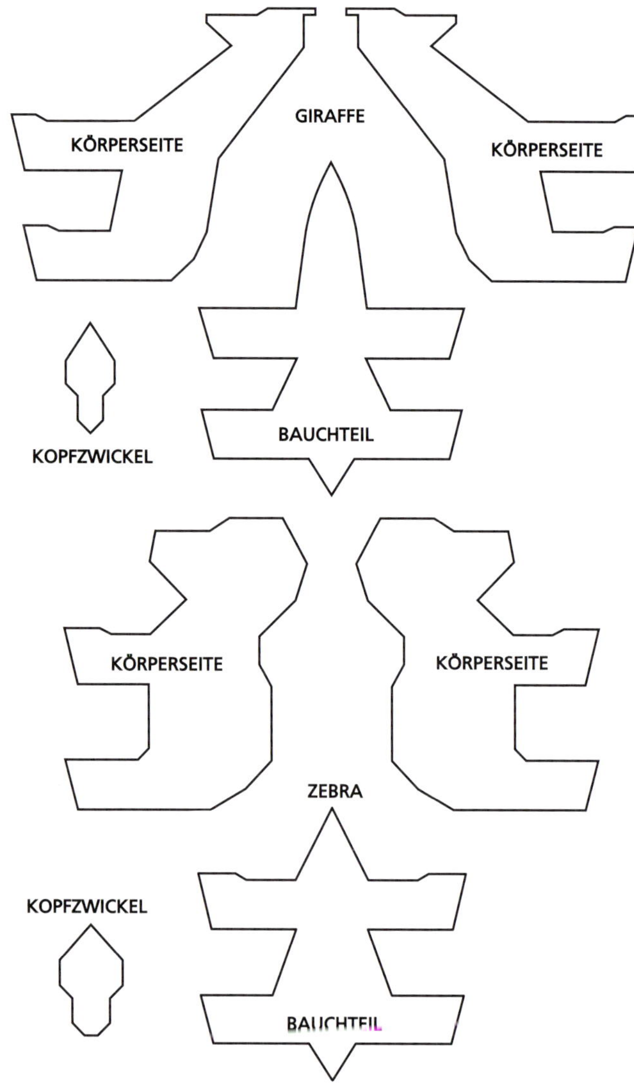

KOPFZWICKEL

2 Lm mit Fb A und Häkel-Nd Nr. 3,5 anschl.
1. Reihe: 2 fM in die 2. Lm nach der Nd. Wenden. **2. Reihe:** 1 Lm, 1 fM in die 1. fM, 2 fM in die letzte fM (= 3 fM). Wenden. **3. Reihe:** 1 Lm, 1 fM in jede fM der Vor-R. Wenden. **4. – 6. Reihe:** Wie die 3. R arb. **7. Reihe:** 1 Lm, 2 fM in die 1. fM, 1 fM in die nächste fM, 2 fM in die letzte fM (= 5 fM). Wenden. **8. Reihe:** 1 Lm, 2 fM in die 1. FM, je 1 fM in die nächsten 3 fM, 2 fM in die letzte fM (= 7 fM). Wenden. **9. – 12. Reihe:** Wie 3. R arb. **13. Reihe:** 1 Lm, 2 fM zus. abm. über den ersten 2 fM, je 1 fM in die nächsten 3 fM, 2 fM zus. abm. über den letzten 2 fM (= 5 M). Wenden. **14. Reihe:** 1 Lm, 1 fM in jede M bis R-Ende. Wenden. **15. Reihe:** 1 Lm, 2 fM zus. abm. über den ersten 2 fM, 1 fM in die nächste fM, 2 fM zus. abm. über den letzten 2 fM (= 3 M). Wenden. **16. Reihe:** Wie die 14. R arb. **17. Reihe:** 1 Lm, 2 fM zus. abm. über den ersten 2 fM, 1 fM in die letzte fM (= 2 M). Wenden. **18. Reihe:** 1 Lm, 2 fM zus. abm. über den verbleibenden 2 M. Faden abschneiden und sichern.

BAUCHTEIL

3 Lm mit Fb A und Häkel-Nd Nr. 3,5 anschl.
1. Reihe: 1 fM in die 2. Lm nach der Nd, 1 fM in die nächste Lm (= 2 fM). Wenden. **2. Reihe:** 1 Lm, 1 fM in jede fM der Vor-R. Wenden. **3. Reihe:** 2 fM in die 1. fM, 1 fM in die letzte fM (= 3 fM). Wenden. **4. Reihe:** 1 Lm, 2 fM in die 1. fM, 1 fM in jede fM bis R-Ende (= 4 fM). Wenden. **5. und 6. Reihe:** Wie die 4. R arb. (= 6 fM). **7. Reihe:** 17 Lm, 1 fm in die 2. Lm nach der Nd, je 1 fM in die nächsten 15 Lm, 1 fM in jede fM bis R-Ende (= 22 fM). Wenden. **8. Reihe:** Wie die 7. R arb. (= 38 fM). **9. Reihe:** 1 Lm, 1 fM in die 1. fM, 1 fM in jede fM bis R-Ende. Wenden. **10. Reihe:** Wie die 9. R arb. **11. Reihe:** 1 Lm, 2 fM in die 1. fM, 1 fM in jede fM bis R-Ende (= 39 fM). Wenden. **12. Reihe:** Wie die 11. R arb. (= 40 fM). **13. – 15. Reihe:** Wie die 9. R arb.

Hinterbeine

16. Reihe: 1 Lm, je 1 fM in die ersten 28 fM. Wenden. (12 fM bleiben ungehäkelt.) **17. Reihe:** 1 Lm, 2 fM zus. abm. über den ersten 2 fM, je 1 fM in die nächsten 14 fM. Wenden. (12 fM bleiben ungehäkelt.). **18. Reihe:** 1 Lm, 2 fM zus. abm. über den ersten 2 fM, 1 fM in jede fM bis R-Ende (= 14 M). Wenden. **19. – 24. Reihe:** Wie die 18. R arb. (= 8 M). **25. und 26. Reihe:** Wie die 9. R arb.

Vorderbeine

27. und 28. Reihe: Wie die 7. R arb. (= 40 fM). **29. und 30. Reihe:** Wie die 9. R arb. **31. – 34. Reihe:** Wie die 11. R arb. (= 44 fM). **35. Reihe:** Wie die 9. R arb. **36. Reihe:** 1 Lm, je 1 fM in die ersten 28 fM. Wenden. (16 fM bleiben ungehäkelt.) **37. Reihe:** 1 Lm, je 1 fM in die ersten 12 fM. Wenden. (16 fM bleiben ungehäkelt.) **38. und 39. Reihe:** Wie die 18. R arb. (= 10 M). **40. – 43. Reihe:** Wie die 9. R arb. Die 38. – 43. R noch 1 x wdh. (= 8 M). Die 38. – 41. R noch 2 x wdh. (= 4 M). Die 38. u. 39. R noch 1 x wdh. (= 2 M). **Letzte Reihe:** 1 Lm, 2 fM zus. abm. über den verbleibenden 2 M. Faden abschneiden und sichern.

OHREN (2 x arbeiten)

5 Lm mit Fb A und Häkel-Nd Nr. 3,5 anschl.

1. Reihe: 1 fM in die 2. Lm nach der Nd, 1 fM in jede fM bis R-Ende (= 4 fM). Wenden. **2. Reihe:** 1 Lm, 1 fM in die 1. fM, 1 fM in jede fM bis R-Ende. Wenden. **3. Reihe:** Wie die 2. R arb. **4. Reihe:** 1 Lm, 1 fM in die 1. fM, 2 fM zus. abm. über den nächsten 2 fM, 1 fM in die letzte fM (= 3 M). Wenden.

5. Reihe: 1 Lm, 2 fM zus. abm. über den ersten 2 fM, 1 fM in die letzte fM (= 2 M). Wenden.

6. Reihe: 1 Lm, 2 fM zus. abm. über den verbleibenden 2 M. Faden abschneiden und sichern.

FERTIGSTELLUNG

Den Kopfzwickel so mit den Seiten des Kopfes verbinden, dass die untere Zwickelspitze mit der Nasenspitze übereinstimmt. Die Hörner sollen vom Kopf abstehen. Die Rückennaht vom Kopf bis zum Hinterteil schließen, jedoch eine etwa 10 cm große Öffnung zum Ausstopfen frei lassen. Kopfnaht von der Nasenspitze bis zur Ecke unter dem Kinn schließen. Bauchteil mit der unteren (kurzen) Spitze am Ende der Rückennaht und mit der oberen (langen) Spitze unter dem Kinn einnähen. Dabei müssen die Seiten der Beine zusammenpassen. Halten Sie den Stoff an den Zehenspitzen etwas ein. Tier mit Füllwatte ausstopfen. Drücken Sie die Füllwatte mit dem stumpfen Ende eines Bleistifts in den Kopf und in die Füße. Die Giraffe muss sehr fest ausgestopft werden. Öffnung am Rücken zunähen. Ohren oben am Kopf annähen, dabei jeweils die Unterseite etwas anwinkeln, sodass die Ohren abstehen.

Stickerei

Mit Fb B Kreise und Mund im Kettstich aufsticken (siehe Fotos). Für die Augen in Fb B an der gewünschten Position ausstechen und den Faden mit einem kurzen Rückstich sichern. Anschließend mit einigen straffen Stichen durch den Kopf zwischen beiden Augen hin- und herstechen und den Faden fest anziehen, um den Kopf zu formen. Zum Schluss sticken Sie für jedes Auge einen Knötchenstich.

Schwanz

6 Fadenstücke à 50 cm in Fb B zuschneiden, am Hinterteil der Giraffe durch die Rückennaht ziehen und zu einem festen Zopf flechten. Fadenenden verknoten und ca. 2 cm unter dem Knoten abschneiden.

ZEBRA

KÖRPERSEITE (2 x arbeiten)

Beim Hinterbein beginnen. 23 Lm mit Fb A und Häkel-Nd Nr. 3,5 anschl.

Grundreihe: 1 fM in die 2. Lm nach der Nd, 1 fM in jede Lm bis R-Ende (= 22 fM). Wenden.

2. Reihe: 3 Lm, 1 fM in die 2. Lm nach der Nd, 1 fM in die nächste Lm, 1 fM in jede fM bis R-Ende (= 24 fM). Wenden.

Zu Fb B wechseln. In Streifen weiterarb.: Abwechselnd jeweils 2 R in Fb B, 2 R in Fb A häkeln. Führen Sie die Fäden an der Seite der Arbeit mit, sofern nicht angegeben ist, den Faden abzuschneiden. Damit der Farbwechsel sauber aussieht, maschen Sie die letzte Schlinge einer R bereits in der Fb für die nächste R ab. **3. Reihe:** 1 Lm, 1 fM in jede fM bis zur letzten fM, 2 fM in die letzte fM (= 25 fM). Wenden. **4. Reihe:** 3 Lm, 1 fM in die 2. Lm nach der Nd, 1 fM in die nächste Lm, je 1 fM in die folg. 24 fM, 2 fM in die letzte fM (= 28 fM). Wenden.

5. Reihe: Wie die 3. R arb. (= 29 fM).

6. Reihe: 1 Lm, 2 fM in die 1. fM, 1 fM in jede fM bis R-Ende (= 30 fM). Wenden. **7. Reihe:** 1 Lm, 2 fM in die 1. fM, 1 fM in jede fM bis zur letzten fM, 2 fM in die letzte fM (= 32 fM). Wenden.

8. Reihe: 1 Lm, 1 fM in die 1. fM, 1 fM in jede fM bis R-Ende. Wenden. **9. Reihe:** Wie die 3. R arb. (= 33 fM).

10. Reihe: Wie die 8. R arb. Fäden abschneiden und sichern.

11. Reihe: Die ersten 11 fM üb-spr., Fb B an der nächsten fM anschlingen, 1 Lm, 1 fM in die nächste fM, 1 fM in jede fM bis zur letzten fM, 2 fM in die letzte fM (= 22 fM). Wenden. **12. Reihe:** 1 Lm, 1 fM in die 1. fM, 1 fM in jede fM bis zu den letzten 2 fM, 2 fM zus. abm. über den letzten 2 fM (= 21 M). Wenden. **13. Reihe:** 1 Lm, 2 fM zus. abm. über den ersten 2 fM, 1 fM in jede fM bis R-Ende (= 20 M). Wenden. **14. – 24. Reihe:** Wie die 8. R arb. Fb B abschneiden, Faden sichern.

Vorderbein

25. Reihe (in Fb A): 15 Lm, 1 fM in die 2. Lm nach der Nd, je 1 fM in die nächsten 13 Lm, 1 fM in jede fM bis R-Ende (= 34 fM). Wenden. **26. Reihe:** Wie die 8. R arb.

27. Reihe (Fb B anschlingen): 1 Lm, 1 fM in die 1. fM, 1 fM in jede fM bis zu den letzten 2 fM, 2 fM zus. abm. über den letzten 2 fM (= 33 M). Wenden. **28. Reihe:** 1 Lm, 1 fM in die 2 zus. abgem. fM, 1 fM in jede fM bis zur letzten fM, 2 fM in die letzte fM (= 34 M). Wenden. **29. und 30. Reihe:** Wie die 8. R arb. **31. – 34. Reihe:** Wie 27. – 30. R arb. (= 34 M). Fb B abschneiden, Faden sichern.

35. Reihe (in Fb A): 1 Lm, je 1 fM in die nächsten 7 fM, 1 Km in die nächste fM. Faden abschneiden und sichern. Die nächsten 7 fM üb-spr., Fb B an der nächsten fM neu anschlingen, 1 Lm, je 1 fM in die nächsten 17 fM bis zur letzten fM, 2 fM in die letzte fM. Wenden.

36. Reihe: 1 Lm, 2 fM in die 1. fM, 1 fM in jede fM bis zu den letzten 3 fM, 2 fM zus. abm. über den nächsten 2 fM (= 18 M). Wenden.

37. Reihe (Fb A anschlingen): 1 Lm, 2 fM zus. abm. über den ersten 2 M, 1 fM in jede fM bis zur letzten fM, 2 fM in die letzte fM (= 18 M). Wenden.

38. und 39. R: Wie die 36. und 37. R arb. (= 17 M).

40. Reihe: Wie die 36. R arb. (= 16 M).

Kopf
41. Reihe: 1 Lm, 2 fM in die 1. fM, 1 fM in jede fM bis R-Ende (= 17 fM). Wenden.
42. Reihe: 1 Lm, 1 fM in die 1. fM, 1 fM in jede fM bis zur letzten fM, 2 fM in die letzte fM (= 18 M). Wenden. **43. Reihe:** 1 Lm, 2 fM in die 1. fM, 1 fM in jede fM bis zur letzten fM, 2 fM in die letzte fM (= 20 fM). Wenden.
44. Reihe: Wie die 42. R arb. (= 21 fM).
45. und 46. Reihe: Wie 41. und 42. R arb. (= 23 fM). **47. Reihe:** 1 Lm, 1 fM in die 1. fM, 1 fM in jede fM bis zu den letzten 2 fM, 2 fM zus. abm. über den letzten 2 fM (= 22 M). Wenden.
48. Reihe: Wie die 8. R arb.
49. Reihe: 1 Lm, 2 fM zus. abm. über den ersten 2 fM, 1 fM in jede fM bis zu den letzten 2 fM, 2 fM zus. abm. über den letzten 2 fM (= 20 M). Wenden. **50. Reihe:** 1 Lm, 2 fM zus. abm. über den ersten 2 fM, je 1 fM in die nächsten 8 fM, 1 Km in die nächste fM. Wenden. (9 M bleiben ungehäkelt.) 1 Lm, 1 Km üb-spr., je 1 fM in die nächsten 7 fM, 2 fM zus. abm. über den nächsten 2 M. Wenden. 1 Lm, 2 fM zus. abm. über den ersten 2 M, je 1 fM in die nächsten 6 fM, 1 Km in 1 Lm, 1 fM in jede fM bis zu den letzten 2 M, 2 fM zus. abm. über den letzten 2 fM. Faden abschneiden und sichern.

KOPFZWICKEL
3 Lm mit Fb B und Häkel-Nd Nr. 3,5 anschl.
1. Reihe: 1 fM in die 2. Lm nach der Nd, 1 fM in die nächste Lm (= 2 fM). Wenden. **2. Reihe:** 1 Lm, 1 fM in die 1. fM, 1 fM in die letzte fM. Wenden. Zu Fb A wechseln und in Streifen arb. wie bei den Körperseiten. **3. Reihe:** 1 Lm, 2 fM in die 1. fM, 2 fM in die letzte fM (= 4 fM). Wenden. **4. Reihe:** 1 Lm, 1 fM in die 1. fM, 1 fM in jede fM bis R-Ende. Wenden. **5. Reihe:** 1 Lm, 2 fM in die 1. fM, 1 fM in jede fM bis zur letzten fM, 2 fM in die letzte fM (= 6 fM). Wenden.
6. – 8. Reihe: Wie die 4. R arb. **9. Reihe:** Wie die 5. R arb. (= 8 fM).
10. – 14. Reihe: Wie die 4. R arb. **15. Reihe:** 1 Lm, 2 fM zus. abm. über den ersten 2 fM, 1 fM in jede fM bis zu den letzten 2 fM, 2 fM zus. abm. über den letzten 2 fM. (= 6 M). Wenden. **16. Reihe:** 1 Lm, 1 fM in die 2 zus. abgem. fM, 1 fM in jede fM; enden mit 1 fM in die 2 zus. abgem. fM. Wenden. **17. und 18. Reihe:** Wie die 15. und 16. R arb. (= 4 M).
19. Reihe: 1 Lm, 2 fM zus. abm. über den ersten 2 fM, 2 fM zus. abm. über den letzten 2 fM (= 2 M). Wenden. **20. Reihe:** 1 Lm, (1 fM in die 2 zus. abgem. fM) 2 x. Faden abschneiden und sichern.

BAUCHTEIL
3 Lm mit Fb B und Häkel-Nd Nr. 3,5 anschl. und durchwegs in Fb B arb.
1. Reihe: 1 fM in die 2. Lm nach der Nd, 1 fM in die nächste Lm (= 2 fM). Wenden. **2. Reihe:** 1 Lm, je 1 fM in die 2 fM der Vor-R. Wenden. **3. Reihe:** 1 Lm, 2 fM in die 1. fM, 1 fM in die letzte fM (= 3 fM). Wenden.
4. Reihe: 1 Lm, 2 fM in die 1. fM, 1 fM in jede fM bis R-Ende (= 4 fM). Wenden. **5. – 8. Reihe:** Wie die 4. R arb. (= 8 fM).
Hinterbeine
9. Reihe: 15 Lm, 1 fM in die 2. Lm nach der Nd, je 1 fM in die nächsten 13 Lm, 1 fM in jede fM bis R-Ende (= 22 fM). Wenden. **10. Reihe:** Wie die 9. R arb. (= 36 fM). **11. Reihe:** 1 Lm, 1 fM in die 1. fM, 1 fM in jede fM bis R-Ende. Wenden. **12. Reihe:** Wie die 11. R arb. **13. Reihe:** 1 Lm, 2 fM in die 1. fM, 1 fM in jede fM bis R-Ende (= 37 fM). Wenden. **14. Reihe:** Wie die 13. R arb. (= 38 fM). **15. – 21. Rei-he:** Wie die 11. R arb. **22. Reihe:** 1 Lm, 1 fM in die 1. fM, je 1 fM in die nächsten 26 fM. Wenden. (11 fM bleiben ungehäkelt.)
23. Reihe: 1 Lm, 1 fM in die 1. fM, je 1 fM in die nächsten 15 fM (= 16 fM). Wenden. (11 fM bleiben ungehäkelt.) **24. Reihe:** 1 Lm, 2 fM zus. abm. über den ersten 2 fM, 1 fM in jede fM bis R-Ende (= 15 fM). Wenden.
25. – 31. Reihe: Wie die 24. R arb. (= 8 fM).
32. – 36. Reihe: Wie die 11. R arb.
Vorderbeine
37. – 48. Reihe: Wie die 9. – 20. R arb. (= 38 fM). **49. Reihe:** 1 Lm, 1 fM in die 1. fM, je 1 fM in die nächsten 6 fM, 1 Km in die nächste fM. Faden abschneiden und sichern. Die nächsten 5 fM üb-spr., Faden an der nächsten fM anschlingen, 1 Lm, 1 fM in die nächste fM, 1 fM in jede fM bis R-Ende (= 24 fM). Wenden. **50. Reihe:** Wie die 49. R arb. (= 10 fM). **51. und 52. Reihe:** Wie die 11. R arb. **53. Reihe:** 1 Lm, 2 fM zus. abm. über den ersten 2 fM, 1 fM in jede fM bis R-Ende (= 9 fM). Wenden. **54. Reihe:** Wie die 53. R arb. (= 8 M). Die 51. – 54. R noch 3 x wdh. (= 2 M).
Nächste Reihe: 1 Lm, je 1 fM in die nächsten 2 fM. Wenden.
Letzte Reihe: 1 Lm, 2 fM zus. abm. über den verbleibenden 2 M. Faden abschneiden und sichern.

OHREN (2 x arbeiten)
7 Lm mit Fb A und Häkel-Nd Nr. 3,5 anschl.
1. Reihe: 1 fM in die 2. Lm nach der Nd, 1 fM in jede Lm bis R-Ende (= 6 fM). Wenden.
2. Reihe: 1 Lm, 1 fM in die 1. fM, 1 fM in jede fM bis R-Ende. Wenden.
3. – 5. Reihe: Wie die 2. R arb.
6. Reihe: 1 Lm, je 1 fM in die ersten 2 fM, 2 fM zus. abm. über den nächsten 2 fM, je 1 fM in die letzten 2 fM (= 5 M). Wenden.
7. Reihe: 1 Lm, 1 fM in die 1. fM, 3 fM zus. abm. über den nächsten 3 M, 1 fM in die letzte fM (= 3 M). Wenden.
8. Reihe: 1 Lm, 3 fM zus. abm. über den verbleibenden 3 M. Faden abschneiden und sichern.

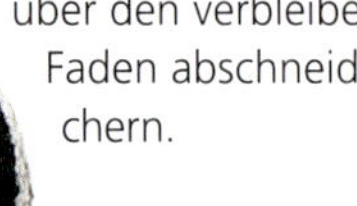

MÄHNE

Spezielle Abkürzung: SchM (= Schlaufen-Masche): Häkel-Nd wie gewöhnlich einstechen, Faden in einer Schlinge über dem linken Zeigefinger halten. Beide Fäden unter dem Finger am Fuß der Schlinge mit der Nd erfassen und durchziehen, 1 U, Faden durch 3 Schlingen auf der Nd ziehen, Schlinge vom Zeigefinger gleiten lassen. Mit dem Zeigefinger lässt sich die Länge jeder Schlinge bestimmen. Wenn die Schlingen wie im Fall der Zebramähne aufgeschnitten werden, müssen aber nicht alle unbedingt gleich lang sein. 31 Lm mit Fb A und Häkel-Nd Nr. 3,5 anschl.

1. Reihe: 1 SchM in die 2. Lm nach der Nd, 1 SchM in jede Lm bis zur letzten Lm, 2 SchM in die letzte Lm. Wenden und zurückhäkeln, dabei in die unteren M-Glieder einstechen: 1 SchM ins untere M-Glied jeder Lm bis R-Ende. Faden abschneiden und sichern.

FERTIGSTELLUNG

Die Teile zusammennähen und das Zebra ausstopfen, wie bei der Giraffe beschrieben. Mähne entlang der Rückennaht zwischen Oberkopf und Rückenmitte aufnähen. Vorsichtig an jeder Schlaufe ziehen, um sie zu straffen. Dann die Schlaufen aufschneiden und alle Enden auf etwa 1,5 cm Länge zurückschneiden.

Augen (2 x arbeiten)

3 Lm mit Fb C und Häkel-Nd Nr. 3,5 anschl. und mit 1 Km zum Ring schließen. 6 fM in den Ring häkeln. Dann den Faden abschneiden und sichern. Vorsichtig am Anfangsfaden ziehen, um die Mitte des Rings zu straffen. Ein Auge auf jede Kopfseite nähen. Anschließend mit Fb A einige Male zwischen den Augen hin- und herstechen (siehe Anleitung für die Giraffe) und einen Knötchenstich für jedes Auge arb.

HÄSCHENGARDINE

DIE REIZENDE KINDERZIMMERGARDINE MIT DEM HÄSCHEN UNTER EINEM BAUM WIRD IN DER TRADITIONELLEN TECHNIK DER FILET-HÄKELEI NACH EINEM ZÄHLMUSTER GEARBEITET.

GRÖSSE

Die fertige Gardine ist (ohne Aufhängeschlaufen) 60 x 85 cm groß. Soll sie länger werden, arbeiten Sie an der Oberkante beliebig viele weitere Reihen im Netzmuster. Eine breitere Gardine entsteht, wenn Sie zwei oder mehr Motivrapporte nebeneinander häkeln.

MATERIAL

150 g *Twilleys Lyscordet* (4-fädiges Baumwollgarn, LL 200 m/50 g) in Weiß (Fb 78)
Häkelnadeln Nr. 2 und 2,5

MASCHENPROBE
14,5 Gitterkaros/11,5 Reihen mit Häkel-Nd Nr. 2,5 im Netzmuster gehäkelt = 10 x 10 cm

GARDINE

169 Lm mit Häkel-Nd Nr. 2,5 anschl. und nach dem Zählmuster auf S. 100 arb.

1. Zählmuster-Reihe (= Grundreihe): 1 Stb in die 5 Lm nach der Nd, *1 Lm, 1 Lm üb-spr., 1 Stb in die nächste Lm; ab * fortlfd. wdh. (= 83 Gitterkaros; siehe 1. R des Zählmusters). Wenden.

2. Zählmuster-Reihe: 2 Lm, dann die 2. R des Zählmusters von links nach rechts arb. Jedes leere Quadrat entspricht 1 Gitterkaro (= 1 Lm, 1 Lm üb-spr., 1 Stb ins nächste Stb); jedes ausgefüllte Quadrat des Zählmusters entspricht einem Musterkaro (je 1 Stb in die nächsten 2 Stb). Das letzte Stb in die 2. der 3 Lm am Beg. der Vor-R arb. Wenden.

Hinweis: Die diagonalen Linien (für die Barthaare des Hasen und den Schnabel des Vogels) werden später aufgestickt. Häkeln Sie auf die beschriebene Weise eine Reihe des Zählmusters nach der anderen, bis die 94. R vollendet oder die gewünschte Höhe erreicht ist.

Umrandung
Zur Häkel-Nd Nr. 2 wechseln.

1. Runde: 2 Lm, 1 fM ins 1. Stb; *1 fM um 1 Lm, 1 fM ins nächste Stb; ab * fortlfd. wdh bis zur Ecke; enden mit (1 fM, 1 Lm, 1 fM) in die 2. der 3 Lm; 2 fM in die Seitenkante jeder R bis zur nächsten Ecke arb.; (1 fM, 1 Lm, 1 fM) ins untere M-Glied der 1. Lm; 1 fM um 1 Lm, 1 fM ins untere M-Glied der nächsten Lm; ab * fortlfd. wdh. entlang der Unterkante bis zur Ecke; enden mit (1 fM, 1 Lm, 1 fM) in die 2. der 3 Lm in der Ecke; 2 fM in die Seitenkante jeder R, enden mit 1 Km um die 2 Lm am Rd-Beg.

2. Runde: 2 Lm, 1 fM um 2 Lm in der Ecke, *1 fM in jede fM bis zur Ecke, (1 fM, 1 Lm, 1 fM) um 1 Lm in der Ecke; ab * fortlfd. wdh.; enden mit 1 Km um 2 Lm ab Rd-Beg.

Die 2. Rd noch 2 x wdh.

1. Aufhängeschlaufe
1. Reihe: 1 Lm, 1 fM um 2 Lm in der Ecke, je 1 fM in die nächsten 6 Lm. Wenden.
*** 2. Reihe:** 1 Lm, je 1 fM in die nächsten 7 fM. Wenden.
Die 2. R fortlfd. wdh., bis die Schlaufe eine Höhe von 7,5 cm (oder die für Ihre Gardinenstange notwendige Höhe) erreicht hat. Faden abschneiden und sichern.

2. Aufhängeschlaufe
Von der rechten Seite der Arbeit 14 fM üb-spr., dann den Faden an der nächsten fM anschlingen. Die Schlaufe arb. wie die 1. Aufhängeschlaufe von * bis zum Ende.
7 weitere Schlaufen entlang der Oberkante arbeiten. Achtung! In der 1. R des letzten Streifens wird die letzte fM um die 2 Lm in der Ecke gearb.

Einfassung
Von der rechten Seite der Arbeit den Faden mit Häkel-Nd Nr. 2 an der letzten fM der Umrandung in der rechten oberen Ecke der Gardine anschlingen und häkeln wie folgt: 1 Lm, * je 1 fM in die Seitenkante jeder R der Schlaufe in der Ecke, 1 Lm; die Schlaufe so auf die linke Seite der Arbeit umschlagen, dass die oberste R der Schlaufe mit der letzten R der Umrandung übereinstimmt; (1 fM in die nächste fM durch beide Lagen hindurch) 7 x bis zur nächsten Ecke des Streifens; 1 Lm, je 1 fM in die Seitenkante jeder R bis zur letzten R der Umrandung; enden mit 2 fM zus. abm. in der Ecke; 1 fM in jede der 14 fM entlang der letzten Umrandungs-R, enden mit 2 fM zus. abm. am Fuß der nächsten Schlaufe; ab * fortlfd. wdh. entlang der Oberkante der Arbeit; enden mit 1 Km um 1 Lm in der Ecke der Umrandung. Faden abschneiden und sichern.
Die Barthaare des Hasen und den Schnabel des Vogels mit Spannstichen aufsticken. Die Gardine entsprechend den Angaben auf der Garnbanderole bügeln.

HÄKELSCHRIFT FÜR DEN GITTERGRUND

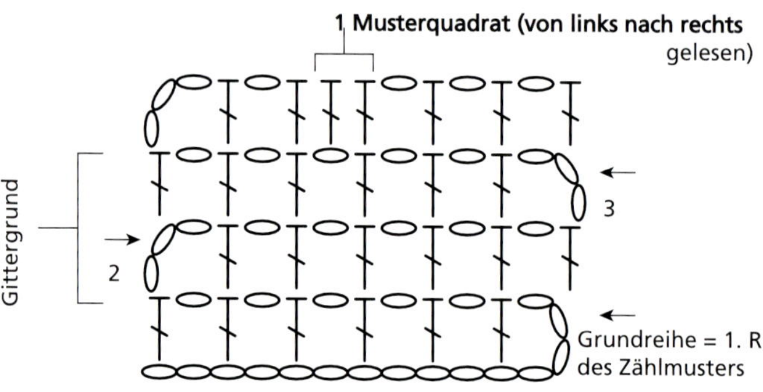

ZÄHLMUSTER FÜR DIE HÄSCHENGARDINE

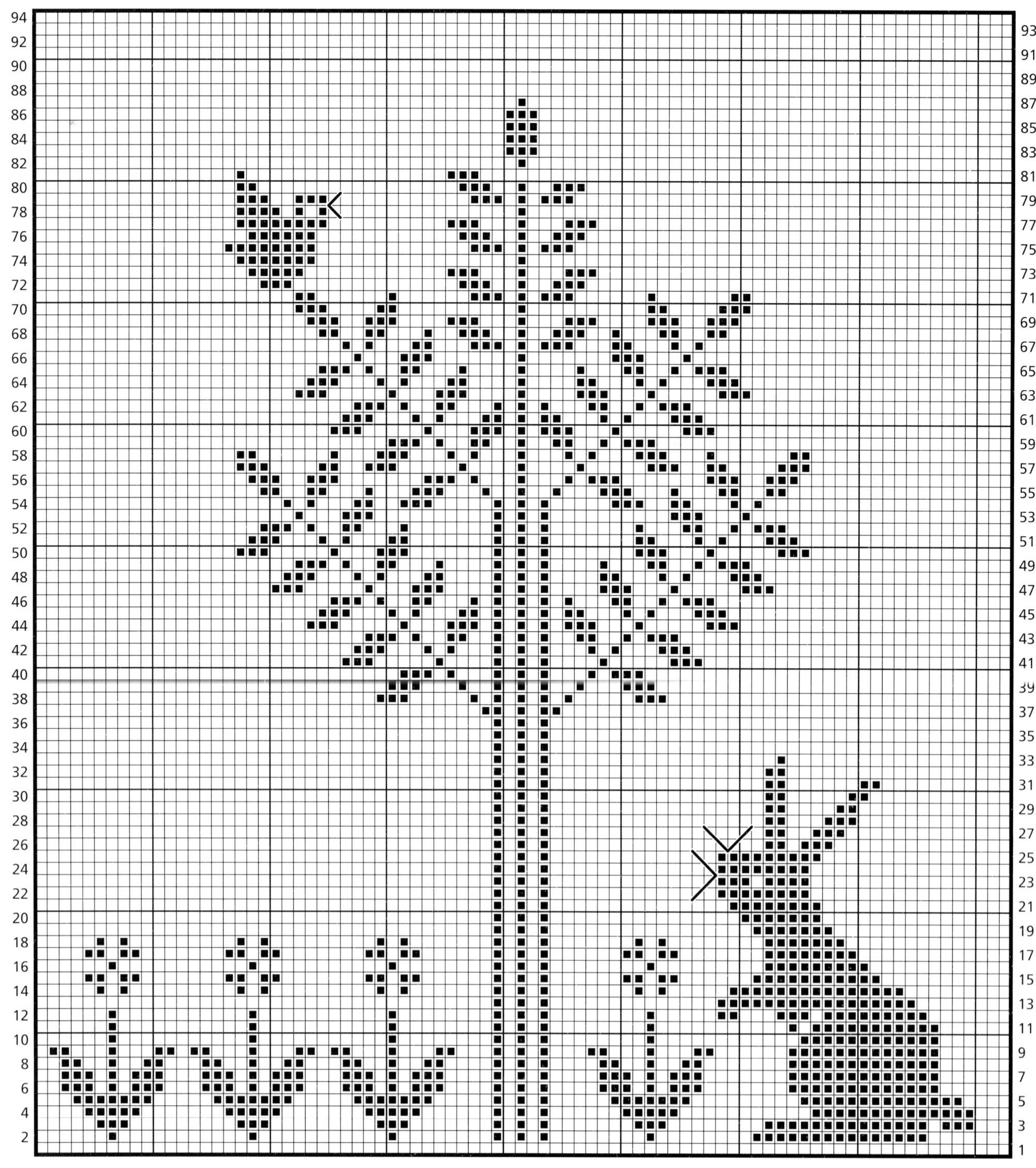

Dieses Muster sieht auch seitenverkehrt sehr hübsch aus. Wie der Vorhang von der Rückseite aussieht, zeigt die Abbildung rechts.

WAGENDECKE

DIESE WARME UND DOCH LEICHTE DECKE MIT IHREM REIZENDEN MUSTER KANN LEICHT IN JEDER BELIEBIGEN GRÖSSE GEHÄKELT WERDEN.

GRÖSSE

64 x 78 cm

STREIFEN A (4 x arbeiten)

MATERIAL

Je 100 g *Patons Fairytale DK* (LL 286 m/50 g) in Fb A (6302 Vanilla) und Fb B (6304 Peppermint); Häkelnadeln Nr. 3,5 und 4

MASCHENPROBE

Das erste Sechseck sollte zwischen zwei gegenüberliegenden Ecken 13 cm messen. Wenn Ihr Probestück zu klein ist, häkeln Sie ein zweites mit einer dickeren Nadel; ist es zu groß, probieren Sie eine dünnere Nadel aus.

Spezielle Abkürzungen

2 DStb zus. abm. = *2 U, Häkel-Nd einstechen, 1 U, Faden durch eine Schlinge ziehen, (1 U, Faden durch 2 Schlingen ziehen) 2 x; ab * noch 1 x in dieselbe Einstichstelle wdh., 1 U, alle 3 Schlingen auf der Nd zus. abm.

3 DStb zus. abm.: *2 U, Häkel-Nd einstechen, 1 U, Faden durch 1 Schlinge ziehen, (1 U, Faden durch 2 Schlingen ziehen) 2 x; ab * noch 2 x in dieselbe Einstichstelle wdh., 1 U, alle 4 Schlingen auf der Nd zus. abm.

1 Krebs-M = 1 fM von links nach rechts gearbeitet (bei Rechtshändern): Häkel-Nd in die folgende rechte fM einstechen (Nd weist schräg nach unten), Faden aufnehmen und durchziehen, dabei die Nd wieder leicht zurück in die übliche Position drehen; 1 U, Faden durch die beiden Schlingen auf der Nd ziehen.

1. SECHSECK

3 Lm mit Fb A und Häkel-Nd Nr. 4 anschl. und mit 1 Km zum Ring schließen.

1. und 2. Runde: Nach Häkelschrift arb. Fb A abschneiden.

3. Runde: Fb B am hinteren M-Glied der fM hinter dem 1. Blütenblatt anschlingen, 4 Lm, 3 DStb in dieselbe Einstichstelle, je 4 DStb ins hintere M-Glied der nächsten 5 fM, 1 Km in die 4. der 4 Lm am Rd-Beg.

4. Runde (siehe auch Häkelschrift): 1 Km in die Spitze des 1. Blütenblatts, 2 Lm, 1 fM in dieselbe Einstichstelle wie die Km; *(1 fM um 4 Lm und gleichzeitig in das nächste, dahinter liegende DStb) 4 x, (1 fM, 1 Lm, 1 fM) in die Spitze des nächsten Blütenblatts; ab * fortlfd. wdh; enden mit 1 Km um die 2 Lm ab Rd-Beg.

5. – 7. Runde: Nach Häkelschrift arb. Faden abschneiden und sichern.

HÄKELSCHRIFT FÜR EIN SECHSECK

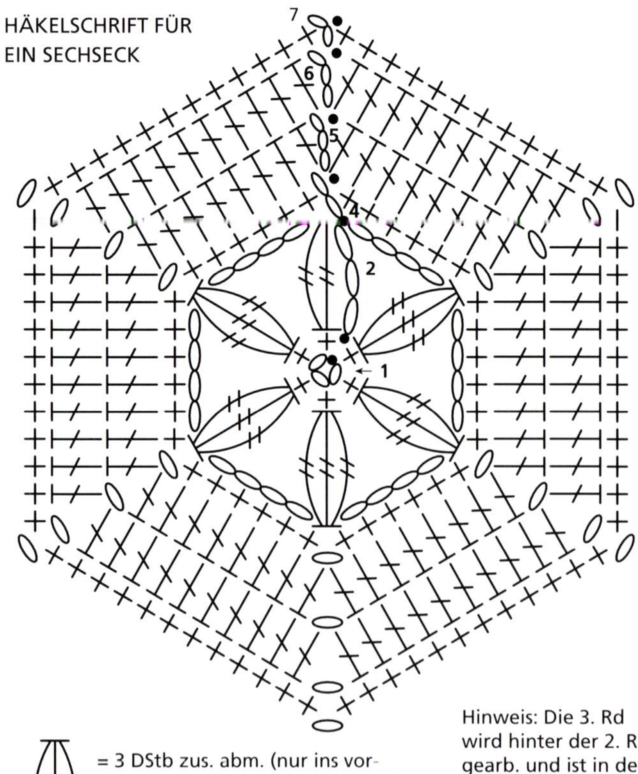

= 3 DStb zus. abm. (nur ins vordere M-Glied einstechen)

= 2 DStb zus. abm. (nur ins vordere M-Glied einstechen)

Hinweis: Die 3. Rd wird hinter der 2. Rd gearb. und ist in der Häkelschrift nicht zu sehen.

Den Anfangsfaden in der Mitte vorsichtig straffen, damit das Zentrum des Sechsecks flach liegt.

2. SECHSECK
Wie das 1. Sechseck arb., jedoch den Faden am Ende nicht abschneiden. Das 2. Sechseck mit dem 1. verbinden wie folgt:
Beide Sechsecke mit der Vorderseite nach oben so nebeneinander legen, dass das 2. Sechseck näher bei Ihnen liegt. Häkel-Nd unter der nächsten Lm des näher liegenden Sechsecks einstechen und unter der entsprechenden Lm des anderen Sechsecks von hinten nach vorne wieder ausstechen; 1 U, Faden unter beiden Lm hindurch und durch die Schlinge auf der Nd ziehen (= 1 Km). * Häkel-Nd ins hintere M-Glied der nächsten fM des näher liegenden Sechseck einstechen und von hinten nach vorne durch das hintere M-Glied des anderen Sechsecks wieder ausstechen; 1 U, Faden durch beide M und durch die Schlinge auf der Nd ziehen (= 1 Km). Ab * noch 11 x wdh. 1 Km um die beiden nächsten einander entsprechenden Lm. Faden abschneiden und sichern.
3 weitere Sechsecke genauso arb. und mit den beiden ersten zu einem 5er-Streifen verbinden (siehe Abb. 2).

STREIFEN B (3 x arbeiten)

HALBES SECHSECK
3 Lm mit Fb A und Häkel-Nd Nr. 4 anschl. und mit 1 Km zum Ring schließen.
1. Reihe: 1 Lm, 4 fM in den Ring. Wenden.
2. Reihe: 3 Lm, *2 U, Häkel-Nd ins vordere M-Glied der fM am Fuß dieser 3 Lm einstechen, 1 U, Faden durch eine Schlinge ziehen, (1 U, Faden durch 2 Schlingen ziehen) 2 x; ab * noch 1 x in dieselbe Einstichstelle wdh.; 1 U, alle 3 Schlingen auf der Nd zus. abm. (= 1. Blütenblatt); **4 Lm, 3 DStb zus. abm. (dabei die Häkel-Nd nur ins vordere M-Glied der nächsten fM einstechen); ab ** noch 2 x wdh. (= 4 Blütenblätter insgesamt). Faden abschneiden, Arbeit wenden.
3. Reihe: Von der linken Seite der Arbeit Fb B am vorderen M-Glied der fM am Fuß des letzten Blütenblatts anschlingen, 4 Lm, 2 DStb in dieselbe Einstichstelle, je 4 DStb ins vordere M-Glied der nächsten 2 fM, 3 DStb ins vordere M-Glied der nächsten fM. Wenden.
4. Reihe: 1 Lm, 2 fM in die Spitze des 1. Blütenblatts, 1 DStb üb-spr., *(1 fM um 4 Lm und zugleich in das dahinter liegende nächste DStb) 4 x, (1 fM, 1 Lm, 1 fM) in die Spitze des nächsten Blütenblatts; ab * noch 1 x wdh.; (1 fM um 4 Lm und zugleich in das dahinter liegende nächste DStb) 4 x, 1 fM in die Spitze des letzten Blütenblatts, 1 fM in dieselbe Einstichstelle und zugleich in die 4. der 4 Lm am Beg. der Vor-R. Wenden.
5. Reihe: 3 Lm, 1 Stb in die 1. fM, * je 1 Stb in die nächsten 6 fM, (1 Stb, 1 Lm, 1 Stb) um 1 Lm; ab * noch 1 x wdh.; je 1 Stb in die nächsten 6 fM, 2 Stb in die letzte fM. Wenden.
6. Reihe: 3 Lm, 1 Stb ins 1. Stb; * je 1 Stb in die nächsten 8 Stb, (1 Stb, 1 Lm, 1 Stb) um 1 Lm; ab * noch 1 x wdh., je 1 Stb in die nächsten 8 Stb, 2 Stb in die 3. der 3 Lm ab Beg. der Vor-R. Faden abschneiden und sichern.
7. Reihe: Von der rechten Seite der Arbeit Fb A an der 3. der 3 Lm am Beg. der 6. R anschlingen, 2 Lm, 1 fM in dieselbe Einstichstelle am Fuß der 2 Lm, * je 1 fM in die nächsten 10 Stb, (1 fM, 1 Lm, 1 fM) um 1 Lm; ab * noch 1 x wdh.; je 1 fM in die nächsten 10 Stb, (1 fM, 1 Lm, 1 fM) ins letzte Stb. Faden abschneiden und sichern.
Für Streifen B 2 halbe und 4 ganze Sechsecke arbeiten und verbinden (siehe Abb. 3). Alle Streifen zusammenhäkeln wie folgt (Abb. 1): 2 Streifen mit der rechten Seite der Arbeit nach oben nebeneinander legen. Fb A um 1 Lm des näher liegenden Streifens am rechten Ende der Naht anschlingen. Häkel-Nd unter derselben Lm einstechen und unter der entsprechenden Lm des anderen Streifens von hinten nach vorn wieder ausstechen, 1 U, Faden unter beiden Lm hindurch und durch die Schlinge auf der Häkel-Nd ziehen (= 1 Km). *[Nd ins hintere M-Glied der folg. fM des näher liegenden Streifens einstechen und durch das entsprechende M-Glied des anderen Streifens von hinten nach vorn wieder ausstechen, 1 U, Faden durch beide M und durch die Schlinge auf der Nd ziehen (= 1 Km)] 12 x. Die nächste Naht mit der entsprechenden Lm der Gegenseite durch 1 Km verbinden. Ab * fortlfd. wdh. bis zum Ende der beiden Streifen. Faden abschneiden und sichern.

EINFASSUNG
1. Runde: Von der rechten Seite der Arbeit den Faden in Fb A mit Häkel-Nd Nr. 3,5 an der 1. Lm in einer Ecke der Decke anschlingen, 2 Lm, 1 fM um dieselbe Lm, dann fM um die gesamte Decke arb. wie folgt: Entlang der Schmalseiten 1 fM in jede fM, 2 fM zus. abm. in jeder Innenecke und (1 fM, 1 Lm, 1 fM) um 1 Lm in jeder Außenecke. Entlang der Längsseiten 1 fM in jede fM und um jede Lm der Sechsecke und 21 fM entlang der Seitenkante eines jeden halben Sechsecks (inkl. der 3 fM um den mittleren M-Ring). Die Runde endet mit 1 Km um 2 Lm ab Rd-Beg.
2. Runde: 1 Lm, 1 fM in jede fM der Vor-Rd, dabei 2 fM zus. abm. in Innenecken und 2 fM um 1 Lm in Außenecken; enden mit 1 Km um 1 Lm ab Rd-Beg.
3. Runde: Ohne die Arbeit zu wenden, Krebs-M von rechts nach links (bei Rechtshändern) arb.: 1 Lm, 1 Krebs-M in jede fM der Rd, dabei 1 fM üb-spr. in Innenecken; enden mit 1 Km um 1 Lm am Rd-Beg. Faden abschneiden und sichern.
Die Decke dämpfen, wie auf der Garnbanderole angegeben.

Abb. 1

Abb. 2 (Streifen A)

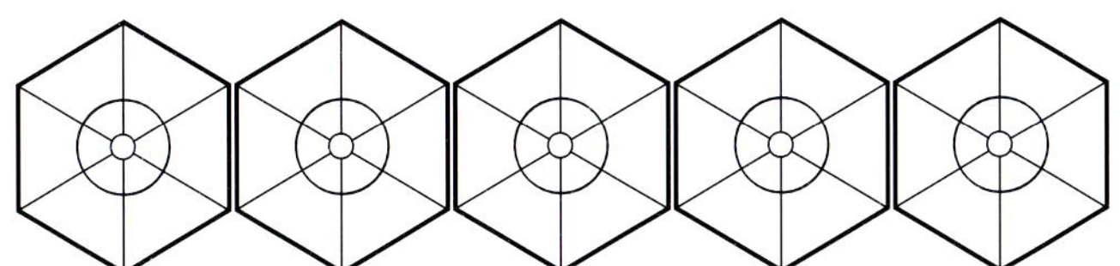

Abb. 3 (Streifen B)

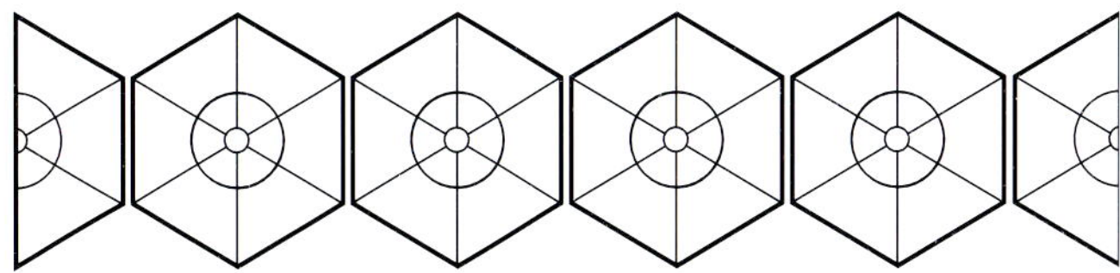

KUSCHELKISSEN

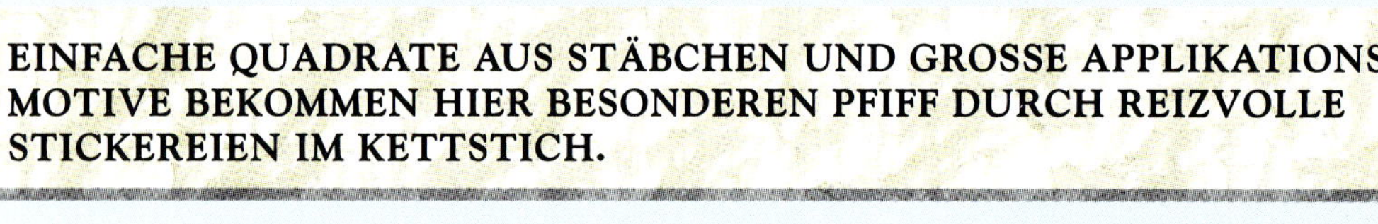

EINFACHE QUADRATE AUS STÄBCHEN UND GROSSE APPLIKATIONSMOTIVE BEKOMMEN HIER BESONDEREN PFIFF DURCH REIZVOLLE STICKEREIEN IM KETTSTICH.

GRÖSSE

Passend für Kissenfüllung 45,5 x 45,5 cm

MATERIAL

Sirdar Tropicana DK (LL 120 m/50 g) in folgenden Mengen und Farben:
200 g in Fb A (728 Watersprite); 100 g in Fb B (710 Weiß);
100 g in Fb C (713 Düne)
Häkelnadel Nr. 3,5; Reißverschluss, 35,5 cm lang; Wollnadel ohne Spitze; Stopfnadel; dünner Karton

MASCHENPROBE
18 M/9 R mit Häkel-Nd Nr. 3,5 im Stäbchen-muster = 10 x 10 cm
Da es sich nicht um ein Kleidungsstück handelt, muss die Maschenprobe nicht hundertprozentig stimmen. Gegebenenfalls ändert sich die Kissengröße. Wenn Sie jedoch zu locker häkeln, brauchen Sie möglicherweise mehr Garn.

HASENMOTIV

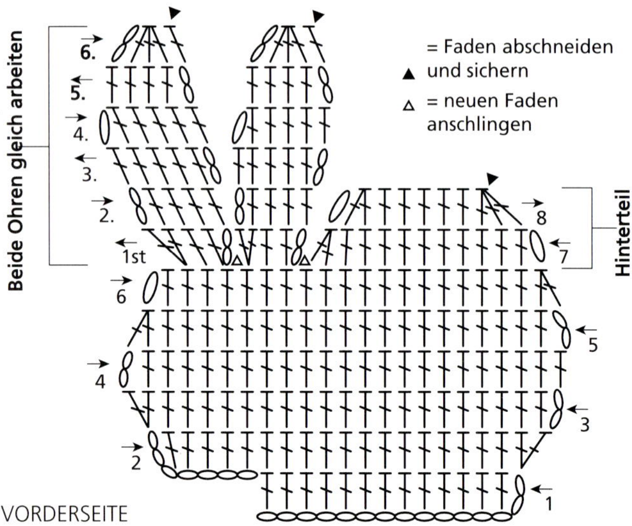

VORDERSEITE

HASENQUADRAT (2 x arbeiten)
35 Lm mit Häkel-Nd Nr. 3,5 und Fb A anschl.
Grundreihe (Hin-R): 1 Stb in die 3. Lm nach der Nd, je 1 Stb in jede Lm bis R-Ende (= 34 M). Wenden.

Stäbchenmuster
1. Reihe (Rück-R): 2 Lm, 1 Stb üb-spr., je 1 Stb in jedes Stb der Vor-R; enden mit 1 Stb in die 2. der 2 Lm. Wenden. Die 1. R noch 16 x wdh. (= 18 R insges.). Faden abschneiden und sichern.

HASE (2 x arbeiten)
15 Lm mit Häkel-Nd Nr. 3,5 und Fb B anschl.
1. Reihe: 1 Stb in die 3. Lm nach der Nd; je 1 Stb in jede Lm bis R-Ende (= 14 M). Wenden.
2. Reihe: 7 Lm, 1 Stb in die 3. Lm nach der Nd, je 1 Stb in die nächsten 4 Lm, je 1 Stb in jedes Stb der Vor-R; enden mit 2 Stb in die 2. der 2 Lm (= 21 M). Wenden.
3. Reihe: 2 Lm, je 1 Stb in jedes Stb der Vor-R; enden mit 2 Stb in die 2. der 2 Lm (= 23 M). Wenden.
4. Reihe: 2 Lm, 1 Stb üb-spr., je 1 Stb in jedes Stb der Vor-R; enden mit 1 Stb in die 2. der 2 Lm. Wenden.
5. Reihe: 2 Lm, 1 Stb üb-spr., je 1 Stb in jedes Stb der Vor-R bis zum letzten Stb; enden mit 2 Lm, 2 Stb zus. abm. über den letzten 2 M (= 22 M). Wenden.
6. Reihe: 1 Lm, die 2 zus. abgem. Stb üb-spr., je 1 Stb in jedes Stb der Vor-R bis zum letzten Stb; enden mit 2 Lm, 2 Stb zus. abm. über den letzten 2 M (= 21 M).
7. Reihe: 1 Lm, die 2 zus. abgem. Stb üb-spr., je 1 Stb in die nächsten 10 Stb, 2 Stb zus. abm. über den nächsten 2 Stb.

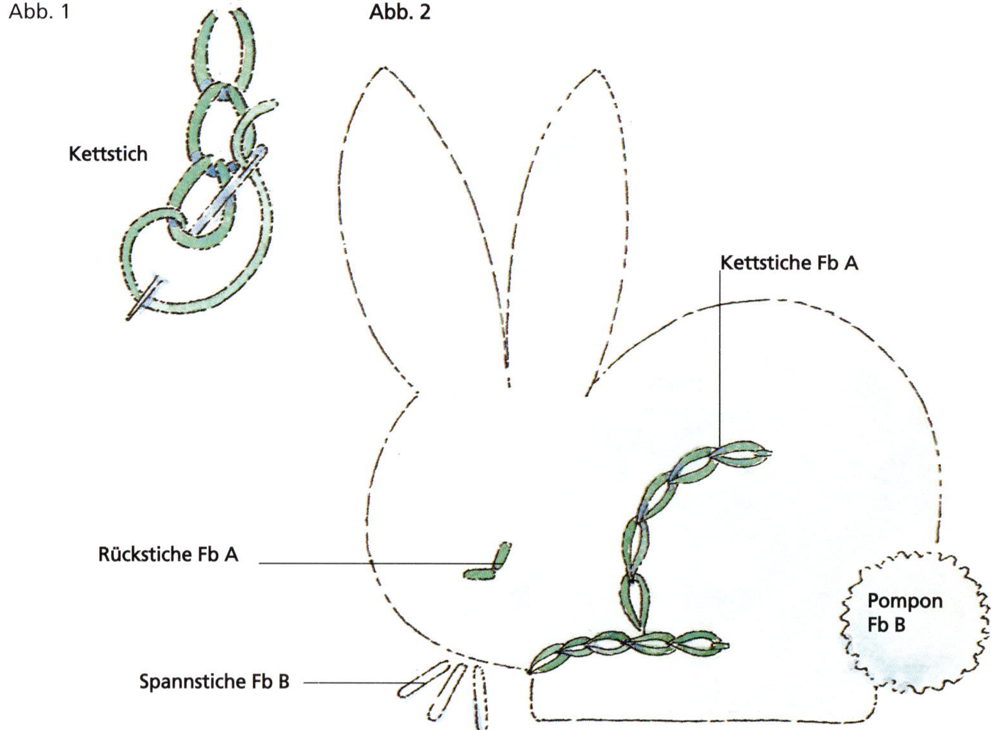

Wenden und das Hinterteil des Hasen fertig stellen wie folgt:
8. Reihe: 1 Lm, die 2 zus. abgem. Stb üb-spr., 2 Stb. zus abm. über den nächsten 2 Stb, je 1 Stb in die nächsten 5 Stb, 3 Stb zus. abm. über den letzten 3 Stb. Faden abschneiden und sichern.

1. Ohr

Faden am nächsten Stb am Ende der 7. R anschlingen.
1. Reihe: 2 Lm, 1 Stb ins Stb am Fuß dieser 2 Lm, 1 Stb ins nächste Stb, 2 Stb ins nächste Stb (= 5 M). Wenden.
2. Reihe: 2 Lm, das 1. Stb üb-spr., je 1 Stb in die nächsten 3 Stb, 1 Stb in die 2. der 2 Lm. Wenden.
3. Reihe: 2 Lm, 1 Stb ins Stb am Fuß dieser 2 Lm, je 1 Stb in die nächsten 3 Stb, 1 Stb in die 2. der 2 Lm (= 6 M). Wenden.
4. Reihe: 1 Lm, das 1. Stb üb-spr., je 1 Stb in die nächsten 4 Stb, 1 Stb in die 2. der 2 Lm. Wenden.
5. Reihe: 2 Lm, das 1. Stb üb-spr., je 1 Stb in die nächsten 4 Stb (= 5 M). Wenden.
6. Reihe: 2 Lm, das 1. Stb üb-spr., 3 Stb zus. abm. über den nächsten 3 Stb, 1 Stb in die 2. der 2 Lm. Faden abschneiden und sichern.

2. Ohr

Faden am nächsten Stb am Ende der 1. R des 1. Ohrs anschlingen. Die 1. – 6. R arb. wie beim 1. Ohr.

Einen Hasen auf jedes Hasenquadrat nähen, sodass die Hasen einander ansehen (siehe Fotos). Arbeiten Sie Rückstiche in Fb B mit einer Wollnadel ohne Spitze rund um die Kontur der Hasen, ohne das Garn zu spalten. Das Bein deuten Sie mit Kettstichen in Fb A an. Das geschlossene Auge sticken Sie mit zwei Rückstichen in Fb A, die Barthaare mit Spannstichen in Fb B (siehe Abb. 1 und 2).

SCHWANZ (2 x arbeiten)

Schneiden Sie 2 Ringe aus Karton aus (siehe Abb. 3). Dann legen Sie beide zusammen und umwickeln sie dicht mit Garn in Fb B, bis das Loch in der Mitte ausgefüllt ist (siehe Abb. 4). Fahren Sie mit einer Schere vorsichtig zwischen die beiden Kartonringe, und schneiden Sie die Fäden rundherum durch. Ziehen Sie einen doppelt gelegten Faden zwischen den Kartonringen durch, und binden Sie die Fäden

Abb. 3

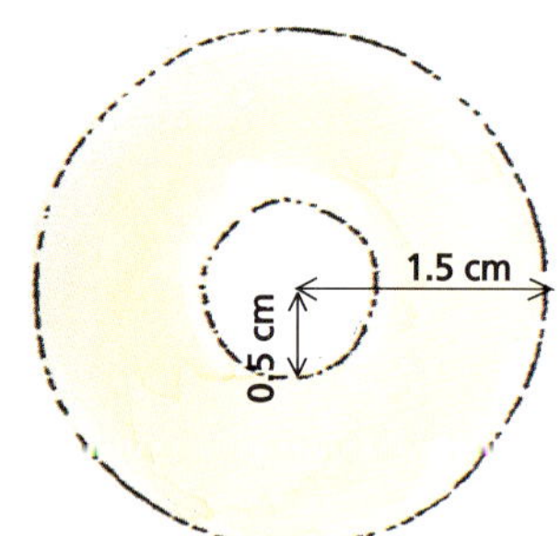

Abb. 4

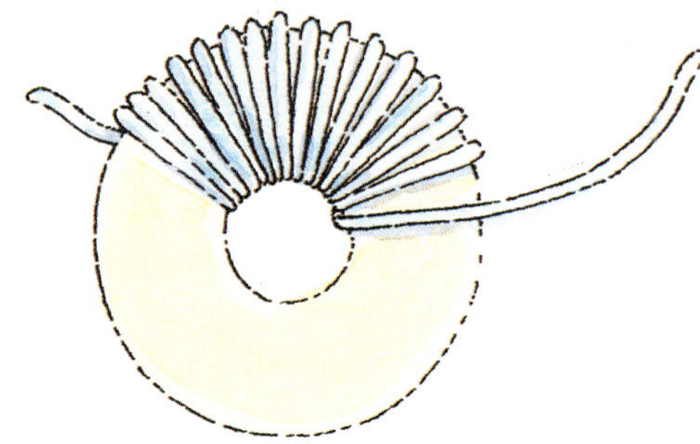

in der Mitte fest ab. Nun schneiden Sie die Kartonringe auf und entfernen sie. Nähen Sie einen Pompon-Schwanz an jeden Hasen.

BLUMENQUADRAT (2 x arbeiten)

In Fb B arbeiten, wie beim Hasenquadrat beschrieben.

BLÜTE (6 x arbeiten)

1. Runde: 4 Lm in Fb C mit Häkel-Nd Nr. 3,5 anschl. und mit 1 Km zum Ring schließen.
2. Runde: 1 Lm, 8 fM in den Ring, 1 Km in die 1. fM der Runde (= 8 M).

3. Runde: 3 Lm, 1 Stb in die fM am Fuß dieser 3 Lm, *1Lm, (1 Stb, 1 Lm, 1 Stb) in die nächste fM; ab * fortlfd. wdh; enden mit 1 Lm, 1 Km in die 2. der 3 Lm ab Rd-Beg. Faden abschneiden und sichern.

BLATT (12 x arbeiten)
3 Lm in Fb A mit Häkel-Nd Nr. 3,5 anschl.

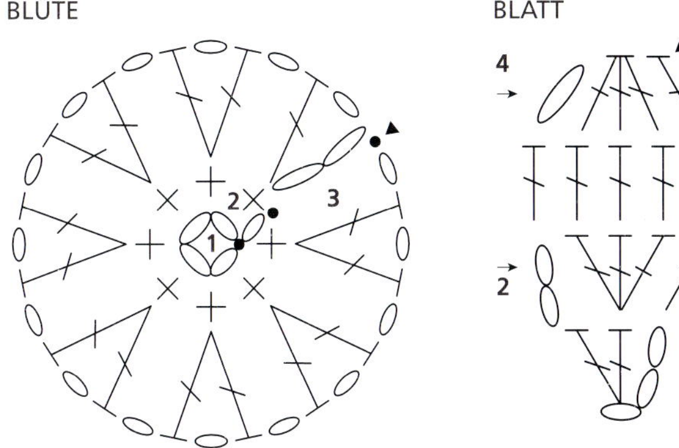

1. Reihe: 2 Stb in die 3. Lm nach der Häkel-Nd (= 3 M). Wenden.
2. Reihe: 2 Lm, das 1. Stb üb-spr., 3 Stb ins nächste Stb, 1 Stb in die 2. der 2 Lm (= 5 M). Wenden.
3. Reihe: 2 Lm, das 1. Stb üb-spr., je 1 Stb in die 3 Stb der Vor-R, 1 Stb in die 2. der 2 Lm. Wenden.
4. Reihe: 1 Lm, das 1. Stb üb-spr., 3 Stb zus. abm. über den nächsten 3 Stb, 1 Stb in die 2. der 2 Lm. Faden abschneiden und sichern.
Je 3 Blüten auf die Blumenquadrate nähen, wie bei den Hasen beschrieben. In Fb A unter jede Blüte einen Stängel im Kettstich sticken. Blätter aufnähen.
Die Quadrate zum großen Quadrat arrangieren (siehe Abb. 5 auf S. 110). Die beiden oberen Quadrate links auf links zusammenlegen, mit der Häkel-Nd Nr. 3,5 einen Faden in Fb C an der oberen Ecke des rechten Quadrats anschlingen und weiterarbeiten wie folgt:
1 Lm, 1 fM in die Seitenkante der letzten R des linken Quadrats, 1 fM in die vorletzte R des rechten Quadrats, *1 fM in die nächste R des linken Quadrats, 1 fM in die nächste R des rechten Quadrats; ab * fortlfd. wdh; enden mit 1 Km in die untere Ecke des rechten Quadrats. Faden abschneiden und sichern.
Die beiden anderen Quadrate ebenso verbinden. Anschließend die

Abb. 5

Abb. 6

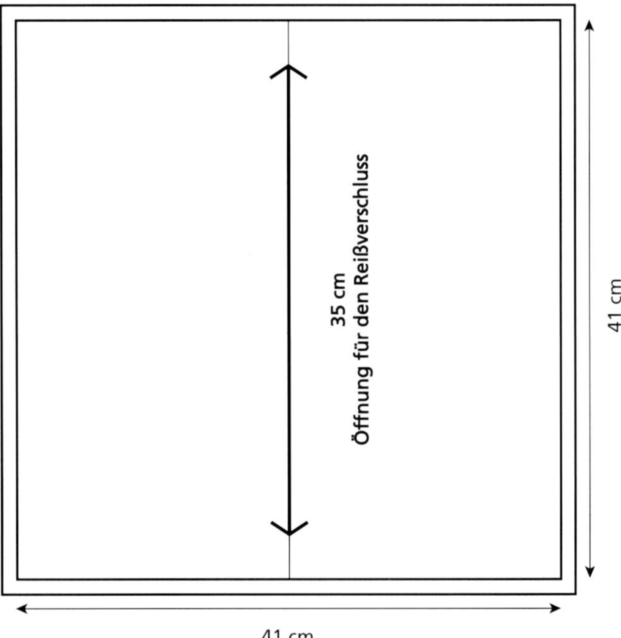

beiden Streifen links auf links zusammenlegen. Mit der Häkel-Nd Nr. 3,5 den Faden in Fb C am oberen Ende des letzten Stb an der rechten Ecke des unteren Streifens anschlingen und häkeln wie folgt: 1 Lm, 1 fM in den ZR zwischen der 1. und 2. M des oberen Streifens, *1 Stb des unteren Streifens üb-spr., 1 fM ins nächste Stb, 2 Stb des oberen Streifens üb-spr., 1 fM in den nächsten ZR; ab * fortlfd. wdh.; enden mit 1 Km ins letzte Stb des unteren Streifens. Faden abschneiden und sichern.

RÜCKSEITE (2 x arbeiten)

35 Lm in Fb A mit Häkel-Nd Nr. 3,5 anschl.

Grundreihe (Rück-R): 1 Stb in die 3. Lm nach der Nd, 1 Stb in jede Lm bis R-Ende (= 34 M). Wenden.

Stäbchenmuster

1. Reihe (Hin-R): 2 Lm, das 1. Stb üb-spr., 1 Stb in jedes Stb; enden mit 1 Stb in die 2. der 2 Lm. Wenden. Die 1. R noch 34 x wdh. (= 36 R insgesamt). Faden abschneiden und sichern.

Beide Rechtecke links auf links zusammenlegen und von beiden Schmalseiten her etwa 2,5 cm weit zusammennähen. Dazwischen bleibt eine Öffnung von ca. 35,5 cm für den Reißverschluss (siehe Abb. 6). Die Öffnung für den Reißverschluss umhäkeln wie folgt: Von rechts mit Häkel-Nd Nr. 3,5 den Faden in Fb A an der Naht an einem Ende des Schlitzes anschlingen. 1 Lm, je 2 fM in die Seitenkante jeder R bis zum anderen Ende des Schlitzes arb., 2 fM zus. abm. in die Ecke, je 2 fM in die Seitenkante jeder R zurück bis zum 1. Ende des Schlitzes; enden mit 1 fM mit 1 Km zus. abm. in die 1. fM der Rd. Faden abschneiden und sichern.

Den Schlitz so zusammenheften, dass die R-Enden übereinstimmen. Den Reißverschluss geschlossen auf die linke Seite der Öffnung stecken und heften. Mit einer Stopfnadel und Fb A im Rückstich knapp innerhalb der Häkelkante rund um den Reißverschluss nähen.

EINFASSUNG DER RÜCKSEITE

Von der rechten Seite der Rückseite mit Häkel-Nd Nr. 3,5 einen Faden in Fb C an das letzte Stb an der rechten oberen Ecke anschlingen.

1. Runde: 3 Lm, 1 fM in das Stb am Fuß dieser 3 Lm, je 1 fM in die nächsten 33 M, 1 fM in die Naht, je 1 fM in die nächsten 34 M bis zur Ecke (= 69 fM entlang der Oberkante); 2 Lm, je 2 fM in die Seitenkante jeder R bis zur Ecke (= 72 fM entlang der 2. Seite); 2 Lm, je 1 fM ins untere M-Glied der nächsten 34 M, 1 fM in die Naht, je 1 fM ins untere M-Glied der nächsten 34 M (= 69 fM entlang der Unterkante); 2 Lm, je 2 fM in die Seitenkante der nächsten 35 R, 1 fM in die Seitenkante der nächsten R, 1 Km in die 1. der 3 Lm (= 72 M entlang der 4. Seite).

2. Runde: 3 Lm, 1 fM in die Schlinge aus 3 Lm der Vor-Rd; fM entlang der Oberkante arb., dabei (2 fM in 1 fM) 3 x gleichmäßig verteilt arb.; an der Ecke (1 fM, 2 Lm, 1 fM) um die 2 Lm der Vor-Rd; entlang der 2. Seite 1 fM in jede fM der Vor-Rd, enden mit (1 fM, 2 Lm, 1 fM) um die 2 Lm in der Ecke der Vor-Rd; Unterkante arb. wie die Oberkante, enden mit (1 fM, 2 Lm, 1 fM) um die 2 Lm in der Ecke der Vor-Rd; entlang der 4. Seite 1 fM in jede fM der Vor-Rd, enden mit 1 Km in die 1. der 3 Lm (= 74 M entlang jeder Seite). Faden abschneiden und sichern.

EINFASSUNG DER VORDERSEITE

Drei jeweils 4 m lange Fadenstücke in Fb C abschneiden und weglegen. Mit Faden vom Knäuel in Fb C die Einfassung arbeiten, wie bei der Rückseite beschrieben, ohne den Faden abzuschneiden.

Vorder- und Rückseite links auf links zusammenlegen.

Nächste Runde: Die gesamte Runde durch beide Lagen hindurch häkeln wie folgt: 3 Lm, 1 fM um die 2 Lm beider Lagen, *1 fM in jede fM der Vor-Rd bis zur Ecke; (1 fM, 2 Lm, 1 fM) um die 2 Lm beider Lagen; ab * fortlfd. wdh.; enden mit 1 Km in die 1. der 3 Lm.

Abschluss-Runde: Die 3 Fadenstücke in Fb C doppelt zusammenlegen und 1 fM in die 3 Garnschlingen und zugleich um die 2 Lm der Vor-Rd häkeln. Anschließend die Rd weiterhäkeln, dabei immer über die 6 zusammengelegten Fäden arbeiten und diese Fäden jeweils nach einigen M vorsichtig straffen: 2 fM um dieselben 2 Lm, *1 fM in jede fM der Vor-Rd bis zur Ecke, 3 fM um die 2 Lm; ab * fortlfd. wdh.; enden mit 1 Km in die 1. fM der Rd. Faden abschneiden und sichern. Die Enden der eingelegten Fäden auf unterschiedliche Längen abschneiden und unter den ersten paar M der letzten Rd vernähen, um einen glatten Übergang zu schaffen.

Kissenhülle nach den Angaben auf der Garnbanderole bügeln.

ORIGINALGARNE UND ALTERNATIVEN

Die Modelle in diesem Buch wurden mit englischen Garnen gehäkelt. Sollten Sie die Originalgarne nicht erhalten, finden Sie sicher eine geeignete Alternative im großen Angebot der Handarbeitsfachgeschäfte. Entscheidend ist dabei die richtige Maschenprobe, damit Sie nach den Angaben in der jeweiligen Anleitung arbeiten können und Ihr Häkelmodell am Ende perfekt passt. Lassen Sie sich im Fachgeschäft beraten, wenn Sie sich nicht sicher sind, ob das gewählte Garn sich für Ihre Zwecke eignet (siehe auch Seite 7 und 8).
Die Lauflänge hängt von der Materialzusammensetzung ab: Kunstfasergarne sind leichter als Garne aus Naturfasern wie Wolle, Baumwolle oder Seide. Das bedeutet, dass ein 50-g-Knäuel eines Polyacrylgarns erheblich länger läuft als ein Knäuel Baumwollgarn derselben Stärke. Bedenken Sie also, wenn Sie Garne unterschiedlicher Qualitäten gegeneinander austauschen: Von einem Garn mit geringerer Lauflänge brauchen Sie mehr als von einem, der länger jäuft. Die Lauflängen werden gewöhnlich für einen Knäuel angegeben. Achten Sie also darauf, ob es sich um 50- oder 100-g-Knäuel oder gar – wie beim Texere-Seidengarn – um ganz andere Mengeneinheiten handelt.
Hier die Materialzusammensetzung und Lauflänge der Originalgarne (linke Spalte) und gegebenenfalls Vorschläge für Alternativgarne (rechts daneben):

Jaeger Matchmaker Merino 4-fädig 100 % Schurwolle (Merino) LL 183 m/50 g	über Wolle & Design (siehe Bezugsquellen)
Patons Crystal 100 % Polyacryl (Microfaser) LL 120 m/50 g	**Schachenmayr Micro** 100 % Polyacryl (Microfaser) LL 145 m/50 g
Patons Fairytale 3-fädig 60 % Polyacryl, 40 % Polyamid LL 286 m/50 g	**Schachenmayr Timmi** 50 % Polyacryl, 25 % Schurwolle, 25 % Viskose LL 200 m/50 g
Patons Fairytale DK 60 % Polyacryl, 40 % Polyamid LL 147 m/50 g	**Schachenmayr Bravo** 100 % Polyacryl LL 150 m/50 g oder: **Schachenmayr Extra** 100 % Schurwolle LL 125 m/50 g
Patons Knit 'n Save 100 % Polyacryl LL 294 m/100 g	**Schachenmayr Bravo** 100 % Polyacryl LL 150 m/50 g
Sirdar Calypso 4-fädig 100 % Baumwolle LL 185 m/50 g	**Rowan 4ply Cotton** 100 % Baumwolle LL 170 m/50 g
Sirdar Calypso DK 100 % Baumwolle LL 106 m/50 g	**Rowan 4ply Cotton** 100 % merz. Baumwolle LL 115 m/50 g
Sirdar Country Style DK 45 % Polyacryl, 40 % Polyamid, 15 % Wolle LL 159 m/50 g	**Schachenmayr Bravo** 100 % Polyacryl LL 150 m/50 oder: **Schachenmayr Extra** 100 % Schurwolle LL 125 m/50 g
Sirdar Snuggly 4-fädig 55 % Polyamid, 45 % Polyacryl LL 226 m/50 g	**Schachenmayr Piccola** 70 % Polyacryl, 30 % Polyamid LL 195 m/50 g
Sirdar Tropicana Cotton Effect DK 100 % Polyacryl LL 240 m/100 g	**Rowan Wool Cotton** 50 % Schurwolle (Merino), 50 % Baumwolle LL 113 m/50 g
Texere Yarns Seidengarn 2-fädig (SS 16 2ply silk) 100 % Seide LL 1200 m/150 g (Konus)	auf Bestellung (siehe Bezugsquellen)
Twilleys Lyscordet 100 % merzerisierte Baumwolle LL 400 m/100 g	**Anchor Liana 5** 100 % merz. Baumwolle LL 200 m/50 g
Wendy Peter Pan DK 55 % Polyamid, 45 % Polyacryl LL 170 m/50 g	**Schachenmayr Universa** 55 % Schurwolle, 45 % Polyacryl LL 125 m/50 g

BEZUGSQUELLEN

Anchor- und Schachenmayr-Garne
Coats GmbH
Eduardstraße 44
73084 Salach
(Nur über den Handarbeitsfachhandel)

Rowan- und Jaeger-Garne in Deutschland im Versand erhältlich über:
Wolle und Design
Wolfshovener Straße 76
52428 Jülich-Stetternich
Telefon 02461/54735
Fax: 02461/4535

Texere-Seidengarn
Texere Yarns
College Mill
Barkerend Road
Bradford BD1 4AU
England
www.texere-yarns.co.uk